追寻与品读

曾祖沈家本的人生与著述

沈厚铎 著

知识产权出版社
全国百佳图书出版单位
—北京—

图书在版编目（CIP）数据

追寻与品读：曾祖沈家本的人生与著述 / 沈厚铎著 . —北京：知识产权出版社，2024.7
ISBN 978-7-5130-9291-3

Ⅰ.①追⋯　Ⅱ.①沈⋯　Ⅲ.①法学—文集　Ⅳ.①D90-53

中国国家版本馆 CIP 数据核字（2024）第 031242 号

责任编辑：刘　雪　　　　　　　　责任校对：谷　洋
封面设计：杰意飞扬·张悦　　　　责任印制：孙婷婷

追寻与品读

曾祖沈家本的人生与著述

沈厚铎　著

出版发行	知识产权出版社 有限责任公司	网　　址	http://www.ipph.cn
社　　址	北京市海淀区气象路 50 号院	邮　　编	100081
责编电话	010-82000860 转 8112	责编邮箱	jsql2009@163.com
发行电话	010-82000860 转 8101/8102	发行传真	010-82000893/82005070/82000270
印　　刷	北京中献拓方科技发展有限公司	经　　销	新华书店、各大网上书店及相关专业书店
开　　本	720mm×1000mm　1/16	印　　张	20.5
版　　次	2024 年 7 月第 1 版	印　　次	2024 年 7 月第 1 次印刷
字　　数	303 千字	定　　价	78.00 元
ISBN 978-7-5130-9291-3			

出版权专有　侵权必究
如有印装质量问题，本社负责调换。

序

2016年春,我应约参观中国法院博物馆,之后王海波馆长在一家小餐馆款待,席间谈到沈家本故居、中国法律文化。《法制日报》(2020年8月1日更名为《法治日报》)记者尹丽女士尤感兴趣。询之,其原来是《法制日报》文化版编辑兼记者,我们相谈甚欢。尹丽建议在《法制日报》文化版开辟专栏,宣传沈家本法治文化。后经反复讨论,定名为《枕碧楼往事》,这个专栏从2016年3月,持续到2019年年底,因报纸改版而停更。这时尹丽调到《法制晚报》,任法治文化版编辑、记者。出于对沈家本先生的敬仰,她对专栏的停更很不甘心,于是在她的推动下,《法制晚报》又开辟了《品读寄簃公》的专栏。这个专栏,对我来说,可谓正中下怀。在这个专栏,我可以品读先曾祖的人生,品读他的文,品读他的诗,徜徉在沈家本先生起伏波澜的人生中,驻足在他的浩瀚精深的书海中,陶醉在他近六十年的浓重事情中。这给我的耄耋人生添加了无限的色彩,也充实了我的生活。为此,我要隆重地感谢尹丽这位年轻的、有魄力的、文笔极好的编辑兼记者。

当然,有了知识产权出版社王润贵先生和齐梓伊女士的鼓励,才有了这本汇集《枕碧楼往事》和《品读寄簃公》专栏积累了六年的文章的文集。我由衷地感谢这两位甘于为人作嫁衣的资深"太史令"。

这是一本通俗但不敢说易懂的随笔性文集。撰写过程中,我想要做到尽量通俗,无奈鉴于我的能力,尤其是在读到沈家本先生著述时,真的很难达到易懂的境界。又由于作为专栏文章,限于字数,无法做过多的说解与铺陈,更是免不了艰涩。更因为不是学术论文,也就免去了论文的格式约束,需要解释或说明之处,都尽量在行文中解决。

本书共分成五部分，第一部分是《枕碧楼往事》。所记多为与枕碧楼相关的旧事，其中也介绍了沈家本后人的情况。因为种种原因，我的祖父辈、父辈的往事很少有人提起，我只凭支离破碎的记忆捉笔，因而记述不全，甚至记述错误都在所难免。幸有韩涛博士的《法家血脉：沈家本先生后裔小考》对此做了详细的考证，令我沈氏后代明白了不少祖辈故事的来龙去脉，实乃功德无量。我请了我们长房，即沈家本先生长子沈承熊的四世孙女沈小兰写了她的父亲、我的堂兄沈厚淦及他们一家的事迹；也请了我的堂外甥常寒婴叙述了我的堂姑母沈仁垌革命的一生，堂姑母参加革命后，改名为余谷似；还请了我二祖父沈承熙的第五代孙沈巴森介绍了他的祖父、我的堂兄沈厚锦的一生和他的父辈的故事。

不得不提的是，我把尹丽编辑开辟专栏《枕碧楼往事》时写的发刊词，放在了全书的篇首，是因为我觉得这是一篇精练、概括、深情的短文，实在值得品味。

第二部分是《追寻曾祖沈家本先生的人生》。我一直想写一本能够表现沈家本先生鲜活人生的书，让人们知道他作为一个人的生活、思想、感情。但我对曾祖父的人生，实在知之甚少，愿望不过是"梦"。在追求这一目标的过程中，我读他的诗歌及书，尤其是他的非法学著作，体味着他的追求、他的情感、他的爱好、他的性格。在曾祖父如汪洋般恣肆的生活瀚海中慢慢地游泳，那感觉正是**耄耋之年，依然品不尽先曾祖的人生**。这本书的梦，或许就是个梦，这部分的文字，就是我"梦中作"的片段。

第三至第五部分是《品读寄簃公的诗情书意》。本部分是读书笔记，也是有意向读者介绍沈家本先生的著作和有关的知识，这就是前面所说的，想通俗又通俗不成的文字，但愿能为非法学领域的读者输送一点法律文化的知识，也但愿不为法律史学的大咖们见笑。

是为序。

沈厚铎
2022 年 5 月于明光邨

一 枕碧楼往事

1. 《枕碧楼往事》开栏语　//003
2. 楼主初回京　//003
3. 乡思凝成"枕碧楼"　//006
4. "枕碧楼藏书记"印章的由来　//009
5. 自此藏书别小楼　//012
6. 寄簃手稿捐赠记　//014
7. 剩余书稿的去复来　//016
8. 两书冠名枕碧楼　//019
9. 寄簃书版赠法大　//023
10. 枕碧楼最后公务　//027
11. 沈家本长子和他的后代　//031
12. 勿忘先祖理想　//035
13. 我们仨　//037
14. 踏遍坎坷终归安宁
    ——沈家本四世孙沈厚锦的一生　//040

001

15. 沈氏老二房与老三房　// 043

16. 革命老人余谷似的传奇一生　// 046

17. 枕碧楼宅院易主风波（上）　// 050

18. 枕碧楼宅院易主风波（下）　// 054

19. 小园百花初开放　// 057

二　追寻曾祖沈家本先生的人生

1. "寄簃"之由来　// 063

2. 沈寄簃与潘蔚　// 066

3. 三首殇国诗，一腔家国情　// 071

4. 东跨院的紫藤萝架　// 075

5. 两避西山柿子园　// 078

6. 寄簃公赴黔之旅之一
　　——出发的前前后后　// 082

7. 寄簃公赴黔之旅二
　　——出京伊始的见闻　// 085

8. 寄簃公赴黔之旅三
　　——有惊无险小插曲　// 089

9. 寄簃公赴黔之旅之四
　　——舟车劳顿抵铜仁　// 092

10. 沈家本在铜仁之一　// 096

11. 沈家本在铜仁之二　// 099

12. 寄簃公中举记　// 103

13. 沈家本赴津上任记（一）　// 106

14. 沈家本赴津上任记（二） // 109

15. 天津太守沈家本记录的甲午海战 // 112

16. 清末的一场未能终结的论争 // 116

17. 端午之祭 // 121

18. 寄簃公巧游颐和园 // 126

19. 读陈宝琛《题沈家本画像诗》 // 129

三 品读寄簃公的诗情书意（一）

1. 沈家本与杨椒山祠的诗缘巧合 // 135

2. 沈寄簃两首西湖诗 // 138

3. 试品菁士公与寄簃公的咏夹山漾诗 // 142

4. 两首桃花诗，两段相思情 // 145

5. 寄簃公的桃源情 // 148

6. 寄簃公的通州诗 // 153

7. 重游天宁寺 // 158

8. 沈家本考《兰亭修禊人数》 // 162

9. 沈寄簃讨论风筝的起源 // 165

10. 寄簃公说"推步"与"风水" // 168

11. 二犬之忠鉴人心
    ——读寄簃公《二犬记》 // 171

12. 《秋谳须知》记录的《致命伤歌》 // 174

13. 沈家本先生与中国第一部民法典 // 177

14. "四人共盗一衣"的死刑犯
    ——读沈家本先生《历代治盗刑制考·按》 // 180

15. 读寄簃公关于湖州海岛案的奏章 // 183

16. 进呈刘锦藻《皇朝续文献通考》与沈家本先生的藏书观 // 187

17. 沈家本先生进呈薛尚书遗书折 // 190

18. 有关法律学堂的几件奏章 // 193

19. 沈家本考刺字之一 // 197

20. 沈家本考刺字之二 // 199

四 品读寄簃公的诗情书意（二）

1. 从《妇女实发条例汇说》的《序》和《尾按》说起 // 207

2. 读寄簃公《禁酒考》 // 210

3. 读《雪堂公牍》之一 // 215

4. 读《雪堂公牍》之二 // 219

5. 读《雪堂公牍》之三 // 223

6. 读《变通军流徒犯办法说帖》看寄簃公的改革心机 // 228

7. 呈请"存留养亲"的驳议
   ——《驳稿汇存》选读一 // 232

8. 重人命、慎法纪
   ——《驳稿汇存》选读之二 // 235

9. 读《历代刑法考·狱考》看沈家本先生的监狱观 // 238

10. 读沈家本先生《与戴尚书论监狱书》 // 241

11. 《叙雪堂故事》的故事之一 // 244

12. 《叙雪堂故事》的故事之二 // 247

13. 《叙雪堂故事》的故事之三 // 250

14. 《叙雪堂故事》的故事之四 // 253

15. 《叙雪堂故事》的故事之五 // 256

16. 《叙雪堂故事》的故事之六 // 259

17. 《叙雪堂故事》的故事之七 // 262

18. 《叙雪堂故事》的故事之八 // 265

19. 《叙雪堂故事》的故事之九 // 269

五　品读寄簃公的诗情书意（三）

1. 读《历代刑法考·刑制总考一》之一
　　——中国最早的刑罚之象刑 // 275

2. 读《历代刑法考·刑制总考一》之二
　　——五刑制度的产生 // 278

3. 读《历代刑法考·刑制总考一》之三
　　——唐虞时代象刑之外的刑法制度 // 280

4. 读《历代刑法考·刑制总考一》之四
　　——夏代的刑法制度 // 284

5. 读《历代刑法考·刑制总考一》之五
　　——商代的刑制 // 286

6. 读《历代刑法考·刑制总考一》之六
　　——周代的刑制 // 290

7. 读《历代刑法考·刑制总考一》之七
　　——沈家本对三代刑法的评述 // 294

8. 读《历代刑法考·刑制总考二》之一
　　——秦代刑制考一 // 297

9. 读《历代刑法考·刑制总考二》之二
　　——秦代刑制考二 // 301

10. 读《历代刑法考·刑制总考二》之三
　　——汉代的刑制 // 304

11. 读《历代刑法考·刑制总考二》之四
　　——蜀汉与曹魏 // 307

12. 读《历代刑法考·刑制总考二》之五
　　——东吴的刑制 // 311

13. 读《历代刑法考·刑制总考二》之六
　　——晋代刑制 // 314

枕碧楼往事

內燃機今事

1. 《枕碧楼往事》开栏语[*]

尹丽[**]

枕碧楼是清末著名法学家沈家本的藏书楼,它见证了中国法制史上一段风起云涌的岁月。诸多历史名人曾在枕碧楼留下足迹,他们的法治理念与思想影响深远,至今仍值得借鉴。然而,随着光阴流逝,枕碧楼连同它的主人与座上宾客逐渐蒙尘,正慢慢地淡出人们的记忆。为了更好地留住这段极为珍贵的历史记忆,让它以鲜活的面貌呈现在读者眼前,《法治日报》阅读视听版特推出《枕碧楼往事》栏目,并邀请多年来从事沈家本研究的沈家本四世孙、中国政法大学教授沈厚铎执笔,带您回望枕碧楼中的人与事,品读那段逝去的时光。

2. 楼主初回京

这里的"楼主",就是以后建起枕碧楼的沈家本。

光绪二十七年十月(1901年11月),沈家本回到了北京,以刑部右侍郎

---

[*] 著于2016年3月28日。
[**] 《法治周末》报社编辑,记者。

之职，身着从二品大员的顶戴花翎位列朝班。他已经是儿孙满堂的年龄，该退休回家颐养天年了，却刚刚步上一个或许能施展抱负的朝堂，怎能不让这位花甲之年的老人感慨万千。在他的《十月初十日到京杂诗》之一①中这样写道：

> 磨驴故步迹都陈，满眼偏教百态新。
>
> 羸马今朝行得得，又随人踏软红尘。

说他不高兴吗？还是高兴的。从 21 岁进入刑部，如磨驴一般勤恳，40 年的光阴，今天终于看到了一个"百态新"的前程，怎能不高兴呢？一匹羸弱疲惫的老马，又随着人群走进了繁华的世界，昂首阔步前行，怎么会不高兴呢？然而，毕竟是已年过六旬的老人，他感慨人生、感慨世事，于是他又于《十月初十日到京杂诗》之八中写道：

> 幼随慈母见恒河，转眼年华六十过。
>
> 回首昔时游钓地，故人零落已无多。

这里的"恒河"当然不是被称为佛教神祇的印度恒河，而是指帝京环城的护城河。沈家本回想 5 岁那年，父亲沈丙莹补官刑部，其随母来到北京，第一次见到围城流动的护城河水，如今再次回到这熟悉的京城，人生实在苦短。"转眼年华六十过"，已物是人非。旧时一起郊游、垂钓的友人"零落已无多"了。这里最引起沈家本感伤的，就是故人薛允升和赵舒翘。两位都曾是沈家本原来在刑部的同人，既有着律学研究的同好，又有良好的上下级关系。而这两位都成了朝廷的牺牲品。

赵舒翘是沈家本赴任天津以前、在薛允升回任刑部前的最后一位尚书，曾经支持慈禧抵御洋人，为应付八国联军要求惩治所谓"战犯"的要求，被

---

① 本书中沈家本诗出自沈家本：《玉骨冰心冷不摧——沈家本诗集》，沈厚铎等编，浙江文艺出版社 2020 年版。不再一一标注。

慈禧当作替罪羊赐死。沈家本在西安时，曾到赵舒翘墓前吊唁，写下了感人至深的长诗《大元村哭天水尚书》。

薛允升则是更早的刑部侍郎，是沈家本离开刑部之时的顶头上司，与沈家本有着更加深厚的友谊，尤其是在律学研究上，二人多有交流切磋，成为十分投缘的忘年之交。在西安时，沈家本曾多次登门，薛允升把自己未完成的书稿托付于沈家本。赵舒翘被赐死后，慈禧重新起用薛允升，任命这位80岁高龄的老人为刑部尚书。薛允升自知年老多病，难以承受，但旨意不能违抗。他从西安随驾，却不幸客死汴梁（今河南开封）。回到北京时，沈家本才得知薛允升亡故的噩耗，十分悲痛。于是写下了痛彻心脾的《十月初十日到京杂诗》之七：

惨扶丹旐恸归来，寒酹忠魂酒一杯。
寒寺斁携磨镜具，萧萧风助白杨哀。

与两位最敬重的良师益友永别了，又无法亲去吊唁，只能把酒酹忠魂，以寄托自己的哀思。

无论如何，他的心境毕竟不同了，处境也与之前大不相同。与他同时上任的刑部尚书张百熙，本来心不在刑部，自是将一切事务委托刑部出身的沈家本。沈家本在刑部近30年，自是驾轻就熟。他一方面勤力整顿已经荒废的部务，另一方面还得安排自己的生活。

光绪二十八年（1902年）正月十三日，谕旨："转刑部右侍郎沈家本为左侍郎。"当年二月，张之洞、刘坤一、袁世凯三总督保荐沈家本、伍廷芳出任修订法律大臣。沈家本开始了他修订法律的艰苦生涯，为中国法制开启了近代化的道路，也为中华法系开启了一个新的时代。

刚到京时，沈家本只能暂住湖广会馆，其家眷到京后，自然不能久居。光绪二十九年（1903年），沈家本征得湖州同乡会同意，买下了位于金井胡同1号的吴兴会馆（也称湖州会馆）。留守看管旧吴兴会馆的刁成一家，因为是老熟人，就成了沈宅的管事家人。经过几个月的挑梁、翻顶等土木工程并置办家具后，时已入秋，沈家人择就吉日良辰迁居。于是这金井胡同1号门前，挂上了"湖州沈寓"门牌。

祝贺乔迁的贺仪纷沓，访客络绎自不必说。沈家本就在这里度过了他辉煌人生的最后10年。

沈家本酷爱读书，更是爱书。读书、藏书、编书、印书是他终生的爱好。他在天津知府、保定知府任上收集的书籍，陆续托朋友送到了北京。四房儿孙加上自己的住房、书房、厅堂，三进院落已经不够居住，扩建房屋就成了一家人的议题。议来议去竟过了一年，最后还是尊重一家之主的意见，决定盖一座类似江南风格的二层小楼，专为沈氏的藏书楼，以安慰老人那怀乡的游子情结。

这便是后来的枕碧楼。

3. 乡思凝成"枕碧楼"

拟建的这幢小楼，楼址定在前院的东耳房的地方，向东推至围墙。沈家本特地从湖州请来了匠人帮忙设计。建楼当然短不了备料、雇工等一切事务，三爷佑甫（沈家本三子沈承烈号）总揽其成。但因为佑甫并不熟悉江南建筑的风貌，所以沈家本还是得亲自指点。直到光绪三十年（1904年）秋，才算大功初成。

小楼虽是木质结构，但两面山墙也还是砖砌；楼主虽是南方人，房顶的瓦还得按北京的方式盖。在南方，人们把瓦直接排列在檩条上。晚上躺在床上，有时甚至能看到月光从瓦缝中漏下来。北方因天气寒冷，必须先在檩条上铺席，然后在席上覆泥，最后在泥上盖瓦。这样做一来防寒，二来防止瓦被风吹落，但是刚刚建成时会很潮湿。所以，虽然房屋落成，也不能即时使用，必得晾一晾潮气。再加上置办书橱、书柜、书案、座椅等，一切办停当也到了1904年年底。两层小楼，上面藏书、写作，下面是客厅、茶室，显得舒适、典雅而宁静。

光绪三十一年（1905年）的新年之际，小楼正式启用，沈家本先生在一楼客厅接待了陆续前来拜年的宾朋。

这天上午，佑甫、哲甫（沈家本四子、笔者祖父沈承煌号）都被沈家本派出去代为拜年。老人自己边慢慢地整理书籍，边等待几位投刺要来拜年的客人。乡人仲和（即章宗祥，也是浙江湖州人，当时任职刑部，是清末修律积极的参与者和支持者）先到，刁玉（沈宅的管事家人刁成之子，留用在家）刚刚沏好一壶上好紫笋，这一老一少还没来得及上口，就听门外传来了拜年声。

来者是徐世昌，他后来当过中华民国大总统。（徐世昌生于河南卫辉府，祖籍浙江宁波府鄞县，天津图书馆馆藏档案记其籍贯为"浙江鄞县"。其祖辈明季北迁燕京，清军入关时南逃天津，落籍天津，是为天津寿岂堂徐氏。曾祖父、祖父在河南为官，故出生于河南省卫辉府府治汲县。日后发达，凡遇以上三地人士，徐世昌皆称同乡，故与沈家本亦可称有同乡之谊。）见到徐世昌，仲和哈哈大笑，操着一口湖州式的京腔说："菊人兄真会赶时啊。这茶刚泡好，你人就到了。"老少坐定，边品味汤浓味沉、香溢满室的紫笋香茗，话题很快就转到了这座刚刚建起的小楼，两人迫不及待地上楼参观。

沿着坐东朝西的木质楼梯攀援而上，向南进门，东面书房已经存入不少经史子集，尤其是那整齐排列的钦定《二十四史》令两位熟读史书的学人齐声叫绝。西面房中有一大书案，靠西墙下的书架已经摆上了许多书稿。南侧打开房门，有一条较窄的向阳贯穿的檐廊。廊虽不宽，但阳光明媚时，徜徉其间必定十分惬意。墨绿的木栏虽不考究，但也颇具江南趣味。依栏回看，章宗祥略有所思地说："屋檐下少了点什么吧？"徐世昌顿悟："可不，少了一款匾额呀。沈大人不会连斋号也没起吧。"两人若有所思地下楼，回到客厅，这时授经（即董康，当时任职刑部，与章宗祥同为清末修律积极的参与者和支持者）已经在座。

几人寒暄一番，重新落座，徐世昌又提起斋名之事。沈家本说："我也正思度此事并未确定，倒想听听诸位高见。"于是，话题转到了斋名。三人从天一阁说起，遍数了天下书楼，总没想起一个恰当的斋名。

一说，登楼北望，可见宣武门，可以叫"望宣楼"。又一说，城下有水而不可见，可叫"听水阁"。这时，董康忽有所悟，说："城下有水潺潺，但并不能听。虽在城楼之下，亦在本楼之侧，有如枕于溪水之上，不如叫'枕溪楼'吧。"徐世昌连连说："枕溪不雅，不雅。"这时，沈家本一边擎杯饮茶，一边说："有了，有了。"大家忙问："沈大人有何高见？"

沈家本面向章宗祥，说："仲和，你知道，我湖州老宅离碧浪湖不远，乃我常常念起之处。此地枕于护城河之上，河水碧绿，两碧合一，可称'枕碧楼'。诸位以为如何？"此言一出，三位年轻人均以为是。于是，老人（沈家本）又说："哪位辛苦秉笔？"三人互相谦让。最终，还是老人定夺，说："菊人之楷久已闻名，就你辛苦吧。"徐世昌欣然承命，于是叫来刁玉研墨、铺纸，写下了"枕碧楼"三个大字。写完，他无论如何不肯落款，再三推辞道："沈大人是前辈，晚生不能落款啊。"于是也就作罢。董康就"大包大揽"，卷起写好的字，去制作匾额。

说时已是晌午，三人起身告辞。

几天以后，董康带着工匠，把"枕碧楼"的匾额挂在了小楼二层中间的屋檐下。[1]

从此，这楼就正式唤作"枕碧楼"。沈家本也就是在这栋小楼中，吹响了中国法治近代化的号角，并为后人留下了不朽的著作。

---

[1] 作者注：文中故事，因这一段沈家本日记阙如，无法还原得十分确切。所记都是根据笔者年轻时，听祖母赵六如——沈家本四儿媳的叙述和访问老家人刁玉的记忆而描述的追忆，难得确情。

图 1　枕碧楼匾额图片

4. "枕碧楼藏书记"印章的由来

枕碧楼修成了,沈家本先生自是舒服了许多,至少不用上班的时候,自己有了一个比较舒适的书屋,可以专心读书、阅卷、撰文了,或许这正是许多文人墨客心目中所追求的吧。

虽说有了一个舒适的藏书楼,可是光绪三十一年(1905年),沈家本先生真是忙得不可开交。因为日记的阙如,即便是笔者祖母破碎的回忆,关于老人家公务的事情,也是寥寥无几,所以我们无法知道这位65岁的老人是怎样应对这繁忙的日子的。我们只能从现存能够见到的、众所周知的几份奏章中,探寻这个时期,老人家为王朝的司法改革操劳的端倪。

光绪三十一年三月十三日(1905年4月17日)沈家本上呈《奏请先将律内应删各条分次开单进呈折》获准,启动了晚清法律改革的历史车轮。

同月会同伍廷芳上《奏请专设法律学堂折》获准,中国历史上第一所由中央开办的法律学堂开始筹建,开启了为中国司法培养人才的长远计划,沈家本受命担任管理大臣。

还是这个月又会同伍廷芳上奏了《请于各省课吏馆内专设仕学速成科

片》为修订法律培养速成人才。

四月，会同伍廷芳上《删除律例内重法折》，请求在旧法中删除三百三十四条重罚，其中重点在于"将凌迟、枭首、戮尸三项一概删除，死罪至斩决而止"获准，在中国历史上凌迟等重罚永远删除。

五月，会同伍廷芳上《停止刑讯折》获准，从此，在中国审讯史上，刑讯成为非法行为。同折奏明待《刑法》告竣后，将陆续编纂《刑事诉讼法》《民法》《民事诉讼法》。

九月，上《奏订新律折》奏请派遣董康、王守恂、麦秩严前往日本考察研究法制刑政、裁判所及监狱制度、监狱建设等。获御旨："如所议行。"

这紧锣密鼓的行动，绝不可能是沈家本一人闭门造车，按今天的说法，一定是召开了一系列的会议，如座谈会、研讨会等才能促成。这些会议的地点，无非是修订法律馆或枕碧楼。新建的枕碧楼一时宾客盈门，但来的大都是中青年才俊，很少有达官贵人。

沈家本先生公务之余，便是读书、修书、整理图书。他常常想，应该有一枚藏书章，然而，求谁治印呢，一直犹豫不决。

这天正值午休过后，刁成来报："徐世昌徐大人到，已安排在楼下吃茶。"老人赶紧起身。这位徐世昌徐大人，近来在军机处值守，大有晋升军机大臣的势头，因为忙，自是少有登门了。今日来访，必有要事。沈家本先生急急忙忙来到枕碧楼一层的堂屋，边进门边打招呼："菊人近来公务烦冗，今日垂临不知有何贵干。"徐世昌连忙起身作揖道："沈大人，打搅午憩，见谅见谅。"两人落座，不等沈家本先生问，徐世昌不慌不忙掏出一个纸包，双手奉上说："请沈大人笑纳。"

沈家本先生接过纸包慢慢打开，一款随形田黄石印露了出来，仔细一看，上面镌刻"枕碧楼藏书记"六字篆书，沈家本真是喜出望外，徐世昌的篆刻已经小有名气，人家已经题写匾额，再请他刻印，难于启齿。现在他自己送来，实在是令人欣喜！沈家本兴奋地说："近来我常想，请谁操刀制一枚藏书印，你就送来，真是正中下怀啊，令人感谢备至。"连忙打开书案上那上好的青花瓷印泥盒，钤泥押在纸上，一枚精致的随形图章"枕碧楼藏书记"红艳艳的印痕显现出来，沈家本先生仔细端详着，情不自禁地说："好精美的篆刻，钤上此印，可让枕碧楼藏书陡生辉煌啊，真是不辱我枕碧楼啊，实在太感谢你菊人大人了。"徐世昌连忙说："沈大人谬奖了，雕虫小技，不值一赞。"他又接着说："图章早已刻好，只是杂事缠身没得工夫送来。"沈家本先生说道："怎么能这样说，你能想到且制好送来，我已感谢不尽了。"

两人吃了一会儿茶，沈家本先生问道："你在军机行走的事，有眉目了吗？"徐世昌答道："老佛爷确有此意，只是还得几位亲王答应，想来迟早的事吧。"沈家本说："天遂人愿吧，日后你在军机，修律的事还得多多襄助啊。"徐世昌立即说："那是当然，那是当然。"他随手端起茶盅，吃了几口，便起身说："军机那边还需值守，就此告辞，改日再来探望。"于是告辞而去。

"枕碧楼藏书记"印章就这样诞生了，除了老人自己的手稿，大部分的枕碧楼藏书都有此印痕。这枚宝贵的印章，有幸在笔者手中保存至今。

补笔：2017年金井胡同的沈家本故居，由西城区文物部门、最高人民法院主持腾退，并由最高人民法院主办为陈设沈家本生平和他在中国近代法治的贡献展览。为此笔者将所藏部分太公手稿、一些物件包括这枚图章，一并捐献给了中国法院博物馆，用于在故居展览。(2022年3月30日补)

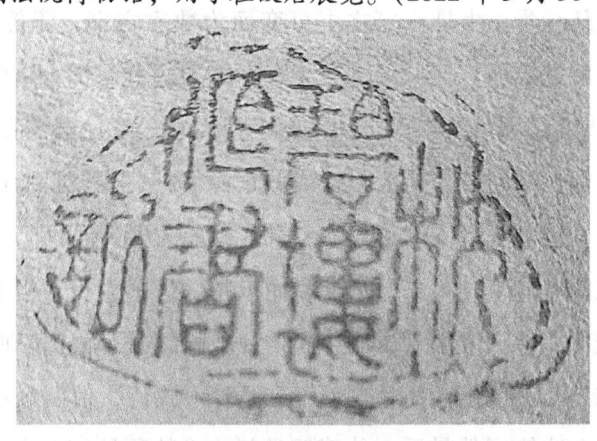

图2 "枕碧楼藏书记"印痕图片

5. 自此藏书别小楼

沈家本先生爱书，枕碧楼建成后，更有了藏书之地，其藏书必定丰厚。后人有说藏书两万余册三万余卷，也有说藏书五万卷，至于枕碧楼藏书的准确数字，却无从考证了。

沈家本先生不仅藏书，还整理研究，且刊刻以示世人，为的是流传和推广。他的藏书是有明确原则的。

癸丑暮春之初，也就是1913年4月下旬，他在《枕碧楼丛书·自序》中写道："天下之物，以有用于世为贵。……若有用之物而置诸无用之地，乌足贵？今夫书，物之至贵者也；藏书，又名之至贵者也。挟至贵之名，储至贵之物，天下称之。而其病则有两焉：一失之贪多。贪多则鉴别不精，真伪杂糅……一失之固秘。固秘则孤本旧钞视为稀有什袭，惟恐有失，不以示人；即或着诸目录，以炫他人，而原书则废之深宫严宇之中，虽至友亦不获一睹，此正所谓有用之物，置诸无用之地者。"又说："举藏本之精要者，叙厥源流，编成目录，风行于世；好学之士，得就目录中择其所必用者，乞代迻写，不惮烦读，力任钞胥；由是一家之书可变而为数家之书，流传遂广。"目的十分明确，这就是推而广之。同时，沈家本藏书还有保护古籍的目的。他指出："私诸一人而设遇刀兵水火之劫，归于无何有之乡，虽欲私之而不可得，此事之难料者也。则何若公诸天下，或此亡而彼存，或彼亡而此存，犹可希冀长留于天壤，岂非幸事哉。"他说："余抱此愿久矣。"

可见，沈家本先生之藏书，不求多而求精，以书为贵，但求推广。应该说枕碧楼所藏图书多为精品，且他很想经过自己的校勘、整理，刊刻行世。《枕碧楼丛书》就是他身体力行的杰作。但时不我待，他已经不可能完成自己的心愿了，在这篇序的最后，他感慨地说："龄颓神衰，赓续无力，姑存此虚愿而已。"而真就是一个多月后的端午，老人就驾鹤西行了。

枕碧楼藏书到底有多少，其实也无须考证了。因为沈家人从金井胡同1号迁出后，那藏书就逐步流失殆尽了。

笔者听祖母赵六如说，搬家时，一部分书由三老爷沈承烈运到老墙根16号收藏，一部分运到宗帽头条城隍庙街的新居。我的祖父去世后，我的父亲跑到重庆追随蒋委员长抗日去了，而那汉奸丁举人不知从哪儿得到了信息，三天两头来打听"沈子固哪里去了"。① 这使得婆媳二人惶惶不可终日。直到母亲产下我的妹妹，祖母决定回南。为了保护我这老四房的独苗，她老人家打发母亲带着我先离开北平，自己在北平悄悄将一应什物分别存放到亲友家，把书和书版存到了琉璃厂的来薰阁。

据说来薰阁陈氏家族和祖母娘家赵氏很有渊源，自然肯于帮忙。那时，连同《沈寄簃先生遗书》等书的木刻雕版和书籍，一股脑都存到那里。然后祖母卖掉房子，带着我的妹妹也逃离了北平这个是非之地。

就这样，枕碧楼藏书就和枕碧楼分离了。

图3 《沈寄簃先生遗书》书影

---

① 作者注：父亲沈仁坚，字子固。

6. 寄簃手稿捐赠记

1949 年，北平和平解放。大约 4 月，父亲携全家从滞留近一年的天津，回到了北京（北平又叫北京了）。然而，却错过了时机，他失业了，家庭生活陷入困境。

变卖，成了生活的唯一经济来源，卖桌椅板凳，卖皮衣大氅，卖金银首饰，卖瓷器字画，最后卖书。住的房子越来越小，东西越来越少，父亲的身体越来越差。等到几乎家徒四壁的时候，1952 年，年仅 42 岁的父亲撒手人寰，留下他年过花甲的母亲和 37 岁的妻子，带着只有 13 岁的我和我的两个妹妹。

那时，家里只剩下 6 个书箱。听祖母说，这是绝对不能卖的。后来才知道那是太公的手稿。

沈家本先生的手稿，一直被完好地保存下来。就是家庭生活最艰难的时候，也没有谁动过变卖的念头。

20 世纪 60 年代初，时任北京市文史馆书记的我的堂姑（我们习惯称大姑妈）余谷似（原名沈仁烔，参加革命后改名）动员她的四婶，也就是我的祖母，把家藏的沈家本先生手稿捐献给国家。祖母有些犹疑，大姑妈就动员我说服祖母。

大姑妈在我心目中的地位是崇高的，这不仅是因我自幼丧父，大姑妈给了我不少关心与帮助。更重要的是她早年参加革命，在抗日战争、解放战争中长期从事革命工作，付出过许多艰辛，她在我心目中就是革命者的象征，因此大姑妈的话我是深信不疑的。于是，我也就和祖母说了许多将手稿捐献给国家意义重大等我并不太明白的大道理，总之祖母是同意了。当时，我在北京师范学院中文系读书，大姑妈说："你也是大学生了，去联系一下政法学院，如果捐赠给那里是最好的。那是学院，一定会很好地利用这些文献的。"

记得那是1961年仲春，我趁下午没课的时间，回家骑了一辆破自行车，出了西直门，顺着元大都古城墙，一直向北，风尘仆仆地来到了北京政法学院。经打听，到了办公楼的一间办公室，一位年轻的男老师接待了我。

坐下后，我说明来意，那位老师懵懵懂懂似乎不太明白，问我沈家本是哪几个字。我告诉他后，他站起来给我倒了一杯水，说"你等一下"，然后出去了。

过了大约十分钟，他回来了，笑容可掬地对我说："你的爱国热情是值得表扬的，但是我们现在讲的是无产阶级专政的法律，国民党时期的伪法统早已废除了，清代的法律文献更没有什么价值了。你所要捐献的沈家本手稿，没有研究价值，也没有地方存放，建议你去北京图书馆问一问。"

我是学中文的，对法律本来知之甚少，更不懂什么伪法统。我只是知道，政法学院不接受我的捐赠。我兴冲冲地来的时候，"向国家捐献"的那种兴奋，甚至有点自豪的心情，顿时被一盆冷水，浇了个透心凉。我怏怏不乐地回到家，告诉祖母。祖母叫我告诉大姑妈一声，我便又骑车去大姑妈家，述说了我去往政法学院的过程。大姑妈说："那样我就向组织正式写报告了。"

又过了半个多月时间，我去大姑妈家，她告诉我，她已写了捐赠报告，张友渔副市长（当时张友渔同志兼任中国科学院法学研究所所长）建议捐赠给中国科学院法学研究所，并且已经约定派人到我家拣选。

这一年的暑假，法学研究所派了两位老师前来拣选。我把大姑妈事前告诉我的捐赠原则转述了一番，这就是：第一，法学研究所以拣选太公的法学著作为主，非法学著作留给家里；第二，法学著作法学研究所以选手稿为主，抄本留给家里做纪念；第三，没有抄本的，以法学研究所需要为主，可以不留给家里；第四，我家境困难，希望能在经济上，给祖母一些补偿。当时，两位老师都一一记录下来，并说："前三条没意见，可以照办，最后一条要请示领导才能决定。"

开始拣选后，两位老师每天早上9点准时来到我家（那仅仅是一间房的家，除了我和祖母的两张单人床，就是靠墙的两摞书箱和一张书桌、两张凳子。开始，母亲和祖母是分开住的，母亲带我和两个妹妹住，祖母单住。后来我们渐渐长大，和妹妹同室居住很不方便，我就搬到祖母处住了）一箱一箱地拣选，选定的我负责登记，晚上他们带回法学研究所。

两位老师每天中午出去吃饭，也不休息，回来又继续工作。差不多两个星期的时间，终于完成了全部拣选工作。从此，我再也没有与这两位老师联系过，时隔50多年连名字也记不起来了。

后来，祖母告诉我，法学研究所送来了60元，算是对捐赠的补偿。现在回想，60元，也真的不算少了，那时候北京的大学毕业生的月工资也就50多元。

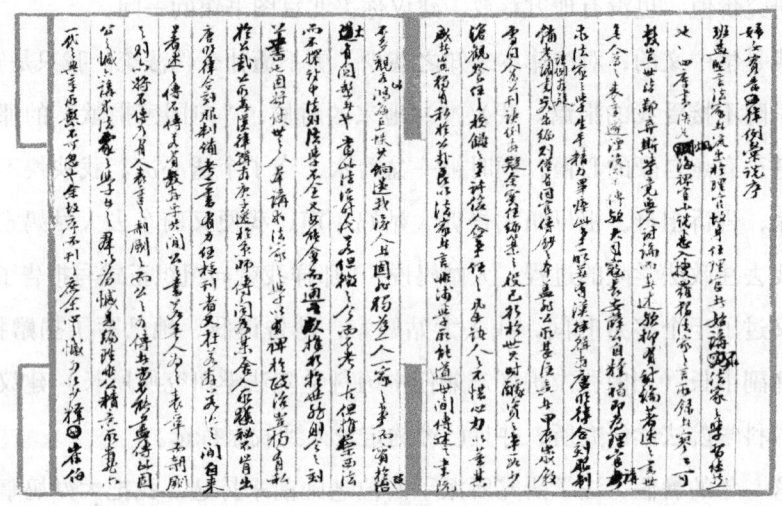

图4　手稿书影

7. 剩余书稿的去复来

1966年，"文革"开始，到处烧砸"破四旧"，我十分担心祖母的安全。虽然我家已经是极端贫困了，但祖母是清朝法律大臣的儿媳，这是四邻皆知的。万一哪位红卫兵想起来,岂不十分危险,这使我每天都提心吊胆。

祖母有个逛大街的习惯,一天我去了单位,祖母照例出门逛街。下午下班回来见院子里一堆焚烧后的废墟,屋门前存放太公字画的木箱已经一纸无存。我顿时感到一种恐惧,立即冲进房门,只见祖母黯然坐在床边。我问她怎么了,她说不知道,回来时已经这样了。我长吁一口气,心想真是万幸。

我到院子里向邻居询问,才知道上午10点多钟,一群红卫兵来到院子里,说是来帮助"破四旧"的,要群众协助把"四旧"找出来。

有位红卫兵看到我家屋门口有个大木箱,顺手打开,看到全是一卷一卷的画轴,大喊:"这里有'四旧'"!于是,红卫兵们一拥而上,把箱子里的物件全部翻了出来。

打开第一幅卷轴,竟是袁世凯送给太公七十寿辰的寿对。不管三七二十一,一箱子的字画就全部被投入了革命的火焰。当他们找这木箱的主人时,邻居都说老太太一早出去了,不知何时回来。

正当红卫兵们等得不耐烦时,有人来传令,说是另有重要任务。一声号令之下,他们撤退了,祖母因此逃过一劫。

老人在街上已经见过红卫兵"破四旧"的阵势,这次自家也被牵连,真的有些害怕了。我劝慰她说,红卫兵已经来过,应该不会再来,以后少出门,免得半路上遇到麻烦。

我们商量,以防万一,还是把剩下的太公遗稿捐给北京图书馆,一则免得被烧毁,再则家里放着这么多太公的遗稿,如果红卫兵真的来了,也说不清,更吃不消。

于是,我借了辆三轮车拉着四个满满的书箱,到了文津街北京图书馆。

一进门,就看到有许多和我一样来捐书的人。图书馆的工作人员告诉我,根据上级的指示,凡是送交来的图书,一律不造册,不写收条,由图书馆封存。就这样,我放下书箱,怅怅然又蹬上三轮车。送还了三轮车,回到家中,我向祖母报告经过。祖母说,已经这样,就算了吧。到处烧砸,书被送到图书馆,应该算是有了归宿,不至于被烧了吧。

1983年，我调入北京政法学院。不久，北京政法学院改名为中国政法大学，高潮教授创立法律古籍整理研究所，我成为其中一员。由于政法大学的熏陶，我对先曾祖在中国法制史中的历史地位有了进一步的理解，也为自己是沈家本的后代感到荣幸；当然更意识到了一种义务。

从那时起，我对沈家本先生著作的整理给予了极大关注，也十分希望找回当年送交到北京图书馆的太公遗稿。

1984年，通过多次走访，我从北京图书馆得知当年送到北京图书馆的图书，后来全部移交给了当时主管文物的北京文物管理处，我又到文物管理处联系。

终于有一天，收到文物管理处的通知，要我带着单位证明到管理处登记，然后帮助查寻。我翻箱倒柜，找到一份送交北京图书馆前自己整理的目录，来到文物管理处，交上盖有中国政法大学大印的证明，填写了一些表格，还把那份目录附于其后。

管理处的同志告诉我，要我耐心等待，他们要从大堆的书籍中去寻找，需要相当长的时间。我表示理解，同时提出我可以参与查找的工作，因为我比较熟悉，可一目了然，节省时间。他们说，要请示一下再答复我。回来后，等了两个月，也没有任何消息。没想到，忽然收到一封信，通知我去文物管理处认领"文革"中被查抄的图书。

我喜出望外，兴冲冲骑车到了文物管理处，负责同志拿出一份清单，令我一一过目，然后签字、打包，算是完成了一切手续。

看着这些交还的太公手稿，和我当年送到图书馆的数量相差甚远，我就问："就这些？"那位接待我的同志答曰："就这些。"我说："这差得太远。"他说："我们再尽力找一找，有消息再通知你。"我问："能否让我参加查找，因我比较熟悉，容易辨识。"他回答："这恐怕不行，如果都来自己查找，我们无法接待。"

我只好抱着一丝希望和幻想，快快离开了文物管理处。直到今天，再也没有音信。

可惜的是，沈家本先生的一些重要著作如《李善文选书目考》、修律时期的重要日记、几扎信件等一批有价值的文献已经是永远杳无踪影了。开个玩笑，那几扎信件信封上的大龙邮票，如果留给我几枚，我就是富翁了。

当然，也还有一点侥幸，那就是从发还我的书中，还有几本盖有"枕碧楼藏书印"的书，在我手中简直就是宝贝了。

无论如何，经过百年的沧桑，总算还有一部分沈家本手稿，保存在他老人家第四世孙的手中，这已经是万幸。

2013 年，为纪念先曾祖沈家本先生逝世 100 周年，我委托杭州西泠书社和华宝斋复制出版了线装本的《沈厚铎藏沈家本手稿》五函 21 种，算是尽了一点贤孝之心，也为爱好者提供一点收藏观赏的书品吧。

8. 两书冠名枕碧楼

古人常以书斋、堂号、书楼命名自己的著作，是为雅事。如宋代陆游，书斋名为"老学庵"，其文集即为《老学庵笔记》；清代大儒俞樾，斋堂冠名"春在"，遂有了《春在堂全集》；大学士纪晓岚亦以其所居"阅微草堂"名其书为《阅微草堂笔记》。

近代，如梁实秋的《雅舍小品》、沈尹默的《秋明室杂诗》、苏渊雷的《钵水斋集》《钵水斋丛书》、戴逸如的《启锁斋笑林》、彭歌的《双月楼说书》等亦以书斋、书楼之名冠之，风雅斋室、美文佳作相得益彰。沈家本先生自然也不例外。

且说枕碧楼落成，沈家本先生这位刑部左侍郎、修订法律大臣，一方面忙于部务，另一方面紧锣密鼓地开始了修订法律有关的各项事务。他所钟爱的经史研究，虽不能弃之脑后，却也无暇顾及了。所有时间，几乎都投入了法学研究与法律修订。然而，诗歌可以寄托心声，又是友人往来唱和的必需，仍是不可或缺的。所以，他那整理古籍善本并将其推而广之的夙愿，一直无法实现。

1912年2月12日，清帝逊位，沈家本先生得以淡出尘世，蛰居枕碧楼之时，已是风烛残年。笔者听祖母说，昔年老人时有头晕，且患一动即喘之症，连登上枕碧楼都觉喘息不匀。幸有赵伯勤常来诊治开方，少可舒缓。虽然重病缠身，老人心中却燃起了却夙愿的星火，他笔耕不辍，整理善本、拾掇旧稿，先后编成了《寄簃文存》《日南随笔》《枕碧楼偶存稿》《枕碧楼丛书》。这时，十几岁的孙女峒峒（沈仁峒）就成了他的书童。在祖父的熏陶下，沈仁峒的身上也埋下了深厚的文化底蕴和一身正气。

《枕碧楼偶存稿》《日南随笔》《寄簃文存》三个文集应该说是沈家本先生自己集结的三个姊妹篇。

《寄簃文存》是法学类文章的结集，《日南随笔》是数十年累积的耳闻目睹之人文逸事的文字结集，《枕碧楼偶存稿》则是法学之外的论说、考释、书评类文字和诗歌的结集。

《寄簃文存》学界研究颇多，此处无须赘言。以枕碧楼命名的两种书，世间谈及甚少，笔者且为之简介以飨读者。

《枕碧楼偶存稿》是沈家本先生十分重视的一本书。虽然老人并没有为之作序、跋，但从编订的内容来看，可以说是老人的心血之作。

《枕碧楼偶存稿》十二卷，其中一至六卷是文，七至十二卷为诗。一至六卷分别是一卷论、议、辩；二卷考；三卷释；四卷书后；五卷序、记；六卷跋、墓表、传。这六卷文章，囊括了沈家本一生除法学论著之外的所有论说性质的写作。这些著作充分表达了他的政治、学术观点，从中我们可以看出他矢志不渝的家国情怀、认真踏实的学术作风。

在第一卷《岳忠武恢复论》一文中，就岳飞死后先谥武穆后改忠武的历史事件，盛赞了岳飞对家国的忠诚，揭穿了秦桧之流敢于诬陷、杀害忠臣武将的根本原因是帝王本身的患得患失与无能。

在五卷《严秋樵说文校议议序》一文中，沈家本简论了许氏《说文》（许慎《说文解字》）的学术价值，既哀叹许学之式微，又对未来充满希望。他写道："余序此编不独叹吾乡之治许学者寂然无闻……安知气运之转移，今日之寂然无闻者他日不渐被于环球乎，固所馨香祝之矣。"老人对许学之期望，不就是对汉语学之希望吗？今日全球的汉语热，或许老人在天之灵正对之含笑。

《枕碧楼偶存稿》一至六卷，内容丰富，可读性很强，篇幅有限仅此简介。

七至十二卷的诗歌，大体上是以时间顺序收集。

诗歌，可以说是伴随了沈家本先生的一生。从他19岁初读史书时写下的《咏史小乐府》30首，到他垂老枕碧楼的1913年写下的《自题癸丑日记》，600多首诗便成为描绘他一生的生动写照。

咸丰九年（1859年），这位意气风发的青年，怀着一颗报国的雄心和成就一番事业的壮志。他赞赏大泽乡起义的陈涉，推崇那种大义凛然、高举大旗逐鹿中原的勇气与壮举，他写下《咏史小乐府三十首》，其中之一写道：

  守冢高皇置，云沉大泽乡。
  中原多逐鹿，首事夥颐王。

可以看出，那时的沈家本向往着飒爽英姿的英雄，饱含着凛然正气报国宏愿。当我们读到50多年后的《自题癸丑日记》时，我们又会感到他历尽沧桑、阅尽世事后，享受着杜门谢客、退隐桃花源的恬淡以及一颗未泯的爱国之心。

  颓龄住人海，闭门谢胶扰。
  蜗居斗室中，见闻遂简少。

典籍聊自娱，神荼畏勒讨。
春归渐和煦，晴窗理旧稿。
故闻启新得，意解贵明了。
说之不厌详，疑义乃通晓。
世事偶然书，亦足备参考。
倦来便静坐，冥心澹物表。

从句句诗歌中，我们不是看到了一位饱经沧桑后淡出江湖、以书为伴，却又关切着世事的老人吗？令他念念不忘的，还是国家兴亡。

"可怜破碎旧山河，对此茫茫百感多。"节选自《梦中作》的这句诗正是表达了这位退隐老人对国家、对民族的关切之情。

《枕碧楼丛书》是沈家本先生晚年，心怀将孤本旧钞"公诸天下""长留于天壤"之愿，检旧藏抄本整理编辑的一部丛书。

丛书收入12种旧抄本，皆"世所罕见者"。包括倦圃曹氏旧抄本《南轩易说》、绣谷吴氏旧抄本《内外服制通释》、昆陵董氏抄本《刑统赋解》、璜川吴氏抄本《粗解刑统赋》、江阴缪氏抄本《别本刑统赋解》《刑统赋疏》、朝鲜抄本《无冤录》、旧抄本《河汾旅话》、日照许氏抄本《河南集》、日本抄本《花溪集》、四库馆原本《来鹤亭诗集》、四库馆原本《玉斗山人集》，内容涉及经义、法律、诗文辞赋、杂记，其中法律文献占6种之多。

沈家本先生一生爱书，又有推而广之的夙愿。在《枕碧楼丛书》自序中，他充分表达了这一心愿。直到晚年，他还孜孜不倦地想要"检旧藏抄本陆续付刊"。然而，他也知道"龄颓神衰，赓续无力，姑存此虚愿而已"。暮春之初，他完成了此书的《自序》。不久之后的端午，老人便与世长辞了。

9. 寄簃书版赠法大

沈家本先生在世时，笔者的三祖父沈承烈、祖父沈承煌便在笔者姑祖父汪大燮的资助下，整理刊刻《沈寄簃先生全书》，其中不少著作经过老人家亲自校正，如沈家本先生对原法律馆两次刊印的《寄簃文存》一编、二编进行了校对和增删，对《说文引经异同》甚至亲自校红。但《沈寄簃先生全书》还没完成，老人已离开人世。后来在原法律馆爱戴沈家本先生的人们的共同努力下，完成了最后的编辑校对等各项工作，印刷了全书并改名为《沈寄簃先生遗书》。同时，也刊刻了《枕碧楼丛书》和《吴兴长桥沈氏家集》二书。

1948年，我家重回北京后，《沈寄簃先生遗书》《枕碧楼丛书》《吴兴长桥沈氏家集》三套木刻雕版一直存在来薰阁。1956年，因公私合营，琉璃厂的大小书局、书社合并为中国书店。来薰阁陈经理来我家找过祖母并告诉她，公私合营了，沈家所存书版如果不取回，恐怕要由合营书店统一管理。

祖母怕书版流失，就跑到琉璃厂，找到"店员工会"——好像叫这个名字，据说是筹备合营书店的地方。祖母后来告诉我，当时那里负责筹备的人员是来薰阁的一位老店员，和祖母很熟。

祖母说明来意，那位先生很客气，告诉祖母，一点不会丢失，至于将来怎么办，等有了准信，一定会告诉我们。

到我也开始逛琉璃厂，已经是1959年以后，我在北京师范学院中文系读书的时候了。那时到琉璃厂逛书店，发现来薰阁的招牌还在，但已经是中国书店下属的一个门店了。和店里的老店员聊起来，他们中有些人知道金井胡同沈家，他们说老沈家几代人都是琉璃厂的常客。当时在琉璃厂，看到了不少珍本、善本图书，可惜那时经济拮据，不曾藏下几本好书。咸丰十一年（1861年）正月初七，沈家本先生在日记中记录了自己逛琉璃厂的情景："目故书中多不可少之书，检视囊箧，殊形羞涩，虽触所好，不敢顾问也。"那年曾祖21岁，与我彼时的年龄相仿，读这段日记，联想到与曾祖相隔百年，竟有囊中羞涩的同感。

20世纪80年代我去琉璃厂，一位店员对我说："有一位叫田涛的，说和你很熟，从我们这儿淘了不少书。"我说，田涛是我的好友，他很懂书。这是后话。

祖母知道我常去琉璃厂，就告诉我存书版的事，叫我打听一下情况。但后来，"文革"轰轰烈烈，顾不上这事了。

直到粉碎"四人帮"以后，我得暇再逛琉璃厂时，就和中国书店熟悉起来。一次我在海王邨二楼喝茶，当时中国书店业务科科长郑宝瑞先生忽然说，你们沈家存的书版，咱们刷他一回怎么样，这么放着可要毁了。我说："太好了。"

那时候，人们还不像现在这样"用钱说话"，所以一切好商量。于是商定，中国书店冠名刷印，如果有毁坏的版子，由中国书店补刻，印好后送我五套书。

这就有了1984年中国书店版的《沈寄簃先生遗书》。后来他们又印刷了《枕碧楼丛书》和《吴兴长桥沈氏家集》。

再后来，郑宝瑞先生升任总经理，中国书店的管理制度也完善起来。1996年的某一天，我正在海王邨的一间书屋看书，一位认识我的店员和我说："郑经理说，谁见到你，请你顺便去楼上一下。"

楼上就是中国书店的管理部门，郑宝瑞的办公室就在那里。我便上楼到郑经理办公室。寒暄过后，泡上香片，点上烟，郑经理说："现在得跟你商量一下，你家这书版，我们给你保存了几十年了，占着那么大的地方，是不是得有个说法啊。"

我一听，这是要保管费还是有什么说道？就说："郑经理，您说怎么着呢，咱们也这么多年了，就直说了吧。"

郑宝瑞先生还是有点抹不开面子，慢吞吞地说："是这样，书店经营，是要成本的。你这书版这么存着，也不是个事儿。咱们还是有个说法好。"我就说："您说怎么办吧，反正我是出不起仓储费的。"

老郑哈哈大笑，说："我知道你也出不起这个钱。你看这样吧，咱们说好，今后中国书店刷印这三套书，不付给你版税，你也不用付仓储费，咱们签个协议，你看如何。"

我一听，就说："你们已经印了，我也没要过版税呀。"郑经理就说："1984年，我们统共刷了500套，至今没卖完。你能拿几个版税，能和仓储费比吗？"说得我张口结舌。

一看我这个样子，他就说："你别急，我是告诉你得有这个说法。不然仓储那边总是问我，我也得有个交代啊。"

我当然同意他的说法，这明明是为我着想啊。他说也不必今天就签协议，等准备一下再通知我。之后，又聊了会儿别的书的事，我便告辞了。

回来后，我就一直等着通知，间或在书店看书，也留意有没有人找我。

后来一天，我和郑经理在海王邨院子里碰上了。他叫我上楼小坐，告诉我：协议先不用签，要不他们按协议说起来，（如果）没印书，还是得算仓储费。他说，已经在办公会上说过，沈家和琉璃厂是世代的关系了，说好中国书店刷印这三套书，不付给版税，也不用收取仓储费。"事情也就这样了，你先别管这事，有人问起，你也这么说。"他嘱咐我。后来，在印《海王邨古籍丛刊》时，出版部的人还真问起过这件事，我当然照商量过的口径回答。

1999年初夏，宝瑞先生找我，还是那间总经理办公室，还是香片和香烟。他有点儿凄凉，说自己就要退休了，书版的事得有个彻底解决的办法。如果他退休后，没有个书面的东西，没人会承认书版是沈家的，事情就不好办了。他也知道，叫我出仓储费，我付不起；叫我拿走，我也没地方放，何况还得有恒温恒湿的环境。如果由中国书店收购，价格一定很低。他建议，有家香港书局有意，让我们商量一下。"这些书版是民国刻制的，是可以出境的。"他说。

我听了这话，心一下子沉了。他说的是实话，我没地方放，也出不起仓储费，而且我真的很缺钱。可是，怎么能卖祖宗的东西呢？何况当年父亲变卖枕碧楼藏书时的无奈与痛苦，我是亲眼所见，而且眼下也不是揭不开锅，怎么能卖呢？我对老郑说，容我想想吧。

后来，香港的书商多次找我，一次次涨价，价钱很有吸引力。但这时，我已向中国政法大学党委和校领导写了捐赠书版的报告。我想，那虽是我沈家的遗产，但也是历史的遗产，既然自己无力保管，就只能捐献国家，这才不辜负先曾祖的心血，不辜负我们"家承仁厚"的祖训。

这次的捐赠，终于没有重蹈20世纪60年代捐赠沈家本书稿时的尴尬，很快得到了校领导的支持。校图书馆用一辆"130"货车把书版运回了中国政法大学。

1999年12月，在学院路校图书馆贵宾室，赵相林副校长主持了捐赠仪式。图书馆馆长曾尔恕、副馆长戴守义代表图书馆接受了我捐赠的书版和图书。中国政法大学法律古籍整理研究所所长徐世虹、上海政法学院田涛教授参加了仪式。

我的一件大事就此了结。但书版在中国政法大学并没有得到利用，没有刷印，没有恒温恒湿保存。几年前，我看到书版已经龟裂，很是心痛。直到时建中教授担任图书馆馆长，才申请到经费，建起了恒温恒湿的储藏室，让书版得以被较好保存。

最近，我听黄进校长说，准备在学院路校区新建图书馆中，开辟一个恒温恒湿的储藏室，更好地保存书版。这很是令人兴奋，但怎么才能更好地利用呢？如果只是束之高阁，即便被称为"镇馆之宝"又有何用？也许，是我多虑吧。

补记：2019年黄进校长筹措款项，时建中副校长主持委托华宝斋整理修复三套书木刻板并印刷了三套书，2020年已经完成，使得三套书木刻板得到了保护和利用。(2022年4月15日补)

《沈寄簃遗书》《枕碧楼丛书》
《吴兴长桥沈氏家集》木刻版保
存之恒温、恒湿储藏柜

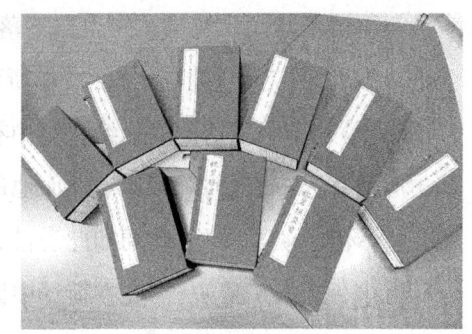

2020年三套书部分刷印样本

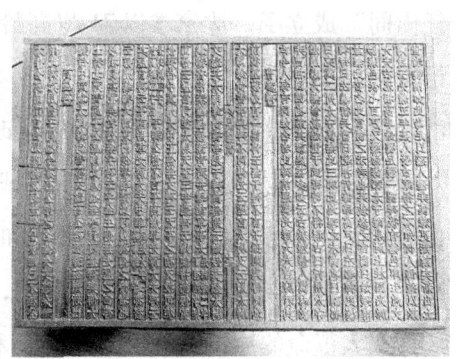

木刻版

图5　中国政法大学图书馆藏木刻雕版图片

10. 枕碧楼最后公务

宣统三年（1911年）二月因遭礼教派的弹劾，修律事务处处掣肘，沈家本在无奈之中提出辞去修订法律大臣和资政院副总裁职务的奏请。朝廷也就顺其奏请，于二月二十二日下谕旨："以大学士世续，为资政院总裁，学部右侍郎李家驹，为资政院副总裁。"又谕："命法部左侍郎沈家本回任，以大理院少卿刘若曾，为修订法律大臣。"

不再忙于修律，沈家本先生自然落得清闲，这年的初夏，竟有闲重游南河泡（今北京广安门莲花池），情趣所致，赋得百言长诗《六月二十八日南河泡小饮》，诗中尽达他的思绪，其中有这样描写塘中荷的诗句："亭亭千万柄，心清香远布。"何等闲逸。然而他还是关心着国事，关心着政局，"森森水一方，清旷淡吾虑"。政局如此纷乱，这"虑"是难"淡"的。所以"方今软红尘，新旧正猜妒"。竟在荷塘中读出"新旧正猜妒"，关注着国家大事的心境，跃然纸上。

这一年，武昌起义震惊了清王朝的统治者。为了挽救危机，袁世凯"责任内阁"成立了，沈家本以71岁高龄出任司法大臣。在沈家本心中，还是惦记着司法改革，上任伊始就积极促成《大清民律草案》的修订。当然清王朝已经病入膏肓，正在苟延残喘，司法改革也注定虎头蛇尾了。

1911年12月底，南北议和，达成停战协议。由伍廷芳代表南方军政府、由唐绍仪代表袁世凯，在上海租界和谈。1912年1月22日，孙中山声明，只要袁世凯赞成共和，他即宣布辞职，推选袁世凯为临时大总统。

在大革命的冲击和袁世凯的威逼利诱下，清王朝投降了。宣统三年十二月二十五日（1912年2月12日），清廷宣示了逊位诏书。沈家本也就从此离开了摸爬几十年的政坛，结束了他孜孜以求的法律改革事业。作为司法大臣，皇帝颁布退位诏书的仪式，沈家本理应出席。我们现在所能见到的这份诏书的复印件，在沈家本签名的上方有一个"假"字，而这一年沈家本的日记正好阙如，故无法知道那天本人是否实际到场。只有作为宫廷侍卫武官的唐在礼，在回忆录中写道："胡（惟德）代表袁带领着各国务大臣入宫，其中有民政大臣赵秉钧、度支部大臣绍英、陆军大臣王士珍、海军大臣谭学衡、学部大臣唐景崇、司法大臣沈家本、邮传大臣梁士诒、农工商大臣熙彦、理藩大臣达寿等。"似乎又证明沈家本先生是出席了这个仪式的。不论出席与否，那张退位诏书上的签名，证明了沈家本是这一历史事件的鉴证人。

袁世凯就任中华民国临时大总统。时局骤变，沈家本先生可以交差了，但他必须等待民国政府的司法总长接任。不承想，后来的一段时光，沈家本先生还得在枕碧楼忙完最后的公务。

我们且选读几则这一段时间沈家本先生的日记吧。

《壬子日记》（1912年）

正月二十二日：午后二钟赴阁（北京石大人胡同前清外务部公署），大众齐集后上大楼，依次排列，请大总统就位。大众一鞠躬，总统宣誓词，宣毕面递于欢迎使。欢迎使诵颂词，总统有答词毕。二喇嘛递乌达，总统回赠，乌达于挂其颈间。于是大众诣总统前一鞠躬。先是各署首领依次行礼毕，总统退位，大众又一鞠躬，总统退入别室。各首领带同丞参司员谒行一鞠躬礼毕。下楼茶会，归来未四钟。

一月二十五日：风微小。总统令，特任唐绍仪为国务总理。

二月七日：罗石帆来。石帆言伊侄在沪，去年冬仲信来，言南方有举余为司法长之说，此次究竟不知如何。甚矣，虚名之累人也。

二月十一日：风略小，晴。司法总长王宠惠。

二月十七日：司法次长徐谦（字季龙，原修订法律馆提调，曾任京师地方审判厅厅长、京师高等审判厅检察长）。

二月二十一日：风大。参议院仍在，法律学堂派张宗祥、曾怡进二人专司照理。

二月二十三日：季龙来言，昨见总统，次长一职辞之不获，王总长悉熟人必能融洽。来电言许归里三星期方能来。总统则曰需两月方能来。

三月五日：法律学堂也交代完毕。

三月六日：季龙来书言，署中公事暂行停办，印信已不能用，行文等事亦暂行停止，有要紧者送伊处办理。伊每日在国务院办事，不进署矣。余专候交代事毕，即可脱离政界矣。

三月十五日：王总长今午抵京，寓国务院。

由此可以看到，沈家本先生盼望尽快交接的急切心情。终于这位王总长来了，于是法部很快做了交代。三月二十四日新上任的王总长王宠惠①，专程来到枕碧楼拜望了这位司法界的前辈。按说这应该是万事俱结，沈家本先生可以清净地做自己的事了，他的心情十分舒畅，二十八日还请了十几位亲友到家便餐，畅谈至晚上9点多，发现天有小雨才散去。

沈家本先生终于可以脱离政界的煎熬轻松度日了。三月十七日下午，他高兴地到文明茶园②看戏。二十六日，在笔者祖父沈承煌和笔者三伯父沈仁培的陪同下，参观了京师劝工陈列所③。虽然边走边歇，还在接待室卧休一阵，然而看得出沈家本那轻松的心境。

无奈，时局并不像沈家本先生希望的那样安定，枕碧楼也还没有清净。南北各方政治势力的争斗，使得上任不久的国务总理唐绍仪辞职了，各部总长也随之更迭。一番争夺后，陆徵祥成了国务总理，而各部总长又得重新安排。

五月二十七日：馨吾（胡维德，字馨吾）来言，国务，同盟会人总统留之不得，不得不另访替人。与陆总理拟四人：孙毓筠、胡瑛、沈秉堃，而欲以司法属余，因陆与余不识，托馨吾转致此意。余婉谢之久病未愈，实难再出应世事。

五月二十八日：张杏生（原修律馆总纂，曾与董康一起赴日考察）来，仍是馨吾嘱来说项者，并言参议院可不到，国务院也不必常到，可在（府）总其大成。余仍以疾辞。

五月二十九日：施伯彝来，乃陆子兴属来，余告以病不任事。伯彝见余病状，亦不甚怂恿。段芝泉（即段祺瑞）来，总统属来劝驾，余仍以病辞。连日政界人来，言语过多，气急之证益甚。

六月初一日：黄昏斗华由馨吾处归，复以不入耳之言，来相劝勉。无如

---

① 王宠惠（1881年12月1日—1958年3月15日），字亮畴，广东东莞人，生于香港。政治家、外交家、法学家。历任外交总长、司法总长、国务总理、代理行政院院长、中华民国第一任司法院院长、中央研究院第一届院士等职务。
② 文明茶园于清光绪三十三年（1907年）中秋，在北京西珠市口大街路北的煤市街口正式开门营业，它是北京最早对妇女开放的戏楼。1949年后改建为丰泽园饭庄。
③ 光绪三十一年（1905年），清政府在北京设立京师劝工陈列所，其为官办的工艺局产品展销场，承担民族工商业的展示功能，是"北京劝业场"的前身。

余病体之不能支持乎。

　　来相劝者不绝，沈家本先生已经很不耐烦了。于是，与家人商定，从次日起，托言赴西山养病，来客一律不见。凡客来，皆由二爷挡驾，或只在枕碧楼接待。当晚张杏生来探口风，笔者之二祖父沈承熙，也就是沈家大院的二爷，在枕碧楼客厅接待，告知来客沈家本先生病体实在不能支持。自此劝声稍息，直到六月十二日，袁世凯大总统派人送来了"法律顾问状"，司法总长之事，终算是彻底作罢。

　　之后，沈家本先生并没有脱离社会，他关心着中国法学研究的发展，撰写了《法学会杂志序》，关注着社会政局的变化，到江苏会馆参加了欢迎大都督陈英士的活动，在枕碧楼接待了来访的陈英士。他多么希望国家安定、百姓安康，并期望着中国法学的昌盛啊。

　　从此，沈家本先生开始了他最后的书斋生涯，为世人留下了《汉律摭遗》等一批传世之作，也成就了沈家本先生的终生夙愿。

11. 沈家本长子和他的后代

图 6　沈家本全家福照片

这是一张以北京宣武门外金井胡同 1 号枕碧楼一层为背景的"全家福",也是沈家本先生生前唯一的"全家福"。

那时,在金井胡同 1 号的宅院里居住的孩子和男人,除了摄影师——沈家本的三公子沈承烈以外,全部出镜。那时没有自拍,也没有定时,所以摄影师是露不了面的。

照片的前排左起分别是:长孙沈仁垓、外孙汪庚、三孙沈仁培、沈家本、长孙女沈仁垌(余谷似)、二孙沈仁堪、三女沈承烨。后排左起分别是:四子沈承煌、二婿徐士钟、有待考证身份者、二子沈承熙。沈家本怀抱者为四孙沈仁坚,侧立者为二孙女沈仁垸。因年代久远,老辈的人们,都已追随沈家本去了,所以照片上竟有一位打听不出到底是谁。笔者想,也绝不会是外人,就暂时存疑吧。

沈家本育有四男:长子承熊、次子承熙、三子承烈、四子承煌;三女:承辉、承烩、承烨。

笔者先来说一说沈氏长房。

不知是何原因,导致沈家本长子沈承熊离开了沈家本的视线,他最终的去向,也成为后世的谜团。笔者曾问过大伯父沈仁垓(沈承熊的长子),他老人家也没能说清楚。据韩涛先生[①]考证,"沈承熊,乳名如山,生于同治十二年(癸酉,1873 年)十月二十七日,光绪十六年(庚寅,1890 年)六月十九日,与沈家本同乡好友、乌程名士施补华(字均甫)之女成婚。曾任会典馆誊录,议叙盐大使"[②]。这就是说,沈家本先生外放津、保,沈承熊并未同行。应该是这一时期沈承熊离开沈家本先生视线,但是否于此期间去世,却因沈家本当时日记的缺失不得而知,总之以后的日记中再未出现过他。

沈家本对子女的教育一向严格。诗书礼乐自不必说,那忠君爱国的教育,是终日挂在嘴边的。他时时将自己年轻时,眼见洋人入京火烧圆明园、残害

---

① 韩涛,复旦大学副教授,法学博士。
② 韩涛:《法脉不绝:沈家本先生后裔小考——以沈承熙为中心》,上海三联书店 2023 年版,第 37 页。

百姓，而自己却不能弃文从戎的遗憾；把自己在贵州随父抗击苗民起义、堵截义和团的经过，作为抗敌卫国的经历，讲给孩子们听。

他写下许多诗歌，抒发自己的爱国之情。如，他年轻时写的诗《走笔》中，就鲜明地表达了自己的忧国、报国之志：

> 身世蓬飘梗，光阴斧烂柯。
>
> 百年忙里促，万感泪中多。
>
> 酒好不能饮，诗成空自歌。
>
> 囊余一长剑，倚柱几摩挲。

而在他的《过浦市纪事三章》中，则讲到朝廷的腐败、官兵与太平军对百姓的残害：

> ……
>
> 前门拒虎，后门进狼。
>
> 可怜千万户，一炬成焦土。
>
> 自来苦贼尤苦兵，夺吾衣食猪吾宇。
>
> 君不闻：贼如梳，野有庐；兵如篦，村为墟。

对"狼"与"虎"——官兵与贼兵的痛恨，对百姓的关切之情跃然纸上。

这些无不激起孩子们的爱国热情。正年轻的沈承熊，长期生活的京、津、保地区。这里也是义和团活跃的地方，也许是"扶清灭洋"的激情口号吸引了沈承熊，他便投身其中，也未可知，但沈承熊投身义和团却是误传。这也正是沈家本在保定被法国牧师杜保禄衔仇告发后，能够据理辩驳脱离险境的原因。

父亲不在，孩子们自然受到祖父母的管护。沈承熊的儿子沈仁垓、沈仁堪从小在沈家本身边成长，受到了良好的教育。老人去世后，就由四叔沈承煌承担起教养之责。

沈仁垓曾在民国政府法务部门工作，曾在董康手下做过伪法院的书记官，管财务、总务之类的事。日本投降后，他就赋闲在家。沈仁垓有一儿一女，即沈厚淦与沈厚铃，或许是受了沈氏家传的遗传基因，养就了爱国的精神，他们在动荡的时代，接受了马克思主义，投身了中国共产党领导下的革命队伍。

堂兄沈厚淦参加革命后改名沈育，南征北战，做宣传工作。"文革"前，他担任《安徽日报》副总编，后被定为走资派，夫妻二人双双被迫害致死。

淦兄有两儿一女，"文革"中吃了许多苦。淦兄的长子沈冰，我几乎一无所知，只知道他插队以后考了大学，据说在西安理工大学做了博士生导师，已经退休。他的女儿沈小兰最后到安徽人民出版社做了编审，从安徽文艺出版社退休；他的二公子蔡小雪（随母姓）恢复高考后，就读安徽大学法学院，后来到最高人民法院行政庭做法官，而且是一名很优秀的法官。退休后，蔡小雪受聘于第二巡回法庭，继续发挥余热，同时在几所大学讲授行政法理论、行政诉讼与司法实践方面的课程，并撰写了许多有关行政法、行政诉讼法的论文。在沈家本的后代中，于法律、法学方面，蔡小雪应该是佼佼者了。沈小兰、蔡小雪姐弟二人2012年协力写了一本《修律大臣沈家本》，由法院出版社出版发行，时任最高人民法院副院长江必新专门作了序。淦兄和他们一家的事，笔者请沈小兰写些文字以飨读者。

笔者的堂姐沈厚铃，参加革命后，在中国共产党北平城市工作部做地下工作，改名沈千。新中国成立前夕，大伯父协助沈千掩护了许多地下党组织的领导同志，也曾把笔者三祖父沈承烈的家作为潜伏据点。新中国成立后，沈千曾担任北京市委原副书记、副市长刘仁的秘书，与彭真同志的秘书岳祥结为连理，"文革"中，夫妻俩都离开了北京市委。"文革"结束后，沈千回到北京市委组织部，任副部长。退休后，她在北京市老干部局主持了一段时间工作，2007年去世。

二伯父沈仁堪也读的政法专科，新中国成立前，他在浙江做过金华地方法院的院长，后曾被管制。他的后人也投奔了革命，只是投奔的是国民革命军。其子沈厚锦是傅作义将军的部下，北平和平解放后，随军整编到了四川。有关堂兄沈厚锦家的故事，笔者也会请他的后人写些文字，告白关心沈氏后人的朋友们。

12. 勿忘先祖理想[①]

第一次听到沈家本的名字，是"文革"后期，在姑姑家。那时，姑姑家住在一座假山上的木头房子里，只两间，简陋破败，由年久失修的凉亭改建而成，潦草马虎。多雪的冬天里，那房子四处漏风、摇摇晃晃，仿佛随时都会倒地不起。

春节前夕，我们从遥远的陕北高原回到北京，照例到姑姑家包饺子，很难得的团聚。姑姑问我们："知道沈家本吗？"

"不知道。"我们兄妹三人，异口同声，很茫然，"他是谁？"

一向快人快语的姑姑沉默了，没有再说什么。

沈家本这个名字，却在我们心里扎下了根。

十多年后，当小弟带着我走进金井胡同1号——沈家本故居时，这位祖先，于我们仍然是陌生而遥远的。原本三进的大院子，破败凌乱，和任何一座北京的大杂院都相差无几，挤满了住户。紧靠院门的两层藏书楼，书香荡然无存，逼仄的木楼梯，油漆早已脱落，脚踏在上面，吱吱乱响，二楼的过道上堆满了蜂窝煤。

姑姑说，她和我们的父亲就出生在这儿。我们的曾祖父沈承熊是沈家本的长子，祖父沈仁垓曾就读于北京化石桥法政专门学校，为了谋生，曾在董康主持的法院做过书记官。

我和小弟生在南方，没有见过祖父。在哥的记忆里，祖父的印象也是淡淡的，只记得他很瘦，也很少说话。而在姑姑眼里，祖父是个胆小怯懦的人，一辈子小心谨慎。穷，但却死要面子，那也只能活受罪。父亲13岁就开始卖文贴补家用，不多的几文稿酬换了肉，不好意思提在手中，用报纸裹巴裹巴，

[①] 作者：沈家本五世孙女（沈承熊四世孙女）沈小兰。

塞在口袋里带回家。我想象不出。

姑姑送我一张她和父亲小时候的合影，上了彩的。父亲文弱、细瘦，鼻梁上架着眼镜。姑姑才三四岁的样子，噘着红嘴唇，歪着腰。父亲长姑姑8岁，同样黑而深的大眼睛。父亲的眼神里飘着犹疑的忧郁，少年老成；姑姑却不同，黑而深的大眼睛里像落了火花，笑嘻嘻的。姑姑说她不像沈家人，她像带她的用人，手一双、嘴一张，干活麻利，说话也麻利，而且敢作敢当。

然而，年少时的姑姑却很崇拜我父亲，捡拾父亲读过的书。20世纪40年代初，父亲去了晋察冀，投身革命。临行前，回到金井胡同1号，沈家老宅，和家人告别。三叔沈厚鋆和我们聊起往事时，提起父亲回老宅跟家人告别时的情景，感慨不已。在他的眼里，那时的父亲，话虽不多，但却给人一种肩担重任的感觉：为挽救危难中的民族而献身。人虽文弱，但却玉树临风。

父亲走后没多久，姑姑也参加了北京地下党。以教师身份为掩护，搜集情报，还把电台藏在家中，向根据地传递情报。而一向胆小的爷爷，却从没有指责过姑姑，还给她帮了许多忙。姑姑的老战友们都说姑姑那时虽然是个年轻女子，遇事却从不慌张，胆大心细，一次又一次化险为夷。

父亲和姑姑，都为新中国的成立，贡献过自己的青春和力量。

然而，我却忘不了父亲的苍白和忧郁。在我的记忆里，父亲一直是苍白着的。因为瘦削，他的白衬衫、灰衬衫都像云一般，里面灌满了风，飘飘荡荡。他沉默着，抽烟，下围棋。在静静的深夜里，一手夹着烟，一手握着红笔，在灯下，细细批改报纸大样。

在比戏剧更疯狂的"文革"中，父亲的经历像浸泡在泥潭中，撤职、挨斗、被抄家、劳改，母亲又先他离开了这个世界。和父亲相依为命的日子里，在睡不着的夜晚，我常常听他说话。哥远在北京，小弟又小，唯有我。在那样的境地里，父亲最需要的就是说话，有人听他说话。一杯红葡萄酒，一支烟，不敢开灯。烟头上那点红光，燃烧着窗里窗外的黑暗。他说他读过的书，还有他的经历，曲折坎坷。

后来，连这点温暖也没有了。病重的父亲像母亲一样，也离开了这个世界，满心牵挂地离开。那是1969年的重阳节，父亲50岁。

性格决定命运？姑姑的命运和父亲很不相同。但姑姑说，她喜欢读书，早早地出来做事，都得益于父亲的影响。"文革"中，姑姑一个人被关在高楼的一间房子里。可她却不像我父亲那样忧郁，常常在深夜里放声歌唱，"解放区的天是明朗的天""五月的鲜花……"因为歌唱，她曾被呵斥，被开会批判。但她终于挺过来了，挺到了"四人帮"倒台，重新回到了工作岗位。

父亲原名沈厚淦，后改名沈育，"文革"前是《安徽日报》副总编辑。

姑姑原名沈厚铃，后改名沈千，一直在北京市委组织部工作。2007年去世，去世前为北京市委组织部副部长。

我在安徽合肥的大蜀山陵园为亲人们种植了一棵小松树，树下立了一块小小的石碑，石碑中间只两个字：勿忘。右侧下方是我们兄妹三人名字中各一个字：冰雪兰。

勿忘，我们的父母因为没有法律的保护而痛失生命。

勿忘，先祖沈家本的改良理想：用法律保护普通民众的生命财产与安危，用法律为民族的繁荣昌盛护航。

13. 我们仨[①]

姑姑常说，我和小弟是野地里的树。因为从小缺乏父母的管束。母亲去世时，我14岁，小弟12岁；三年后，父亲也去世了，我和小弟跟着哥，去陕北插队，我17岁，小弟15岁。

哥想了很多办法，还请公社书记帮忙，才将小弟转入县中学，希望他继

---

① 作者：沈家本五世孙女（沈承熊四世孙女）沈小兰。

续读书。可是，小弟在县中学只读了几个月的书，就"毕业"了，回到队里，和我们一起"受苦"。

小弟在家里时，因头发卷曲，昵称"卷毛羊"。哥的同学呢，把他的昵称减了两个字，直接唤他"羊"。因为队里还有一个"猫"。猫是老初一实验班的，只比羊大一岁。

猫和羊，很快就成了好朋友。他们俩饿极之时，猫就教羊用气枪打野鸡，还把逮住的田鼠用泥巴包裹起来烤着吃，只需一把粗盐。那段岁月里积聚起来的友谊是可贵的。身边的一切仿佛都可以带来欢乐。

我们灶房养了一只小猫，一身黑毛，只额头与四只蹄子是灰白色的，大家就唤它"乌云踏雪"。很淘气的一只小猫。雨天不上工时，猫和羊闲待在灶房里，与乌云踏雪嬉闹。大多数时间是欢乐的，偶尔也会传来羊和猫的叫声，他俩淘气，把乌云踏雪逗急了，就会挠一爪子。

一段贫苦却发着光的岁月。带着时代的印迹，留下了万千回忆。

后来，羊招工到宝鸡至天水一带，当养路工。铁道养路工，整天扛枕木。都说天水那边比陕北还冷还穷，当工人又比当农民少一份来来去去的自由。羊却无抱怨，问他，只笑笑，说是还行。再问就烦。在他马马虎虎的日子里，有许多我不曾品尝过的快乐。

每逢工休日，他便和一同招工去的哥们儿弟兄乘车去宝鸡，掏出所挣不多的几张票子，在路边随便一家小餐馆里，饱餐一顿。然后，背上一书包干烧饼，一路兴致勃勃地唱着毛主席诗词，只是常唱出许多令人啼笑皆非的白字，什么"杨柳轻汤（飏）"，什么"神女应无恙（恙）"，反正都和吃的东西连在一起。回去后，倒在床单半年也不换一次的硬板床上，呼呼一觉十几个小时。可谓一饱方休，一睡方休。

我也劝过羊，让他多少念点儿书。他的哥们儿挺不屑地替他回答我："工人嘛。读什么书！"但私下里他们倒也读书，都是我从来不问津的书，如《第三帝国的兴亡》之类。

也许，就是因为养路工的活重，吃得又差，常常是钢丝面：高粱加榆树皮面，用机器压出来，只能蒸着吃，不能煮着吃。羊的胃受到严重的损伤，一天正扛着枕木，突然瘫倒在地上，吐了小半盆血，被连夜送进铁路医院。医生没等检查完毕，便很坚决地下了病危通知书。他昏昏沉沉地躺了一个多星期才醒来。醒来就馋，想喝肉汤，想吃香酥鸡、樱桃肉，要不一张葱油饼也行。医生连连摇头，说真没见过这样的孩子。同病室的病友拿他开心，吓唬他，说他躺的那张病床，前脚刚抬走一个死人，后脚就将他抬了上去。羊也开心，满不在乎地笑："咳，死不了。"

和羊相比，哥就顺多了。插了三年队，就去了西北农学院。虽然是工农兵大学生，但毕竟是大学生。哥念大学时，当养路工的羊，每个月给哥5元钱，还有每年来回北京的路费。羊很得意，因为哥的"军功章"里，也有他的汗水和努力。

哥大学毕业后，去了延安水电局。接着考研，读博。他是"四人帮"被打倒后的第一代博士，在我和羊的眼里很牛的。博士毕业后，一直留在西安理工大学，植桃李于天下。

哥读研时，羊已调回合肥，在报社资料室里当一名临时工。本来，他也可以就这样安逸下去。但初到陕北时，不怎么想读书的他，却奋起直追，从初中文化补起，经过一年的努力，终于考上了安徽大学法律系，之后去了铁路运输高级法院，1987年铁路运输高级法院撤销，调入最高人民法院。他对法律热爱到痴迷，每审一案，必做详细笔记。几十年下来，记了厚厚的十几本。还写了三本专著，与他人合著八本。谁能想到，当初写信不出十行的他，竟然还写书。扛枕木的他，竟然成了高级法官，还是审判长。

和哥与羊相比，我的经历挺乏味。在陕北插队时，我在队里的知青中干活算是最弱的，虽然也很努力。老乡看我干活不行，便让我当了民办小学教师。教了两年书，调到县委通讯组。因为发表在《光明日报》上的一篇小文章，被人民文学出版社的总编辑韦君宜老师关注，调我参加了一个写作小组，写一部关于北京知青插队延安的小说。那本程序化的小说不值一提，但在韦君宜老师的指导下，我的文字得到了锻炼，有了挺大的提高。1978年，父母平反后，我回到安徽，经过考试终于在出版社的编辑部门扎下了根，当了一名编书匠。长长的几十年间，也曾编过几本有影响的书，比如《张爱玲文集》。也曾写过几本小书：钱锺书和杨绛的传记，茨威格的传评，还有一本散文集《所思所闻》。

2007年，在羊的鼓动下，犹豫几番后，还是静下心来，决定和他一起撰写先祖沈家本传。这一写，便是5年。2012年，终于将《修律大臣沈家本》①完稿，并面世。

羊真名蔡小雪，他之所以姓蔡，是因为外公没有儿子，只两个女儿，和我父母约定，他们若有第二个儿子一定要姓蔡，于是小雪姓了蔡。小雪供职于最高人民法院，现已退休。哥大名沈冰，是西安理工大学的教授。而我，先后供职安徽文艺出版社和安徽科技出版社，做的都是编辑工作。

先祖沈家本对自己的评价是：驽钝。因为驽钝，他的研究、他的学问，所下的都是笨功夫，收获全在于日复一日、年复一年的坚持。哥、小弟还有我，我们仨，或多或少继承了他的坚持精神。

14. 踏遍坎坷终归安宁——沈家本四世孙沈厚锦的一生②

我的爷爷沈厚锦，1926年10月出生于浙江湖州小西街。那是一个中国近代史上风雨飘摇的年代，军阀混战使人民生活在水深火热之中。但沈厚锦的童年似乎与时代背景不相符合，甚至还过得十分优裕，这些都得益于他的父亲、笔者的曾祖父——沈仁堪。

沈仁堪是沈家本的二孙，在沈厚锦呱呱坠地时，沈仁堪彼时担任中华民

---

① 《修律大臣沈家本》经沈小兰、蔡小雪的努力修订，于2022年8月由商务印书馆重新出版，题目更新为《沈家本新传》。
② 作者：沈家本六世孙沈已焱。

国政府金华法院的推事。在那个动荡的年代，这样的政治背景，无疑能够给予家庭一种良好的庇护。而优越的生活，并未让童年的沈厚锦展现出高高在上的姿态，他生得一副侠骨柔肠，不论三教九流的孩子，都与之相处融洽。正是在与来自不同阶层的人的接触中，他很早就成熟起来。

伴随着沈厚锦的成长，历史的风云变幻无常。1940年，侵华日军占领浙江，暂居浙江金华的沈家开始为子孙后代的前途筹划。

沈仁堪为了保家卫国已经送三个儿子上了抗日前线，他必须为自己留个后代，决定送沈厚锦出国避难。这让年仅14岁的沈厚锦感到万分苦恼——虽然年少，但他已经见到了太多的丧权辱国、民不聊生，他认为男儿当以热血报效祖国，可是，父亲的决定又难以违背。

当时，恰逢国民革命军中央陆军军官学校（简称"黄埔军校"）在金华招生，沈厚锦瞒着家人报名参加了考试。经过层层选拔，他最终被录取，成为无线电训练班的一名学员。得知自己被录取的消息后，沈厚锦悄悄收拾了行装，没有告知任何家人，毅然背井离乡，踏上了抗日征程。

军校毕业后的沈厚锦，被分配到国民革命军第三军三十二师当电台报务员，当时的军长就是大名鼎鼎的陆军少将罗历戎。在抗日战场上，沈厚锦随着部队南征北战、辗转中国，凭借过人的专业技术知识和工作经验积累，沈厚锦在部队屡受表彰，后升任电台副台长。

1945年，抗日战争取得全面胜利，国内国际的政治格局再一次发生了翻天覆地的变化。随之，国共和谈的破裂，解放战争全面爆发。

1947年1月，沈厚锦被派往第十二战区通州教导大队任教官。当时，沈家本后人大都住在北京，所以，沈厚锦也时常往返于通州和北京城之间。

在与家人相处的时光中，沈厚锦无意间得知他的姑妈沈仁垌（后改名余谷似）和他的堂姐沈厚铃（后改名沈千）都是中国共产党北京城市工作部的地下工作人员，也从事报务工作。得知此信后，沈厚锦不但未向任何人透露，还暗中保护她们。当然，这与姑妈平时对他旁敲侧击的教育是分不开的。

1949年1月，沈厚锦在通州随傅作义将军起义，随后部队受中国人民解放军整编，自此沈厚锦加入了中国人民解放军。部队改编后不久，沈厚锦又被送入革命大学北京分校学习。这个原本就怀有一颗爱国赤子心的率性青年，在中国共产党的领导教育下终于找到了自己的政治信仰。

革命大学毕业后，沈厚锦被派往中国人民解放军第五兵团司令部任报务员。后因工作表现突出，调第十八军军部任电台台长兼技师，随军入藏。由于具有过硬的专业技术能力和较高的文化水平，他深受第十八军军长、著名的"佛光将军"张国华器重。

在西藏的工作环境虽然艰苦，但沈厚锦却度过了一段人生中最为快乐和难忘的时光。在沈厚锦晚年，不时会讲起那段战斗生活，讲述许多剿匪的故事。

在西藏工作至1954年时，沈厚锦经人介绍认识了他后来的妻子王鸿仁。沈厚锦迅速坠入了爱河。这年春天，赴汉口接收新兵的沈厚锦与在汉口当教师的王鸿仁在汉口码头得以相见。因为想在心上人面前表现一下，他让全组战友每人只留三发子弹以备不时之需，其余的都交由自己，用来打江上的野鸭。枪响鸭落，沿江看客一片叫好，江上渔民则争先恐后地打捞被击落的野鸭。当然，王鸿仁也收获了一场惊喜。等到沈厚锦冷静下来，意识到自己犯了严重错误后，为时已晚。第二天，回到部队，懊恼不已的沈厚锦受到了关禁闭的处罚。

讲述这个故事的时候，晚年的沈厚锦依然感到羞愧。

1955年，沈厚锦与王鸿仁步入了婚姻的殿堂，同年7月转业到四川省邮电局电报科任职。沈厚锦先是迎来大女儿沈咏雪（即笔者的大姑）的诞生，之后又得了两个儿子（即笔者的大伯沈中一和笔者的父亲沈中伟）。

1957年，沈厚锦同情本单位在"反胡风"的运动中被关押的同事，一个周末的夜晚，私放他们回家与亲人团聚。虽然这些人都按时归来，但他受到了严厉的处分，被资遣回家。同年年底，他又凭借着自身的专业技术能力，考入铁道部第三局成为一名技术人员。

随着全国"反右"运动风起云涌，由于家庭背景以及曾在国民党部队任职的经历，沈厚锦被划为"右倾分子"送往内蒙古二连浩特劳动改造。

在劳动过程中，一次翻车事故中，沈厚锦在营救同车人员时，摔断了右腿。政府立即将他送往医院并聘请当时最好的苏联医生为其救治。伤愈后的沈厚锦，右腿留下了终身残疾，但因这次的立功，他结束了劳动改造，终于返回成都与家人团聚了。

这次回到成都，沈厚锦步入了安定的时光。但他的工作激情仍未减退。在成都某街道企业工作时，他以黄金分割理论为基础，提出工序革新方法，使工作效率得到了明显提高，因此受到街道办的大力表彰。

1980年，沈厚锦的政治问题平反了。同年，他因腿疾提前退休。笔者出生后，作为爷爷的沈厚锦极尽老人的全部疼爱，带着孙儿一起享受着惬意悠闲的人生。

只是，这已是老人在人世间的最后一段旅程。2006年，沈厚锦因突发脑出血病逝，享年79岁。

回顾爷爷沈厚锦的一生，有轰轰烈烈，也有坎坷与不幸，他的晚年却很是幸福、安详。也许，这正是他们那一代人的缩影。

15. 沈氏老二房与老三房

沈家本先生的二子、笔者的二祖父沈承熙，40岁就过世了。

他是除笔者太公沈家本先生老两口外，在京城金井胡同1号院子里过世的唯一一位沈氏第二代。据说，他是突发暴疾而亡，是不是今天所说的猝死或脑梗之类的，也不可知。他曾当过北京某警察局局长。

沈承熙只有两个女儿。长女是笔者的大姑妈沈仁垌，二姑妈名为沈仁垸。

大姑妈先后毕业于北京女子政法学校和北京女子高等师范学校。当时，她应该是一位新派的女学生。然而，二祖父却将其许给年长她20岁的察哈尔财政厅厅长余诒做续弦。余诒去世后，他前妻的一个女儿患有精神疾病，犯病时拿刀砍她的继母（大姑妈）。这导致大姑妈的脖子上，后来还留有许多疤痕。大姑妈忍无可忍，1941年，她带着一双儿女参加革命，参加革命后改名余谷似。她先后在晋冀鲁豫边区、济南五分区、北平地下工作站和北平城市工作部进行秘密联络和掩护工作，出色地掩护过许多地下党的领导人及电台。

大姑妈的子女们在革命队伍中成长。儿子余琦在解放战争中牺牲，女儿余铭玖和母亲一起在北平从事地下工作，曾经以金井胡同1号租用的房间和笔者三祖父沈承烈的宅院为据点，进行掩护中国共产党的领导人、召开秘密会议等活动。新中国成立后，大姑妈在北京文史馆工作，被同志们尊称为"革命的老妈妈"。1996年，她在北京去世，享年99岁。

表姐余铭玖与战友常振玉结婚后，去了内蒙古。大姑妈还有一个前房的儿子余璘，他是国民党部队的军官，在与日军作战中英勇牺牲。

关于余谷似和她一双儿女更多的故事，长期与大姑妈一起生活的大表姐余铭玖的三子、曾担任中华慈善总会副秘书长的常寒婴已经承担撰文之役，下篇文章会有精彩文字奉献读者。

二祖父的次女，就是笔者的二姑妈沈仁垸，于北京女子政法学校和北京女子师范学堂毕业，曾在上海某法院供职，嫁给了上海富商、苏州人钱家骅。1947年，我家在上海时，时常见到二姑妈。印象中，二姑妈是非常活跃的女性。在我见过的许多聚会之类的活动中，她总是周旋其中，交际舞跳得很好。

年幼的我，对大人们的事浑然不知。据说，新中国成立前夕，二姑妈去了香港，后来移居美国。二姑夫担任过美国南加州苏浙沪同乡会理事长。但因为一直没有联系，连大姑妈也没有他们的消息。

沈承烈——笔者的三祖父，是沈家本重点培养的儿子。他被送往英国留学，学的是金融，并在英国教授汉语，教材是《红楼梦》。归国后，沈承烈曾任国民政府审计院协审官。日伪当局曾多次要他出山，为伪政府做事，他均予拒绝。为躲避骚扰，除与少数亲友往来，他隐居于室，闭门谢客，多年不出门围。20世纪50年代，笔者去给三爷爷拜年，那时老人家年事已高，更是很少出门了。

三祖父住在宣武门外老墙根16号。那所房子原是清末著名律学家、刑部尚书薛允升的状元府。薛允升为人正直、为官清廉，去世之后家境拮据，沈家本曾动员刑部同人集资刊刻他的著作。后来，为了维护薛大司寇的声誉，避免落下状元家族受人接济的口实，沈家本便与几位薛公生前好友，将薛家闲置的状元府，分割成三所宅院，以高于市值若干倍的价格买下，作为暗中的资助，也算尽了一份对良师益友的尊崇、关切之心。16号院就成了沈承烈的住宅。

沈家本于1913年6月9日逝世后，沈承烈以兄长的身份，将金井胡同1号留给了自己最小的弟弟——笔者的祖父沈承煌，自己仍然住在老墙根16号，着实展示了深厚的兄弟之情。

三祖父一家祖孙三代一直住在那所院子里，直至院子拆迁才离开。三祖父只有一位公子，就是我的三伯父沈仁培。三伯父留学美国，回来后一直在银行工作。三祖父和三伯父都长寿。在我们四房的上两代中，除了我的祖母，只有他们各自享寿八旬以上。三伯父膝下有二子二女：长子沈厚鋆、次子沈厚铸，长女沈厚镛、次女沈厚铭。

厚鋆兄子承父业，虽没进银行，但一直做财务工作，是高级会计师。八旬有余的厚鋆兄，身体健硕、酷爱书法，是著名书法家冯亦吾先生的得意门生，退休后便以书法为趣，不仅字写得漂亮，而且著书立说，造诣很深。厚鋆兄[1]对鉴藏学颇有研究，著有《鉴藏学概论》一书。厚铸兄毕业于北京钢铁学院，后来教了书，现也退休在家。厚镛姐早年毕业于北京协和医院护士学校，一直做护士工作，离休前是北京天坛医院护士长。厚铭姐与我同年，只大我几个月，在我的堂兄、堂姐中，她是最小的，北京农业大学毕业，退休前在北京农业局的一个植保站工作，是位农业技术工程师。

---

[1] 厚鋆兄于2018年7月31日，因脑出血过世，享年85岁。

值得一提的是，厚鋆兄的二女儿沈宏毕业于中国政法大学，不过她并没有从事法律工作，而是进了财政局。

16. 革命老人余谷似的传奇一生[①]

姥姥余谷似原名沈仁侗，是清末法学家沈家本的长孙女，后来参加革命，为避免牵连到家庭，改名余谷似。

姥姥1897年出生在天津，那时沈家本在天津任知府，正值神州大地多事之秋。姥姥的父亲沈承熙是沈家本的二儿子，清末举人。出生十多天后，姥姥就失去了母亲。承蒙祖父偏爱，她幼年在家中私塾读书，接受了良好的教育，后由家庭包办成为察哈尔财政厅厅长余诒的继室。结婚三年后，余诒因病去世。姥姥一人带着几个孩子艰难度日，却从未叫过苦。

1935年，日本侵华愈演愈烈，年底爆发了"一二·九"抗日救亡运动。我六舅余琦那时已是高中学生，积极参加其中。后来，他到延安参加了中国共产党领导的抗日队伍。

我四舅余瑯毕业于警官高等学校，先后在北京、天津警署工作。华北沦陷后，他被日本人拘留过一段时间，释放后一直在天津做国民党的地下工作。1945年日本投降后，一名国民党官员找到家里对姥姥说：余瑯是国军师长，在抗战中立功受奖，但人已牺牲。姥姥在八宝山与抗日英烈佟麟阁、赵登禹的家属一起参加了追悼会，并合影留念。关于四舅的死有不同的说法。据说，他是在立功受奖会上，被同僚开枪打死——因为弟弟是八路军，他被怀疑"通共"。真相自然无从查询了。

1939年，姥姥接到余琦的来信，说他在乡下吃睡不习惯，想念妈妈。姥姥便带着我母亲（小舅舅已经因病去世）以回乡看望老父为名，穿过层层封

[①] 作者常寒婴，余谷似外孙，原北京市慈善会处长。

锁线，在延安见到了儿子。原来，六舅从天津坐船南下，到了山东就下船奔赴延安了。

在根据地的日子里，姥姥见到了许多像六舅一样为抗日救亡而奋斗的热血青年，坚定了投身其中的决心。

对于姥姥的安排，分区领导考虑她身份特殊，在当地较难隐蔽，不如在北京建立一个地下联络点，为根据地采购物资、药品并获取相应的情报。于是，姥姥回到北平，分区的地下联络点就建立起来了。这个地下联络点，就是姥姥的家。一年多过去了，1941年，六舅忽然架着双拐回来了。原来组织上考虑到他的腿伤，决定安排他到北平治伤并领导地下工作。

1945年，日本投降了，姥姥家也发生了变化。那时，我妈妈余铭玖在辅仁大学读书，参加了革命工作，是中国共产党北平城市工作部的一分子。一天，城工部领导来了，说有朋友要到家里聚一聚。这天晚上，家里来了十几个西装革履的客人，很像一拨商贾贵宾。其实，他们是中国共产党地下党各条战线的领导，聚会是为商量日本投降后接收北平事宜。会议直到午夜才结束。从那以后，六舅回了根据地，姥姥家的这个联络点就专属城工部了。

姥姥在城工部的地下工作由刘仁同志（"文革"前任北京市委副书记、副市长）直接领导。刘仁同志希望开一家店铺作为掩护，开展团结进步青年的工作。没有经费，姥姥就把家里值钱的首饰、家具都拿去卖了，开了一家名为"沙珑"的餐馆。

餐馆开业后生意兴隆，晚上有进步学生组织的剧团活动，还有各种学习讲座。但这家店铺也很快引起了特务的注意。一天夜里，店长突然被抓走，店也封了。第二天早上，姥姥得到消息，沉思良久，决定打出四舅这张牌。

四舅的追悼会开完后，国民党当局曾到姥姥家说要给四十万元抚恤金，但以后就杳无音信，姥姥也未再去追讨。这时，姥姥觉得抚恤金一事可以借题发挥，于是她带着四舅的儿子也就是我的表哥，跑到警署讨要抚恤金，说："你们不发我抚恤金，还把我谋生的小店查封了，我们祖孙没饭吃，要不把我们一起抓走吧。"

这一闹，还真把对方唬住了，连说误会误会。后来，人也放了，店也撤封了。经历这件事，城工部领导认为小店已不安全，命令撤掉，铺面卖给了说相声的侯宝林。

1946年春，崔月犁同志（曾任卫生部部长，当时化名刘灏）来到姥姥家，姥姥家就成了崔月犁工作的地方，一切外部活动全部停止。过了一段时间，崔月犁对姥姥说："你不是老惦记老家的消息吗？今后你的工作就是管消息。你要搬家，我们之间的联系也要中断，有一位姓李的同志今后领导你。"

新的领导就是李雪同志（城工部地下电台负责人，曾任北京市委第二书记），姥姥也搬到了旧鼓楼大街。搬家时，李雪看到有一张司徒雷登（姥爷的好朋友）的大照片，边说"这可是好东西"边把它挂在了墙上。这张照片引起了保甲长的注意，问清来历后，相信此地住了一位贵妇人，从此姥姥家没了麻烦。

没多久，北平和平解放了。大军进城，刘仁同志也来了，专程到姥姥家看望。那时，北平有三个地下电台，大家一起吃了顿饭，所有设备全部上交，结束了这段工作。在地下党同志见面会上，大家都尊称姥姥为余伯母，说以前只知有一位老太太，今日得见很是钦佩。

刘仁同志问姥姥今后有何打算，姥姥说要去找儿子余琦。刘仁同志沉思良久没有回答。过了几天，六舅的同学陈平来看姥姥，姥姥让他打听余琦的消息，他总是吞吞吐吐。后来，大家劝姥姥先去看女儿女婿。那时我爸妈正在太原城下，部队攻打太原，我已经在襁褓之中。但姥姥还是坚持先看儿子。最后，陈平不得已告诉姥姥，余琦已经牺牲，他去墓前祭扫过了，还拍了照片。姥姥强压悲痛，说道："我儿虽死犹生，名留烈士史册，有子如此，我心慰矣。"

后来，姥姥在太原前线见到了我爸妈。从此跟着我爸妈回北京、赴内蒙古。1957年，姥姥在内蒙古党委办公厅退休，带着我又回到北京，被聘为北京市文史研究馆馆员。

不料,"十年动乱"妖风忽起。北平地下党的工作人员接连被打倒、入狱。刘仁同志被污蔑为特务,惨死狱中。姥姥因为年老未入狱,专案组便到家中让姥姥"揭发"刘仁同志。姥姥每次都义正词严地告诉他们:"我只知道刘仁同志是共产党员。"专案组拍着桌子说姥姥态度不端正,姥姥也拍着桌子回应:"你们把我也一起抓进监狱吧,国民党时我就没怕过。"后来,专案组看搞不到材料,也就不来了。

粉碎"四人帮"后,出狱的北平地下党老同志都来看望姥姥。姥姥又焕发了活力,身体越来越好,一直活到百岁高龄。

最后,以姥姥回忆录中的一段文字作为结尾吧:"古人概括女子的大不幸有三,一曰少年丧父,二曰中年丧夫,三曰老年丧子。这三不幸都让我遇到了,命运之坎坷可想而知。但我深以为慰者,是自己选定了投身革命的光明大道。不管个人遇到多少困难和险阻,心中总是有一个光明的追求;有着为理想牺牲小我的抱负;有着爱国的情感激励。从这一点说,我又是一个大有幸者。我愿以我自身的经历,以慰逝者,以告来者。"

图7　沈家本长孙女沈仁炯——革命老人余谷似照片

17. 枕碧楼宅院易主风波（上）[1]

沈承煌是沈家本的第四个儿子、笔者的祖父，因为他老人家去世的那年我才1岁，所以我对他老人家知之甚少。要说他长什么样儿，那还是祭祖时，从墙上悬挂的相片中看到的。我所知道的他的一些事，都是听祖母说的。

祖父也曾进法律学堂，在清末和民国大理院做过推事。日伪政府成立，祖父就退隐回家了。可是他不像他的三哥——我的三祖父沈承烈杜门谢客，他老人家成天往来于酒肆茶楼，做出放浪形骸、玩世不恭之态，不问世事。这是不是因为他是太公最小的儿子，有点儿娇生惯养，我就不得而知了。大概就在这时，他染上了痨病（肺结核）。那时，肺痨是没有特效药的，人们对这种病，也没有防范意识，更不知可能因呼吸传染。祖父整天咳嗽不止，愈演愈烈，以至吐血。有人告诉他，抽大烟既止咳又治病，祖父犹疑再三——抽大烟那是伤风败俗，自己怎能败坏门风呢？然而，病入膏肓，苦痛至极。祖母看着他不停地咳嗽、喘息、吐血，真是心急如焚，于是劝慰道："你又不是纨绔世家子弟，吃喝嫖赌抽的。你是治病啊，就试试吧。要是不管事就甭抽了，试试也上不了瘾。要是管事，你不是少受罪吗？"祖父也真是痛苦不堪，自然有病乱投医，而且夫人都如此说了，那就试试吧。一试，果然止咳，也不那么难受了。起初，家人特别是我父亲十分抗拒。但看到父亲咳喘不止时，抽上几口当即就好，父亲也就无可奈何了。就这样，祖父染上了烟瘾，痨病加烟毒，让他的身体每况愈下。就在迁离京城金井胡同1号也就是枕碧楼宅院的第二年，祖父离开了人世，

---

[1] 稿件来源：《法治日报》阅读视听。作者：沈厚铎。

享年55岁。

说起从金井胡同1号迁出，还有一段令人唏嘘的故事。

1913年，老太爷沈家本先生逝世，三老爷沈承烈迁到老墙根16号原薛允升的故宅，把"长安薛府"的门牌，换成了"吴兴沈寓"。沈四老爷沈承煌便成了金井胡同1号的继承人——枕碧楼的第二代楼主。当然，这是老太爷生前的安排。

于是，相隔不到二里地，就有了两块"吴兴沈寓"的门牌，一直到金井胡同1号易主。

这老墙根的薛府怎么就成了沈家的房产呢？那还得从头说起。

光绪六年（1880年），薛允升调任刑部侍郎。其时，比薛允升小20岁的沈家本，已经是有近20年"部龄"的老员司了。因为同好律学研究，也因为沈家本在刑部的声誉，薛侍郎十分器重这个干练、沉稳、律学根底深厚的部下。因为薛侍郎为人忠厚、为官中肯、学识渊博，沈家本也十分敬重这位长者与上司。一来二去，两人就成了亦师亦友的忘年之交。从沈家本日记中多见"云阶（薛允升号）师招饮""薛堂招饮"字样，就可知这一老一少过往甚密。可想而知，这种"饮"绝非酒肉之交。

光绪十九年（1893年），薛允升晋升刑部尚书，入主刑部，而沈家本经十次京察（清代吏部设考功清吏司，负责组织对在京诸官员进行三年一次的考核，称京察。官员按成绩从高到低列为称职、勤职、供职三等。列一等者记名，有升任外官的优先权），仍然是个五品的奉天司郎中、秋审处坐办。查看部案，沈家本在本部的会核考语皆优等，而吏部、都察院的考察却皆为二等"勤职"。不过，就是这一年，沈家本获得了京察一等，并得到简放天津的美差。只因没有历史文献记载，故不知是否为这位薛大司寇从中斡旋。后来薛允升因得罪慈禧去职，但庚子事变后，薛允升在82岁高龄时，被起用为刑部尚书，随驾回銮途中，不幸病殁开封。两袖清风的薛允升，去职多年，家境并不宽裕，因而发丧有难处，沈家本就和刑部一些相好的员司分别以高价拆分购买了老墙根薛宅的几个院子。沈承烈所迁16号院，正是寄簃公当年买下的那个院子。

此后，枕碧楼没有了当初的兴旺，虽然不至于"门前冷落车马稀"，还偶有文人墨客登门拜访，或吃茶，或谈书，但已经不复以往景象了。"七七"事变以后，时不时来做客的人中，多了一位姓丁的前清举人，此人自称与沈家是世交，可祖父并不知其为何方神圣。丁举人每到一次，必定参观前后院，赞赏声声，还隔着窗户往屋里张望，弄得女眷十分不满。但来的都是客，四老爷也不好说什么。

谁知这贼人竟是惦记上了枕碧楼宅院。

丁举人向沈四老爷提出了出让这个院子的要求。当然，被祖父拒绝了。祖父对之曰："祖传之业，焉能售卖，望勿置我于不孝。"但丁举人并不甘心，仍三番五次提出无理要求。笔者父亲沈仁坚（字子固，1911—1953）怒不可遏，一次竟将其推之门外，并声言："沈家不欢迎你。"从此，丁举人未再上门，家人以为就此了事。

沈仁坚是沈氏老四房的独苗，大概是受祖父沈家本先生的影响，自幼好文字训诂之学，同时又酷爱围棋，他的棋艺，曾经在北京小有名气，经常与当时的围棋界名人雷浦华、顾水如等对弈。在那个时代，下围棋是文人骚客的儒雅之事。新中国成立后，我还见过北京围棋协会会长雷浦华（聂卫平的老师）、"京城四大名医"之一的汪逢春之子汪梦涵、北京师范大学教授陆宗达、著名文物学家朱家溍等一起开局对阵、黑白厮杀的情景。

下围棋并不打紧，麻烦的是，家父沈仁坚自恃棋力，竟赢了日本一名五段棋手，那日本人死不服气，几次三番约家父至西绒线胡同的一家棋馆对决。父亲不悦，后来就拒绝了这个日本人的棋约。

忽然有一天，刁玉（沈宅管家刁成之子）匆匆进屋对祖父说："巡警刚来过，说是日本人要来搜查，因为有人举报沈家大院私藏烟土。"沈四老爷一听，气得立时咳嗽不止，稍微镇定，问了半天，刁玉也不知所以。又过了一两天，那巡警又来说："我来知照一声，别在您院子里真搜出烟土，沈四老爷不好办，我也不好交代。"

这难坏了全家。老爷子一时离不了烟，要是日本人真来搜，即便是找出一两，硬说私藏，也是有口难辩。对于这突如其来的危机，全家都不明就里，祖父问我的父亲："子固，你在外头得罪什么人了？"父亲说："没有啊，就是下棋赢了一个日本人，他约我去海丰轩下采（海丰轩在西绒线胡同，是一个开设棋局的茶馆。下采，即下赌注），我不去，他不太高兴罢了。就算他不高兴，也不至于就诬告咱们私藏烟土啊。"祖父教训父亲说："你看，跟日本人置什么气，躲还躲不及呢，你就输他一盘又怎么了？"可大家也还是觉得，下棋也不至如此啊。正在全家惶惶不可终日的时候，一位不速之客揭开了谜底。来者正是觊觎这个院子很久的汉奸丁举人。他一见沈四老爷，就阴阳怪气地说："听说贵公子得罪了日本人啊，这事可闹大了。"祖父一听，心里已经明白了八成：一定是此人买房不成，衔仇报复故意挑事。他不置可否地问："丁老爷有何高见？"这丁举人说："如若在下相助，此事不难。"祖父说："哦？请讲。"丁举人就说："沈子固得罪了日本棋手，他既然已经知道贵宅地址，也知道四老爷你有此雅好（他用手比画了一下拿烟枪的姿势），恐怕不会善罢甘休的吧。要是日本人真的上门搜查，恐怕是有口难辩。那日本棋手可不是普通棋手，人家可是有来头的。"

祖父无以言对，只能冷冷地听着。丁举人继续说："在下倒是有一办法。"祖父道："有何高见？"丁举人就势说出他早已按捺不住的主意："依在下之意，你沈四老爷能扛得住日本人找麻烦吗？贵府不如避而远之，由在下代管此院落，破财免灾，岂不安稳。"

这是要明抢啊！院中众人闻听此言，顿时安静了……

18. 枕碧楼宅院易主风波（下）[①]

图 8　枕碧楼修葺前旧照

听完丁举人一席话，祖父怒火填膺，顿时大咳不止，说不出话来。刁玉听到咳声，急忙进屋，为祖父捶背搓胸，并对丁举人说："丁老爷，您看我们老爷咳成这样，您是不是改天再来啊？"丁举人看这情形，也真没法谈下去，就说："行，行，不过日本人什么时候来搜查，我可拦不了。"说完，悻悻地离开了。

第二天上午，还是那个巡警敲门，门刚一开，两个日本军人不由分说闯进大门，叽里呱啦嚷个不停，前后院子转了一圈，也没进屋就走了。后来，那巡警传话说，日军看上这个院子，要征作军用，过两天来，说要发通告。这真是祸从天降，一桩没完又来一桩。稍微安定，祖父才回过神来，说：

[①] 稿件来源：《法治日报》阅读视听。作者：沈厚铎。

"这一定又是那姓丁的捣鬼。"可怎么办呢？全家上下，都没了主意。四老爷就对儿子说："子固，你去三大爷那儿问问有什么主意吧。"我父亲就去了老墙根，三老爷听说，立刻赶了过来，可这位留过洋的三老爷也想不出什么好办法。惶惶之中又过了两天，那位丁举人再次登门。这回他不无得意地对四老爷说："日本皇军要把这宅子充作军用，昨天要发通告，是我给拦下了，可是拦一拦不了二，四老爷你看怎么办吧。"

祖父无语，父亲就问："依你丁老爷看，该怎么办呢？"这丁举人原形毕露，对祖父说："为了您沈四老爷一家的安全，我看你们还是挪挪窝，另找一所宅子安顿，把这个院子让给我，我去和日本人通融通融。"父亲接过话茬说："既然丁老爷和日本人有交情，就烦请丁老爷替我们家通融通融呗，干吗非得把宅院让给您，您再去通融啊？"丁举人忙说："那可是两回事，前回日本人要来查烟土的事就是我给通融了才作罢的，这会子是皇军要征用，要还是你们沈家的房子，我是没法通融了，要怎么办你们自己商量吧，我明儿再来听信儿。"

这丁举人是走了，家里可清静不下来。四老爷和自己的独生子商量此事，但父子俩都没个好主意。四老爷打发刁玉驾着车去请三老爷过来。三老爷来了，还是没个主意。一旁站立伺候的刁成搭言道："三老爷、四老爷，说句不该说的话，到这时候，就别拘着了，不如找董授经（即董康，时任汪伪政府最高法院院长）董老爷帮忙说句话，兴许管用。"两位老爷一听齐声说："不行，绝不能找他，就算管用也不能与之同流。"虽说这金井胡同1号董康是熟门熟路，可"七七"事变以后，他一次也没来过。董康自己也知道沈家人的脾气，来了恐怕也是自讨没趣。按笔者今天的看法，如果当时祖父真找董康帮忙，凭他与曾祖父的关系，是不会不管的。当然沈家人是绝不会找他的，这也属必然。

话虽如此，但事情该如何处理呢？要是丁举人真鼓动日军来征用宅院，就更不好办了，大家愤愤却又无奈。三老爷说，惹不起躲得起，不如都搬到老墙根挤一挤，躲躲再说。四老爷忙说："那可不成，本来你那儿还算是块清净地方,要是我们避到你那儿,你那儿也清净不了了,这是万万不能的。"两位老爷最后也商量不出一个良策,于是无奈地决定,惹不起这汉奸势力,明天再会会他,看他怎么说。

不过,要想会这丁举人,还真不好办,因为谁都不知道他家住何方,只好坐等。宅院里老少上下,无比惊恐不安。

难熬的一天过去了。第二天早上,门被敲得震山响。父亲怕惊动祖父,赶忙来到前院,门房的田友(原湖州老家人的亲戚,因没了生活来源,找到祖父,祖父就留下了他。他在门房住下,还接替了过世的陶升,打理院子里的花草)开门,只见丁举人后面跟着几个日本大兵。还有个当官的,竟是父亲赢过的那日本棋手,见到父亲还假惺惺地来了个立正。此人汉语流利,直接就说:"皇军征用这所宅院,此事交给丁先生办理,你们要在十天之内搬出去,不然自己负责。沈先生我们认识,所以希望不要让我为难。"说罢,他带着日本兵走了。

面对丁举人,父亲怒目而视,却不能发作,于是硬硬地说:"丁大爷,你是非要霸占我家的宅院了?"丁举人皮笑肉不笑地答道:"误会误会,替日军办事。"父亲问:"既是征用也得有个说头吧,怎么连个文告也没有?"丁举人忙说:"不用不用,只要请四老爷在这份卖契上签个字,把房契交了就行了。"说着,从兜里掏出一份事先准备好的卖契,递给父亲。父亲接过一看,气血上冲,高声说:"丁大爷你这是明抢啊,这上头明明写着买主是你,还说是日本人征用,这点钱就想买这么大一个院子,你知道现在洋面多少钱一袋吗?!"丁举人看父亲发火,也板起面孔说:"沈子固,看在你家四老爷的分上,我这是客气的。告诉你,这是日本人出的价,我就是代办。看四老爷的面子,我再给你们延长十天,到时候别说我不讲情面。明儿我来拿卖契跟房契,也把定金拿过来,你就转告四老爷吧。"

丁举人气势汹汹地走了。祖父早已被吵醒,正在咳喘,刁玉端去了洗脸水,祖母早去了经堂念经打坐。祖父听说丁举人走了,抽完烟,压住咳嗽,让刁玉叫父亲进屋问情况。父亲一一报告,祖父听了,长吁短叹曰:"看来这事是无力回天了，可恶的丁举人是霸定咱们这宅院了。"于是盼咐刁成立刻叫人收拾东西，让刁玉陪着父亲赶快找房，并叮嘱田友看紧了大门。

祖父在那张卖契上签了字，让祖母找出房契，一起交给刁成，说："明天他来你就给他吧，就不用通报了。"说罢，老泪纵横，叹息道，"老太爷置备的产业就败在我手里了，愧对先人啊……"

刁成问祖父："那价钱怎么说呢？"祖父说："随他去吧，他给的那点钱，够买几袋面？你叫他多出，他肯吗？这就是狗仗人势，明抢。反正已经如此，随他去吧。"想必祖父也是重病缠身、无力与争了吧，只有叹息而已。

父亲先到老墙根，把情况报告了三老爷，然后就紧锣密鼓地东跑西颠，终于找到一所合适的房子——虽然小了些，但也够住。经过十几天的准备，房子打扫好了。老宅院这边也收拾好了东西，于是搬家了。

金井胡同1号——这处沈家本先生亲手置办，并在这里生活了近十年的老宅，就这样成了汉奸丁举人的产业。日寇投降后，丁举人被民国政府处死，这处宅院就作为敌产充公了，后来就成了大杂院，直到今天。

（2018年西城区政府决定腾退沈家本故居予以保护，最高人民法院获得使用权并已开辟陈设沈家本生平历史文化展览。）

19. 小园百花初开放

虽然沈家本故居将重新出现在世人面前，但挨过历史的风雨，旧时风物不可避免地消逝了许多。在笔者看来，枕碧楼畔的花草树木就是其中值得追忆的一道风景，然而它却已无法再现。读一读沈家本的《小园诗二十四首》，便会更加憧憬那逝去的旧貌……

话说枕碧楼建成后，在刑部事务与修律两头忙碌之中，北方的严冬伴着枯黄景色、干燥风沙骚扰着沈家本的心。他怀念江南那常年葱葱的绿和飘逸的花香。

光绪三十一年（1905年）的新春过后，天气渐渐地暖了，枕碧楼畔的小园已经看到了嫩嫩的绿。跟随沈家本几十年的老仆陶升也是年近花甲的老人了，他最知老人心，开始鼓弄院子里的花草。

当年沈家帮陶升成了亲，如今陶升的一儿一女都成了家。因感恩沈家，陶升就把媳妇接到金井胡同1号，一起做点家务事，沈家上下也不把他们当外人。

因为沈家本的节俭，家中并没有太多下人。院子里除了沈家老小，就只有陶升、田友和刁成、刁玉父子，之外还有两个女人，就是陶升的老伴儿和刁玉的媳妇（厨子是早来晚走，不住在家里的）。按照沈家的规矩，既不得纳妾，也不得蓄婢，自己的事自己做。所以陶升老伴儿除了侍奉老夫人，也别无他事。刁玉媳妇的活儿主要是缝缝补补，虽照样拿着月银，但很少有人支使她做什么家务。这女子却是个闲不住的人，因为陶升是老辈儿，也不用避讳什么，于是她时常成了陶升的帮手。她本来就是大兴花农家长大的闺女，摆弄花草也不外行。于是，陶升拾掇院子里的花木，刁玉媳妇就帮上了忙。陶升点名要的各种花木苗、种，都是刁玉驾车带上媳妇从大兴拉回来。既给沈家办了事，还带着媳妇走了娘家，而且驾着高篷大马车，给老丈人家长了脸。

那天夫妻俩出发前，陶升专门嘱咐刁玉："别忘了淘换一棵皂角树，老爷说了，家里女人们梳头用得着，别拣太小的苗子，要当年就能结荚角儿的。"

因为老爷还要进署，第二天一大清早小两口就匆匆赶回，刁玉先给牲口喂上草料，又把车上拉回来的树苗、花秧、花种卸下，又用清水清洗了车辕辘上沾的泥土，这时就听刁成喊："玉儿，收拾好了吗？老爷要进署了。"刁玉答道："爹，知道了，这儿给牲口饮两口水。"说完，就开始套车。

沈家本大人进署了。老陶升就忙活开了。

他先已问过老爷，皂角树就栽在后院，将来结了角，好方便女人们用，可不知道种在哪块地方好。于是在小院的中间的房檐前挖了个树坑，等老爷回来再定。又在枕碧楼边的院子里把沈家本先生点名要的藤萝条栽好,用砖砌了一个花池。刁玉媳妇也刨弄着栽花的花畦。

老爷回来了,吩咐刁玉先把从署里带回的文卷送上楼,再和陶升一起把那棵皂角树栽在陶升挖好的树坑里,又看了小园搭起的藤萝架,询问了花畦里栽的花,也上了枕碧楼。

中院里是磨砖对缝的方砖墁地,除了房檐下预留的花池,别的地方无法种花,陶升就淘换来四只荷花缸养上了睡莲与荷花。前后院留出的花池,都是刁玉媳妇打理的,种了各种花草。爷儿俩把这"吴兴沈寓"的院子整治得井井有条。年年春暖,三重院落都有不同的花香树色,着实是一番美景。

然而沈家本先生却无暇欣赏这眼前的美景,那艰苦的修律进程,已经使他心力交瘁。

恍然之间,六七年过去了。

1911年12月25日,沈家本先生以司法大臣的身份参加了大清王朝的最后一次宫廷仪式。次年,溥仪皇帝宣布退位,清朝统治结束,中华民国成立,沈家本也就此退出了政治舞台。虽然还有公事等待交代,而且他还在关心着中国的法学研究、关心着国家的未来,还在勤奋笔耕,但毕竟卸去了公务的烦恼,卸下了顶戴花翎,可以自在些了。

1912年的春天到了,天渐渐暖了,草木渐渐苏醒,人们渐渐地换上了单衣。叶绿了,花苞吐露了新蕊。民国政府却还在筹组之中。

清晨,沈家本先生望着满园春色,不禁想起院子外面那纷乱的政局,感慨万端:

小园蚤诵兰成赋,吾爱吾庐拓数弓。
但得眼前生意满,不须万紫与千红。

"吾爱吾庐拓数弓"道出了沈家本热爱国家的衷肠,他努力推进律法改革,哪怕只有"数弓"之远,也要尽最大的努力。至于自己,则就"不须万紫与千红"了。老人那眷眷之心,溢于言表。

这首诗是沈家本《小园诗二十四首》之一。《小园诗二十四首》是他离开政坛后，在一生难得的闲暇之时醉于小园的抒情之作，流露出他关心国家、心系黎民的深沉爱国心。当然，这二十四首小诗，也显示了这位以法学为人称道的学者，诗歌创作方面的造诣。

就说上述这首，诗中没有一字写到花，然而却是沈家本《小园诗二十四首》的开篇。

二

追寻曾祖沈家本先生的人生

1. "寄簃"之由来

"沈家本,字子惇,号寄簃",所有介绍沈家本先生的文章,都是这样写的。今就考察一下"寄簃"之由来。

古今文人雅士,多于名外常取字、号。名为家长所赐,自幼有之;字为弱冠而取,多为父母为之,或自取之亦需家长辈允准。字之取义,常以释名,多与名之字义相表里。沈家本先生字子惇,取自《尚书·武成》:"惇信明义。"即言立家之本,以惇厚仁亲、诚信明义为宗。这个字,是沈家本先生自取征得父亲同意,还是父亲所赐不得而知,但沈家本先生的一生的确践行了"惇厚仁亲、诚信明义"的立家之本。而其父亲沈丙莹所传"家承仁厚"的世家辈分的排字,也正是这一宗旨的延续,可见笔者高祖菁士公沈丙莹之良苦用心。

号者,名与字之外的一个称呼,并非人人必有。取号则并不一定与姓、名、字相关。《周礼·春官·大祝》曰:"号为尊其名更美称焉。"自取之号,称自号;他人送上则为尊号、雅号。古人取号,如为自号,皆函寓意,或以旨趣抱负,或以居地环境,或以寓生辰年龄、文学意境、形貌特征之类,甚或有以惊人之语自号以示性格精神者。清初隐士徐树丕,明亡誓不侍清,自号"活埋庵道人",隐居不出,可谓寓意惊人。当然一般自号都是尊其名美其称,以达胸臆。

"寄簃"就是以号达意。寄者,托付、依靠、依托之意。簃者,《说文解字》曰:"阁边小屋。"《尔雅·释器》"连谓之簃。"注曰:"堂楼阁边小屋,今呼之簃，厨连观也。"疏曰："簃，楼阁边相连小屋名也。"《汉语大字典》解释，"簃"是"楼阁旁边的小屋"。"寄簃"就是"寄身于与楼阁相连的小屋"，此又何意呢？

古代文人多有书斋，作为藏书、读书、舞文弄墨之所。因为文，其所乃雅，因雅则需静，所以但凡有条件，即择另室。又需方便，于楼阁之侧设簃以为书斋，即静且雅，又出入方便，于是簃就成为书斋之别称。

沈家本先生自幼酷爱读书，以致成为终身嗜好。我们无法知道老人儿时的读书情况。姑摘录几段所能见到的沈家本先生的第一本日记《辛酉日记》，或可大致了解一下他咸丰十一年（1861年）的读书：

> 元旦，晨瑞霎普降，此人寿年丰之兆也。午皓日高升，此宇宙廓清之象也……于旧麓觅得《秘书廿一种》①，随便翻阅。是日阅《逸周书》②一过，至晚索之胸中，有不记一。甚矣，其健忘也。
>
> 初二日，晴，天气清朗……是日阅《竹书纪年》③。
>
> 初三日，晴，大风。至南半截胡同答贺年，至大川淀，借得《汉魏丛书》④，以代樗蒲之戏。
>
> 初五日，晴。巳刻姜梅生来。是日阅《易林》⑤。
>
> 初九日，晴。……上灯后怒斋来，亥刻席散即去。灯下阅许雷门孝廉《鸡肋编》⑥，系千字文试律也。每句一是，计二百余章，杰作间出，殊可

---

① 《秘书廿一种》一百五卷，清汪士汉编。江西巡抚采进本，编入《四库全书》。
② 《逸周书》本名《周书》，隋唐以后亦称《汲冢周书》，是为《秘书廿一种》子目之一。《逸周书》作者、内容、时代等学者均有不同意见，于此不作说明。
③ 《竹书纪年》，春秋时期晋国史官和战国时期魏国史官所作的一部编年体通史。因西晋咸宁五年（279年），被汲郡（今河南汲县）人盗发战国时期的墓葬发现，故亦称《汲冢纪年》，对研究先秦史有极高的史料价值。《竹书纪年》与1972年至1974年长沙马王堆汉初古墓所出之简书内容近似，有很高的可信度。《竹书纪年》共十三篇，叙述夏、商、西周和春秋、战国历史，依年编次。周平王东迁后用晋国纪年，三家分晋后用魏国纪年，至魏襄王二十年为止。《竹书纪年》是中国古代唯一留存的未经秦火的编年通史。
④ 《汉魏丛书》即《汉魏丛书》。丛，音cóng，古意同丛。
⑤ 《易林》又名《焦氏易林》十六卷，西汉焦延寿撰，《四库全书》将其列于"子部术数类"，是汉代留下的唯一一部象术学专注。
⑥ 《鸡肋编》，宋代庄绰著。

观览。

十一日，晴。……晨起理六经、四书各一号，午临大字六十四个，理文理诗，晚阅文诗。自以此为程，如有余力，兼阅他书，弗违令。

十二日，晴。课如昨。

自此到三月底，几乎每日都记有"课如昨""课如前"之类字样，可见沈家本先生对自己要求之严格。三月初，因奉父命带领全家赴贵州与贵州做官的父亲会合，不得不中止自己定下的日课。有趣的是正月初七的一段日记，描绘了沈家本先生的爱书之情。"人日①，晴。俗传主人民安吉。……念丈来，偕至琉璃厂一游。程鱼门有句云：'势家歇马评珍玩，冷客摊钱问故书，'颇为确切。余非势家，珍玩更雅所不喜，人侈为五，都市五色陆离者，安能迷我？目故书中多不可少之书，检视囊箧，殊形羞涩，虽触所好，不敢顾问也。得无贻冷客笑乎？字画亦多佳者，朝鲜使人群游购取，亦能辨真赝，惟不惜赀耳。"生动地记述了沈家本先生当时囊箧羞涩，虽见心爱之书，不敢顾问的心态。沈家本先生爱书、爱读书，从他往复贵州、湖南途中，滞留长沙时期的读书笔记，后来编成的《借书记》一书可窥一斑。《借书记》成书于同治四年（1865年）。其小序记曰："余喜书，暇辄手一编。然健忘，掩卷不能举一字，可矧也。家素藏书不多，既攻举业，又无暇多读书。十年之恨，与吾家攸之同矣。洎入楚来，以道远且阻，书多置不携，惟向人借观，颇有荆州之难。因叹有书者不可不多读，尤不可不急读。'姑待'二字误人不少，慎无招笑于青蟬也。闲取所借读书，摭具大旨，以存崖略，且以见举目无书之窘云。爱日簃侍者戏题。"寄簃公爱书、爱读书之情跃然纸上。

《借书记》后记是这样写的："右记一册，起壬戌，时浮厪星沙，讫乙丑之冬，时以应试返里。前后四年之中，所见悉具于此。中有略繙一过者，有细读一过者，有读三四过者，有旧日曾见而复获观者。闭目思之，不过十之

---

① 人日，每年农历正月初七是古老的中国传统节日。传说女娲初创世，在造出鸡、狗、猪、羊、牛、马等六畜后，于第七天造出了人，所以这一天是人类的生日，谓之人日。

二三，模糊记其大凡，余仅举其名而已。性钝禀弱，既限于天赋，境迫事牵，复累于人事，遂致马齿日增，光阴虚掷，新知极鲜，旧学转荒。子夏氏曰：'日知其所无，月无忘其所能，可谓好学也已。'曩哲遗训诵之，觉梦魂亦恶也。书此以志吾过，并以自励云。同治乙丑嘉平月下澣六日自识。"

在今人看来，据《借书记》所记，四年间所读书籍，计有348部。已经是十分勤奋了，然而沈家本先生却"曩哲遗训诵之，觉梦魂亦恶也。书此以志吾过，并以自励云"。足见寄簃公爱书之甚、读书之切、自责之严。正因为如此，其对"簃"之向往，可谓深切。因此在《借书记·小序》结尾处，用了"爱日簃侍者"署名，也就是所谓的笔名。"爱日"古人解以"爱惜时日，爱惜光阴"。《吕氏春秋·上农》就有"敬时爱日，至老不休"的名句。清代顾炎武有"伤今已抱终天恨，追往犹为爱日欢"的诗句（《为丁贡士亡考衢州君生日作》）。沈家本先生一定是读过的，所以以一个爱惜时日的书屋的"侍者"自喻，既陈述了自己的心愿，也是对自己的鞭策。在后来的生活中，沈家本先生愈加深刻地爱书，以至于期望寄身于书室之中，终于自号"寄簃"，而且首次使用，就用在给自己敬仰的堂姐夫潘霨的信上。光绪四年（1878年）十一月日记如此写道："初十日，晴。作心岸书，交同泰，用'寄簃'二字代名。"

从此，沈家本先生就有了号"寄簃"。这号使我们品味出一位终生以书为伴、为我们留下近千万字的珍贵著述的法学家、经学家、史学家、诗人的内心与品格。

2. 沈寄簃与潘霨

上文说到，沈家本先生第一次使用"寄簃"之号署名，是在给堂姐夫潘霨的信的下款。潘霨何许人呢，为什么沈家本先生对其如此另眼相看呢？

潘霨（1826—1894年），初字燕山，后改伟如，号铧园，晚号心岸，江苏吴县（今苏州）人。潘霨娶了沈家本伯父沈丙辉的女儿为妻，是沈家本的堂姐丈，日常称谓自然是"姐夫"或"姐丈"。曾任天津知府、山东布政使、福建布政使、湖北巡抚、贵州巡抚，在光绪十一年（1885年）奏请开采贵州矿产，开启了贵州近代化之门。精于医，所官之处，以医济民，从不取资。今所传有《医学易通》《医学金针》《卫生要术》等。潘霨还是一位皈依佛门的居士，故而有"心岸居士"之号。

由这个简历，可以看出潘霨是个勤奋好学、乐善好施、忠于职守、善于接受新鲜事物的人，而且是饱学多思之士，又善岐黄之术，有悬壶济世之名。有这样一个博学多才功成名就的堂姐夫，年轻的沈家本自然是心存敬仰，尤其是堂姐夫对沈家本十分关切，因此与沈家本两相投契，视为知己。

我们从沈家本先生的日记中可以看出这堂姐夫与堂小内弟往来是十分密切的。咸丰十年至十一年（1860—1861年），潘霨正职任昌平知州。而沈丙莹已经去了贵州。潘霨夫人因父亲早亡，以叔父沈家本为至亲，经常从昌平到京师看望叔母。咸丰十一年（1861年）正月沈家本先生的日记这样记载他们的往来：

初五日，晴。巳刻姜梅生来。是日阅《易林》。酉刻潘桂山来，伟如姊丈进署毕事即来，晚饭后伟如来接。

初六日，晚黔禀成，即送交伟如，明晨再往拜也。

十三日，阴，风。清晨接仲冬既望黔谕，即前函也，计三封，一由西安来，一由岐山，一由昌平，另封由西安过来者。潘醴如（潘霨弟）来，乃兄奉制军调往古北口。闻制军患恙，并生外疡，此症非伟如丈所长，未必得手。

既望，晴。是日遣陶升至昌平，途遇伟如赴都，将信件交付，即折。盖有黔禀，托其寄也。

从这些日记，可见沈家本与潘霨往来之密。当时中华尚无邮政，通信往来，官府有邮驿，民间就靠托人带或交民驿局传送。潘霨是地方官，自然有条件交邮驿,这样既安全又快捷,所以一般有条件,都会交邮驿。

在子侄辈中潘霨从年龄到成就,都是佼佼者,沈丙莹(菁士)对之也是很倚仗的。

沈家本青梅竹马的未婚妻,清廷起居注主事郑训方之女死于太平军战火,这对年轻的沈家本,自然是个很大的刺激。虽然在日记中未见怀念之词,诗歌中却流露着深深的思念与感伤:

　　　　树上空留楚楚青,客来尤自立闲庭。
　　　　惜春心事凭谁诉,收拾残叶聚一瓶。

这首《残花》活脱脱是一个相思青年的自白。作为父亲,菁士公自然为年已 26 岁的沈家本的婚事操心,时任山东布政使的侄女婿潘霨,向沈丙莹推荐了山东后补运同陈瑞林之女陈氏。为此沈丙莹专门到烟台相亲,敲定了儿子的婚事。请假回籍参加乡试中举后,准备回京销假的沈家本与父亲约定在上海会面。沈家本先生同治五年(1866年)二月的日记中写道:"十五日,晴。傍晚椿闱(旧时对父亲的尊称)自烟台至,十三日三点钟下大鹏鸟轮船,两周时到沪,可云速矣。"在上海,菁士公向儿子交代了到山东迎亲的具体安排,隔了一天菁士公就登舟返湖了。因为今此一别,父子相见将不知何年,寄簃公一直送到外滩才恋恋不舍地上岸而归。日记这样写道:"十七日,阴,渐雨。午刻椿闱登舟,序叔公同行。送至怡和马头(位于今黄浦公园内)望洋而返。"

三月初七与吴梅笙、乔梓一起上了大鹏鸟轮船,奔向烟台。因为这次是专门去接亲的,所以父亲专门请了好友吴梅笙陪同。日记有"二月廿五日,晴。接严谕,梅笙于廿二动身,今晨到"的记录。经过三天的航行,三月初十到了烟台,直到四月初二才带着新婚妻子离开烟台回京。这二十天的时间,堂姐夫潘霨为沈家本安排了婚礼的一切,而他的住处,就在潘府。自幼与堂姐夫建立起来的信任与亲情,在这段时间里,升华成为挚友之情,离别时那种难分难舍,沈家本就写在了《烟台访心岸居士留别三章》诗中:

二 追寻曾祖沈家本先生的人生

旧梦宣南记几回，雪泥天末断鸿猜。
三年磨蝎蛮中住，万里乘鳌海上来。
别久顿教惊喜并，语多总以乱离赅。
时艰一面千金值，门外骊驹且漫催。

笔耒长悬研不肥，秋风依旧褐为衣。
桂林羞对银蟾照，杏苑空看玉燕飞①。
游子生涯随处觅，使君高谊近来稀。
自怜卜式功名薄，望断蓬瀛青琐闱。

绿槐高处一蝉鸣，又敲离筵促去程。
静摄羡君成慧业②，奔驰笑我为浮名。
广渠门畔车尘俗，镜海楼前水月清③。
日下正多青鸟使，双鱼还许故人烹。

　　诗中回忆了与潘霨的旧交与离别后的思念，珍惜"时艰一面千金值"的相会，与堂姐夫"使君高谊近来稀"的情谊。描绘了在堂姐夫修建的镜海楼中，尽享了恬静与安逸，为了前途，还是不得不重入宦海，博取功名的不得已的心境。最后以"日下正多青鸟使，双鱼还许故人烹"表达了常有书信往来的殷切希望。

　　三首七言律诗，尽述了沈家本与潘霨的深情厚谊。然而又过了38年，就在潘霨68岁寿诞不久，迁任天津知府的沈家本正因中日甲午战争忙得不可开交之时，休致归里的贵州巡抚潘霨却不幸仙逝。寄簃公八月二十一日日记中，却只有"伟老于昨日未刻仙逝"一句简单的记录，这有悖于二人向来的感情，也不同于沈家本的日记习惯。沈家本先生日记，习惯于将当日的诗作，备录于日记中，如此亲人挚友，在这天的日记中，连一句悲伤哀悼之词都没

---

① 居士以杏林双燕纨扇见赠。
② 居士喜诵《金刚经》。
③ 居士新建楼于烟台山麓，颜曰"镜海"。

有，实在是一反常态。当然我们翻阅寄簃公的《甲午日记》就知道，家事、国事、天下事，与个人感情相比，国事当先。正值甲午战争之际，作为海防一线的天津太守，即便有千般忧伤，也要以国事为大。

就在得到潘霨去世消息的八月二十一日，日记中还记述了这些："海军十一艘护送铭军赴义州，甫抵岸下锭（碇），遥见倭船十二艘驶来，我船赶即生火，倭船排一字阵，我船分为两行。德人汉纳根在定远船上，拉同丁汝昌共坐将台……副将邓世昌驾致远快船将汽机开足，铣进放一鱼雷，四炮击沉其最后之大船。倭船四面环攻，又击沉其船二。致远船亦被倭炮击沉。邓世昌为英人在水中救起，一臂伤未死。两军互相开炮，方伯谦管带济远船先逃，经远、扬威二船子药放（尽）还，搁于浅，被倭人火弹所焚，或言失火自焚。济远船首先逃遁，致超勇撞为两截，倭人旋退去，盖子药亦尽也。我军剩船七，受伤者四，须修五礼拜，此十八日之事。……其败也，皆人人所预料及之者，而当轴不悟也。傅相奏请宋祝三军门总理奉省边防，宋言他军不听号令，须募三十营，不知旨意如何。"

六月初，日记中开始记录有关甲午海战军情，十一日"闻日人已发兵攻我陆军，叶军在牙山无后应，危哉"。七月十一日开始筹办团练以防日军北上。日记如下：

（七月）初六日。昨日有叶军全营覆没之信，上院至巡捕房打听，言尚不的确。

初七日。闻叶军廿七、初一两次失利，诸将存亡无的耗也。……海军则全无心肝，中堂以临敌易将兵家所忌，故不肯更易。岁縻六百万九年，于战竟不能得毫末之用，可叹可恨！

十一日，今日电信，倭船二十二艘昨日下午至威海，互击未（伤），距炮台远。敌船回略驻，又西进。夜过旅顺，亦互击，未伤。恐其北窜，地方震动，欲办团以安民心，与少云约定明日序东、搏霄至署公议。

（九月）初三日。与张戟门太守、李搏霄太令在署请绅董议团练事，以经费难筹，无人肯出头。搏霄言水会诸人颇高兴，万人可一呼而至，拟分段小办,略壮声威。

十二日。道台来,谓召团练大臣将至,勘灾可否暂缓前去,当以已回明中堂。

十三日。晨上院,候至午正方见。道台先见,中堂言勘灾事亦甚要紧,不必候团练大臣,速去速回可也。下午至各署禀辞。是日发庆云、南皮两函,嘱令一至盐山,一至沧州,会办灾务。

偏偏这时候天津地区连日暴雨,大水漫延,受灾诸县急需救济,又是组织团练,又是勘察灾情,又有不断的京都大臣到津,沈家本忙得四脚朝天。战事何等危急,堪灾刻不容缓,天津知府只能压抑心中无限悲痛,忙于国事了。

对潘霨的情感、对潘霨的敬仰,在沈家本先生就任天津知府这年给潘霨的祝寿诗《心岸居士七十九寿言二十四首》中可以深刻体会。这首诗概括了潘霨的一生,颂扬了他一心为国为民的情操;赞颂了潘霨的医术高明、医德高尚;送去了美好的祝愿:"玉杖精神健,银函叙述详。期颐还作颂,更续寿人章。"

天不遂人意,寿言寄出不久,就收到讣告,而忙于国事的寄簃公连个挽词都无暇题写。没有看到寄簃公有关悼念潘霨的文字,或许是他终生的遗憾。

不过在我们后人看来,却有一点小小遗憾,这就是寄簃公的诗题,将潘霨69岁,写成了79岁,或者就算作美中不足吧。

3. 三首殇国诗,一腔家国情

寄簃公沈家本先生一生的诗作中,仅有三首诗,点明直抒了殇国之情。这三首诗是《九月初一日口占》《书高丽破扇》《梦中作》。三首诗作于不同历史时期,却共同表达了这位江南儒生的一腔家国之情。

光绪二十六年(1900年)的农历闰八月初八,沈家本先生被任命为直隶通永道,免去了保定知府的职务,但因直隶按察使临时调任,沈家本先生又被暂时留任署理直隶按察使。不久又得到了升任山西按察使的谕旨，于是他一边抓紧完结手中的案子准备赴任，一边安排家眷先行。

八月十九日，八国联军统帅瓦德西下令攻取保定。九月一日署理直隶按察使沈家本与布政使兼署直隶总督廷雍先后被拘，同时被拘的有城守尉奎恒、统带王占魁。十四日廷雍、奎恒、王占魁被联军处死，署臬司沈家本留本衙门派兵看守，等候发落。

就在光绪二十六年九月初一日（1900年10月23日），沈家本与廷雍等被拘后，沈家本先生深感极端悲愤与屈辱，后来他补录了当天在被拘之所心中迸发的诗《九月初一日口占》，记述了当时的心境：

楚囚相对集新亭，行酒三觞涕泪零。
满目山河今更异，不堪说与晋人听。

几位同僚聚坐在被拘之所，虽然尚有酒菜供给，然而端起酒杯，不禁泪流满面。这些地方大员，在自己管理的土地上，被外国人拘禁，祖国大好山河，落在了外国人的手里，这些守土有责的人们，怎么向辖下的百姓交代啊？这是何等的耻辱！无怪乎悲恸至极以至无语，殇国之情溢于言表。这次的耻辱经历，激发了沈家本救民于水火之中、救国于危难之际的思考。于是他被释放以后，在奔赴西安面君的路上，经过郑州时，拜谒了子产祠，写下"公孙遗爱圣门推，论学原须并论才。国小邻强交有道，此人端为救时来"。表达了他深思之后的理想与愿望。盛赞以法制改革强国富民的子产是"此人端为救时来"，以表达自己以子产为楷模依法治国、强国的强烈愿望。

沈家本的第二首殇国诗，作于光绪三十三年（1907年），题为《书高丽破扇》：

招凉赖尔廿余年，纸断丝残忍弃捐。
破碎山河都不管，茫茫对此感无边。

1906年至1907年，这是沈家本先生在修订法律的道路上，成绩斐然的两年，也是遇到巨大阻力的两年。

二 追寻曾祖沈家本先生的人生

1906年沈家本上奏了《虚拟死罪改为徒流折》《伪造外国银币拟请设立专条折》，主持制定了《商律》《破产律》。进呈《诉讼律拟请先行试办折》，提出设立律师、陪审员。撰写并进呈《禁革买卖人口变通旧例议》，明确指出"奴亦人也，岂容任意残害。生命固应重，人格尤宜尊，正未可因仍故习，等人类于畜产也"。在我国首次提出人格主义的法理思想。

清廷设立大理院专司审判，颁旨"大理院正卿作为正二品，着沈家本补授"。沈家本因此成为我国具有近代意义的最高法院第一任院长。为大理院和各级法院的建设，他主持制定了《大理院审判编制法》和《法院编制法》。进一步强调了法院专司审判，不受任何行政干涉的理论，并且强调了设立律师、陪审员和检察制度。

光绪三十三年（1907年）在大理院正卿任上，沈家本上奏了《实行改良监狱宜注意四事折》，并撰写《裁判访问录序》《监狱访问录序》。提出了"设狱之宗旨，非以苦人辱人，将以感化人也"的人道主义的监狱理论。提出了"申、韩之学，以刻核为宗旨，恃威相劫，实专制之尤。泰西之学，以保护治安为宗旨，人人有自由之便利，仍人人不得稍越法律之范围"的自由平等之法律概念。

也是这一年，正当沈家本全身心投入大理院和地方法院建设的时候，却与法部发生了关于大理院审判人员的遴选权、独立审判权以及修订法律馆管辖权的争论。沈家本被迫呈请辞去修订法律大臣职务，却未获准。争论不可开交，闹到了资政院，又闹到了两宫。在朝廷大臣们看来，不过是权限之争，在沈家本看来却是独立审判的实现与新式审判能否实施的原则问题。然而双方各执一词，资政院与内阁谁也无法定论，于是以两宫的名义下旨，将刑部侍郎张仁黼与沈家本对调以平息争执。

沈家本十分郁闷，于是以用了20年的一把旧折扇为寓，抒发了当时的情感。艰难的修律好不容易有了进展，而人们为了一己私利却争执不休，这行将倾覆的中华大厦，由谁来支撑呢！"破碎山河都不管"，怎不令人"茫茫对此感无边"呢！一腔忧国热血滚动胸中，无从发泄。

1912年，清王朝覆灭了，中华民国成立。72岁的老人终于脱离了政务，他期盼着一个新的政体，能给国家带来新的气象。沈家本以《雪后初晴》诗，抒发了对新生事物——民国政府的无限希望：

> 云气收层宇，晴光动远林。
> 园庭晨雪冱，灯火夜寒深。
> 问字车声杳，催诗钵韵沉。
> 静中领佳趣，长此息尘心。

在沈家本的诗中，很少看到心情如此之好的诗句。一派雪后初霁的晴天光景，远处高高的楼宇，收尽了连天来的潮湿云气，或者是老人站在枕碧楼二层的南侧，透过晨光尽染的稀疏树林，眺望宣武门城楼。庭院厚厚的积雪都凝结了，一定是灯火之夜，十分寒冷。没有了以前门前的车马喧哗，美景却催动心底的诗韵。静静的庭院中，别有一番宁颐的佳趣，一个太平世界将要展现，自己也不用再去为尘世操心了。

好轻松的心情，好安逸的心境。然而事实却不如寄簃公的期望，民国政坛，一片乌烟瘴气，政府不能稳定、法治不能施行。令这位本来想要"长此息尘心"的老人，对国家的前途与未来，仍然忧心忡忡。

1913年年初，已经是民国二年了，但国务院各级官员像走马灯般换来换去。传来的消息，一会儿是"南边人总统留之不得"，一会儿又是总统的人南边反对。又是辞职，又是告病，又是暗杀，又是恐吓。纷纷扬扬，政治不得安定，百姓不得安宁。沈家本为国家安危焦虑，自己却已经无能为力，这种焦灼心情使他彻夜难眠，一首荡气回肠的七言律诗《梦中作》，就在似梦非梦中产生了：

> 可怜破碎旧山河，对此茫茫百感多。
> 漫说沐猴为项羽，竟夸功狗是萧何。
> 相如白璧完能否，范蠡黄金铸几何。
> 处仲壮心还未已，铁如意击唾壶歌。

开篇第一句"可怜破碎旧山河",忧国之情倾泻而出,面对国家的茫茫前途,是无奈,是愤慨,更是一种焦虑,百感交集难以言说。

那些登台表演的政治人物,是沐猴而冠的小丑,还是夸功争爵的功狗?是真有蔺相如完璧归赵的雄才,何时平定局势获得铸金范蠡般的奖励?虽然自己报国之心还未已,但人老体衰无能为力,也只能像处仲那样无奈地用铁如意敲击着残破的唾壶悲鸣:"老骥伏枥,志在千里。烈士暮年,壮心不已。"壮心不已又当何之,一个年逾七旬的老人,除了"对此茫茫百感多",又能如何呢?

三首殇国之诗,灌注了沈家本先生一生的家国之情。就在1913年6月9日,端午节这天,寄簃公沈家本先生怀抱着无限的希望与遗憾,离开了这挣扎在水火之中的大千世界。

当然他的一生是辉煌的,特别是他晚年在晚清政坛的修律活动,为中华法系建立了不朽的功勋,正如挽联所写:

法学匡时为国重,高名垂后以书传。

4. 东跨院的紫藤萝架

金井胡同1号,也就是现在对外开放的沈家本故居的东跨院,原有一架紫藤。直到20世纪80年代初,房管局为了增加当地居民的住房,才铲掉藤萝架,盖起了几间坐东朝西的平房。2016年,故居复修,拆了房子满地铺了方砖,供电局又放了一个巨大的变电柜,占去了院子的三分之一。

我一再提出那里应该恢复藤萝架,结果还是舍不得铺好的地砖,在院子里摆了一座有木底座的架子,也不知能否种上藤萝。

我之所以强调这里的藤萝架,是因为寄簃公对紫藤萝情有独钟。

紫藤萝，又名朱藤、藤萝，枝蔓左旋缠绕，总状花序下垂。花蝶形，紫色，有芳香，秋日有扁平呈刀形荚果。古人以紫藤入诗，如李白《紫藤树》："紫藤挂云木，花蔓宜阳春。密叶隐歌鸟，香风留美人。"以紫藤自喻，借紫藤挂在高耸入云的大树上，抒发自己的理想和抱负。也有诗人借讽藤萝攀附向上，而恶其攀权附势的描绘，如白居易就有以藤萝"先柔后为害，有似谀佞徒。附着君权势，君迷不肯诛。又如妖妇人，绸缪蛊其夫"的诗句。明代文学家王世贞则诗曰："蒙茸一架自成林，窈窕繁葩灼暮阴。南国红蕉将比貌，西陵松柏同结心。"藤萝就如绝世美女，拥抱着松柏，是最好的伴侣。文人赏藤，各有所寓。

沈家本先生笔下的朱藤花又有着怎样的寓意呢？

在沈家本先生的诗作中描写朱藤的有两处，一是《朱藤花三十首》组诗，一是《小园诗二十四首》之《朱藤》，两处都咏紫藤花，却是完全不同的心境。

在寄簃公诗作中，以花为题的不少，而唯有为紫藤花创作了《朱藤花三十首》这五律组诗，可见其对紫藤花情有独钟。《朱藤花三十首》作于咸丰十年（1860年），沈家本先生正是21岁的青春年华，对未来充满了幻想与希望。然而沈家本生不逢时，父亲外放遥远的贵州困难重重，家境窘迫；偏偏这时又遇上了英法联军侵入北京，两次侍母携弟妹逃往西山避难，目睹了列强的烧杀劫掠；本想回籍参加乡试攻举子业，顺便看望未婚妻——起居注主事郑训方之女，却又遇上太平军阻断交通。他思念贵州的父亲，思念杭州的未婚妻，担心父亲艰难的职守，担心未婚妻的安危。独坐朱藤架下冥思，婉柔的藤，沿着架杆攀缘；串串垂落的紫藤花，随风摇曳。三十首诵紫藤花的诗《朱藤花》慢慢咏成。

先是那窈窕的花穗，使他联想到未婚妻的身影："省识芬芳发，繁英满架红。晚迎梅子雨，春送楝花风。态写萦纤里，妆怜窈窕中。柔枝长善舞，压过画墙东。""妆怜窈窕中"的美人，"柔枝长善舞"的曼妙身姿胜过了东墙悬挂的仕女图。就这样遐思冥想诗的潮水流淌："香满酒杯双，沽春酌玉缸。阴眠留客箪，风绾读书幢。葺葺花当户，蒙蒙影护窗。纤条低踠地，浓碧接兰茞。"想象中的花前月下举杯对酌的美景。青年沈家本渴望婚后的幸福，"相思偏历乱，春日驻迢迢"，一片相思之情。

欣赏着垂花枝蔓，想到自己必须经过漫漫的科举功名路，才有施展抱负的机会，如同紫藤，只有攀架而上，才能"一院影蒙茸，轻云叠万重。浅烘朝日丽，深裹晓霞浓"。紫藤能够"紫胃翩跹蝶，青盘夭矫龙"，也绝不敢变颜色"若教开五色，石室访神农"。朱藤花的性格的确是"鲜明真可爱，磊落亦多奇"，也许这就是沈家本从父亲那里继承来的性格。"数寻牵跃蔓，讵肯寄乔枝"，父亲就是不肯攀附肃顺这棵大树，才被简放到了穷困遥远的贵州安顺。他希望苦苦挣扎的父亲能够"岭南烟雨里，珍重惜芳菲"。他从朱藤想到了神情明秀、风姿详雅，却不畏名威、不附权贵的王衍（字夷甫，西晋名士），也想到了单身远离家乡，才华横溢的张旭（字伯英，唐代书法家），"霞光夷甫纸，珠佩伯英书"；想到父亲刚正不阿的性格，就像"老干累累绕，经霜古黛皱"，困难之中也是"无言谁索笑，独立不争春"。父亲这样的性格，影响了沈家本的一生。

但他并不想退缩，他希望用自己的方式博取人生。"见说飞空殿，休教委暗尘。忍冬偏耐冷，异色灿金银。"他要在逆境中忍冬耐冷，希望有一天"异色灿金银"。他相信虽然"深涧稀人迹，高岩隔世情"，毕竟有"但看花濑净，紫气静中迎"的时候。

藤萝（朱藤）架下的神思，放飞了沈家本的遐想，这或许是他一生中不多的清净，很少有的静静思考人生的时刻。"底事香山老，吟成刺不休。陆离偏自炫，屈曲善能柔。"为人应该像香山九老那样，终生"刺不休"，但也要有"屈曲善能柔"的性格。纵览寄簃公一生，特别是在修订法律的过程中，就是初心不改"刺不休"，却又变通屈伸，为达目的而"屈曲善能柔"。也正因此，才成就了他在中国近代史中法学第一人的地位。

1912年，清帝逊位，民国政府成立，72岁的老人退出了政坛。但是内阁成员总是不能确定，袁世凯与南京临时政府对人员的选择，意见南辕北辙，整个国家处于半无政府状态。他对新的共和政体抱着美好的希望，现实却又让他忧虑。暑热的夏天，老人来到东跨院的藤萝架下乘凉，品味着家人刁玉为他泡好刚刚从家乡寄来的紫笋茶，不禁想到这纷乱的政局，感慨万千，吟成了一首咏朱藤诗："朱藤分植院东西，锦绮如棚暑气低。新旧但能参一性，千条万蕊密阴齐。"他以"分植院东西"的朱藤比喻，表达了对政局的希望："新旧但能参一性"，就可以"千条万蕊密阴齐"了。南北双方如果真的能如老人的希望，或许就没有了后来的军阀混战中国乱世了。然而可怜的中国人民在纷乱的战火中，挣扎了几十年，直到1949年。这首诗收入了寄簃公最后的组诗《小园诗二十四首》。

这个沈家本故居的东跨院，是不是该恢复一架寄托老人遐思的朱藤呢？

5. 两避西山柿子园

1860年，英法联军入侵，是鸦片战争之后，西方侵略者对中国国土和国家主权的又一次践踏。对沈家本来说，不同的是，前者只是现实中的体会，如国力日衰、朝政日渐腐败等；而1860年的英法联军入侵，却是亲视眼见耳闻目睹。

1859年，英法联军在大沽发动炮战，战败暂离。1860年又大举来袭，大沽、天津相继沦陷。消息传到北京，百姓人心惶惶。达官贵人纷纷将亲眷家属送离北京。年轻的沈家本，父亲不在家，自己自然要承担一家之重负，眼见书友玩伴，纷纷投笔从戎以报国难，自己只能守在母亲弟妹身旁，心情郁闷，提笔疾书，写下五律《走笔》，以泄忧愤之情：

身世蓬飘梗，光阴斧烂柯。

百年忙里促，万感泪中多。

酒好不能饮，诗成空自歌。

囊余一长剑，倚柱几摩挲。

感慨自己的身世，感慨无缘报国，以至潸然泪下。抚摸着身边的长剑，难以消解心中的惆怅。市街上风声鹤唳，传说英法联军的洋枪洋炮快要到通州了，能想办法的家庭，都纷纷出走，寄簃公心中没底了，为了母亲和弟弟们的安全，一家人决定到西山柿子园周氏庄园避难。

"柿子园周氏庄园"现在已经无迹可踪。据笔者祖母回忆，这周家乃沈丙莹之外祖父的后人，与沈家素来交往甚密，因历代经商，家境殷实发迹安徽，贾商遍及全国，南北产业颇丰，西山柿子园周氏山庄，其一也，现在浙江湖州"沈家本纪念馆"所在地，也是周氏产业。直到我的父辈与周家尚有过从，1953年家父过世，我尚年幼，就此失联。

七月二十七日（9月12日）上路了。郁郁逃难路中，心境不爽，以诗达情，占得《七月二十七日出都道中口占》五律一首，记录逃难的情景："仓猝驱车去，倭迟古道斜。西风枯碧草，白日走黄沙。宫阙连烽火，关山泣鼓笳。木兰秋狝地，回首阵云遮。（时有行幸木兰之信。）"仓促离家，走在蜿蜒崎岖古道上，虽然只是七月下旬，已经西风劲吹黄沙扑面，时不时听得路人传说，咸丰皇帝已经逃到木兰围场打猎去了，战争的烽火越来越近了。诗中那种心神不宁，表达得淋漓尽致。住在周氏庄园，虽然招待甚周，但毕竟不是自己的家。不久传来英法联军包围通州，咸丰皇帝慌忙派人谈判，似乎有和平的希望。于是八月初五日（9月19日）又驱车回京了。回程的路上心情是愉快的："闻道王柟使，金人已许成。鲸波当暂息，鹤唳不须惊。且喜帆无恙，还疑鼓乍鸣。梦魂今夜茫，安稳板舆迎。"（《八月初五日入都》）

未曾想到的是，谈判中一再妥协的清廷代表怡亲王载垣，却因为英法联军头领面见咸丰皇帝时不肯行跪拜礼而发生矛盾，更离奇的是竟把英法谈判代表巴夏礼等人抓了起来，谈判破裂，联军猛攻，通州迅速沦陷。9月21日清军退至八里桥，激战中统帅僧格林沁等见形势不妙率先逃走，清军全线溃败，而咸丰帝带着爱妃人等，以围猎为名，于9月22日逃奔热河避暑山庄。全城百姓们，听闻皇帝都跑了，于是又纷纷仓皇出逃，沈氏一家也只得再逃往西山。这次的出京，比前次更狼狈，心情也更加激愤。《初九日复出都感赋三章》中这样写道:"桃源何处是,山墅计行程。"几乎是数着里程地逃离,可见其仓皇与焦虑。然而作为一名热血青年,在"凤城天尺五,杂房任游遨"的国难之时,那些手握兵权的达官们"竟卖卢龙塞,空闻血战麈"。在这国难当头的阽危时期,他发出了"感慨谁投笔,阽危欲请缨"的感慨,也表达了自己报效国家的心声。

慌慌张张地驱车西行,经过了乾隆御笔题碑"卢沟晓月"的卢沟桥,虽身处美景之中,却感到"车声低和水声凉,策马荒城晓色苍。云乱涌成千里白,风狂吼起一天黄。沙程确荦石多子,野径模糊林有光。太息连营依古道,桥头不敢苦旁皇"(《度芦沟桥》)。天上是"云乱涌成千里白",地上是"风狂吼起一天黄",不敢停留赏美景,只能在这模模糊糊的夜间野径中,依靠微弱的星光,向西山匆匆赶路。马车渐入崎岖的山间小径,在这山多路窄的夜色中,好像天空低矮了许多。寂静的夜晚,好像听到了远处传来的战鼓声声,人困马乏,暂时找棵大树稍作休息。记录这情景的,是第二天在周氏山庄写下的五律《将入西山》:

渐入崎岖境,秋风送马蹄。
山多偏路窄,野阔觉天低。
暂息劳人驾,遥听战士鼙。
四方嗟靡骋,聊借一枝栖。

西山柿子园,远离都市,洋人不会打到这僻壤山间,主人又十分殷勤好客,暂时是安定下来了,寄簃公用一首诗《周氏山庄》(地名柿子园)描写周氏山庄的生活:

门外柿阴稠,村居分外幽。
山低平似岸,屋小稳于舟。
苇蒝多巢鸽,松坡好放牛。
主人能爱客,木落话深秋。

好一派幽静、安闲的生活景象。无书可读,彻底的闲适,游山赏景消磨

时光,《偶占》便描写了这般情景:

  天公渐有飞霜意,红欲嫣然碧欲疏。
  忽听牧童呼得得,夕阳深树放青驴。

  但无论如何的清闲,毕竟逃难在外,国情何如?社情怎样?家当虽不丰,却破家值万贯,也不能不惦记。已经是中秋望日,岂能安心呢?三首短诗表达了此时此地"难民"沈家本的心境:

中秋风雨
  昨宵拟作广寒游,晓起满山云气浮。
  天意更添羁客思,风风雨雨过中秋。

夜晴月出
  云敛烟消万里晴,银河斜转鹊无声。
  若非一雨先期洗,那得团圆分外明。

闻雁
  一声哀雁起秋凉,午夜衔芦为底忙。
  我有愁心何处寄,梦中随尔过潇湘。

  在风雨中度过又一年的中秋,然而却不是在自己的家中。还有在远方的父亲未得团圆。深秋南归的大雁衔芦而过,为的是躲避伤害;而今我的忧愁,只能梦中随着鸿雁,远渡潇湘投向父亲的身旁。

  终于,九月十一日(10月24日),一纸《北京条约》满足了英法两国的要求,侵略者带着从圆明园掠夺的金银财宝、珍稀文物撤退了。寄簃公也带着一家回到了阔别近月的家中。进城路上所看到的一切,让沈家本感慨万千。他写下了《九月二十日复入都》:

  侧闻高会宴南宫,宾主雍容礼数崇。
  万国语言通译象,三军面目化沙虫。
  血沉沧海苌魂碧,烟锁阿房楚炬红。
  岁币但增三十万,乃知寇准是孤忠。

> 六街景物叹萧条，画角悲鸣暮复朝。
> 数点城乌啼月冷，千群胡马向风骄。
> 羽书直北关山远，飞舰征东壁垒遥。
> 宇内兵戈今未息，暂栖人海挂诗瓢。

洋人走了，国内并没有消停，太平军、天地会、白莲教，到处的战争无休无止，眼见着无能的朝廷，腐败的达官贵人，国家将向何处去？一无功名二无财富的年轻的沈家本又当如何？或许也只能是"宇内兵戈今未息，暂栖人海挂诗瓢"，以诗寄情，张望那渺茫的未来吧。

6. 寄簃公赴黔之旅之一——出发的前前后后

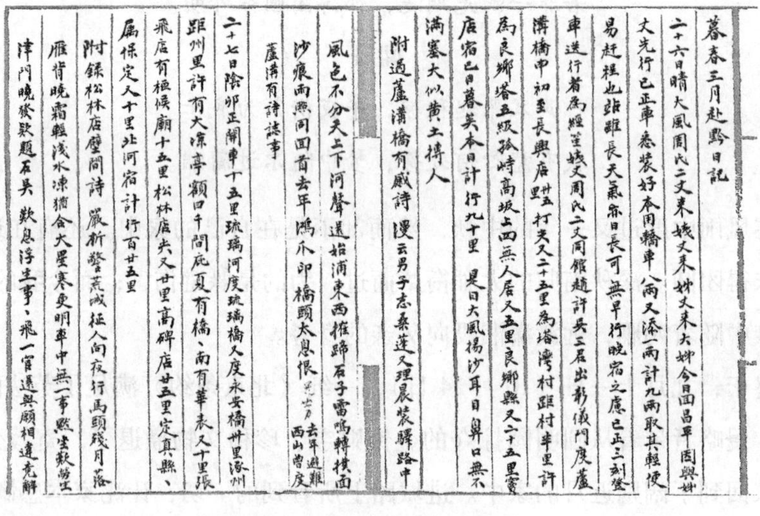

图9 《赴黔日记》书影

咸丰十一年（1861年）三月二十六日，21岁的沈家本，奉母携弟，全家离开了久居的北京，开始了他一生最艰苦的旅行。这是受父亲的召唤，前往贵州与署理铜仁知府的父亲会合。

几天来可以说是在忙碌中度过。所忙，无非四事，一是准备行李，这是

追寻曾祖沈家本先生的人生

一个很大的工程。全家一路四五十天的生活用品，包括衣物、被褥，必备的其他用品等。二是寄存不能携带的家什、箱笼、书籍。寄存也不易，先得人家有余房可以寄存，还得是至交好友愿意帮忙。三是到世交亲朋各处辞行。四是最重要的，雇好旅途的车辆。雇车也不易，如今高速路也有两千多公里，何况那时的崎岖小路，如此的长途跋涉，雇车岂是易事。

弟弟们尚小，课业不可停顿，连日来仍得督导课塾，日记记曰："三月二十二日，晴。弟辈散馆，即诣琉璃厂买书，回馆午餐"，可见，三月二十六日就要出发，二十二日，诸弟还在上最后一课。忙忙碌碌，使得这位爱书如命之人，自己却不得不暂释书卷。三月十四日日记有"十一日至今日阅《周礼》一过"的记录，之后，很久未在日记中见到关于读书的信息。

忙碌之中，幸好有两个人帮忙，一个是从小一起长大的家人陶升，另一个是父亲带到贵州，这次专门回京帮忙的大江。

三月十五日的日记这样写道：

午大江来，惊喜交集。接严谕，命定计南行，收拾一切，月底大约可登程也。大江自正月十八日动身，至今日为五十七日，除在樊阻捻十余日，实行四十余日耳。捻子扑老虎势渐西，于大道尚无碍。惟南阳所属数站，尸满野血成河。且新雨泥泞，日行四十里卅里不等，自此而北，均好走也。

大江的到来，使年轻的沈家本"惊喜交集"。一则，平生第一次远行，又是个并不太平的路程，心中极不踏实。再者，老母幼弟，除了陶升无人帮忙，人力单薄，难于照顾。大江对路程已经熟悉，且比自己年长。更让他激动的是还有父亲的体贴关怀。知道一路艰险，派了大江来接。他深深感受到了父亲的爱。

大江告知了他路途的情况，也有了一个引路人，沈家本心中踏实了许多。赴黔之旅，对沈家本的确是平生的第一件大事。在《辛酉日记》中，三月二十五日，记录了姨丈沈桂芬和堂姐丈潘伟如以及一些挚友至亲来做行前的探望，之后稿纸就是半页的空白了。翻页重启，专门题写了"暮春三月赴黔日记"

的题目，可见其对此行的重视。

　　的确，这一次艰苦旅途，对这位年轻人的未来，产生了重大影响。

　　二十六日清晨，姨父沈桂芬、沈家本的两个娘舅早早地来送行，已正三刻，也就是上午9点三刻，浩浩荡荡九辆车辆启程，大江在头车带路，陶升在末车断后，一路南行，"出彰仪门（广安门）度芦沟桥，申初至长兴店卅五里。打尖。又二十五里为塔湾村，距村半里许为良乡塔，五级孤峙，高阪上四无人居。又五里良乡县，又二十五里窦店宿，已日暮矣。本日计行九十里"（二十六日日记）。

　　卢沟桥，已经不是第一次路过。英法联军入侵京城时，寄簃公奉母携弟到西山避难，也曾途经。北京的春风狂作，黄沙扑面，各个都已成黄土抟人。想起那时洋兵洋炮劫掠京城的情景，心情激愤。一首《过芦沟桥有感》诗酝酿而成：

　　　　漫云男子志桑蓬，又理晨装驿路中。
　　　　风色不分天上下，河声还始浦东西。
　　　　摧蹄石卵雷鸣转，扑面沙痕雨点同。
　　　　回首去年鸿爪印，桥头太息恨无穷。

　　远行的路上，是否就象征好男儿志在四方？流淌的水声难于分辨是来自永定河东还是西。"嘚嘚"的蹄声伴随着雨点般的风沙，令人想起避难西山时的情景，在这古老的桥头，怎能不令人叹息？"桥头太息恨无穷"，恨从何来呢？恨列强之入侵还是朝廷之无能？还是恨自己不能投笔从戎？

　　诗题在收入《枕碧楼偶存稿》时改为《三月二十六日出都，大风，重度芦沟桥》，"河声还始浦东西"改为"河声难辨浦西东"，诗题改动为了更为纪实，而诗句的改动似是更为达意。

　　如今我们踏上这卢沟桥，心情激愤是因为1937年的卢沟桥事变，记忆着日寇的侵略，而古代文人感受的卢沟桥，却是一处古迹。卢沟桥始建于金大定二十九年（1189年），建成于明昌三年（1192年），原名广利桥，后因河得名，约定俗成，名之"卢沟桥"。卢沟河即今之永定河，隋代称桑干河，金代称卢沟，曾因河水泛滥，河道常改，流水无定而称无定河。清康熙三十七年（1698年），清廷曾在卢沟桥以下沿河两岸修筑长堤以防水患，康熙帝下令改河名为"永定河"，希冀它能"永远安定"。然河水依然泛滥，"永定河"之名却流传至今。新中国成立后，大力治水，又经干旱，几近枯涸。如今南水北调，周边绿化，已成美景。卢沟桥乾隆御笔之"卢沟晓月"碑是古来"燕京八景"之一。永定河是海河流域七大水系之一，是河北水系的最大河流。

沈家本路过的卢沟桥，虽有"卢沟晓月"之称，却一定无今之美景。他为避英法联军之乱，两出京城，四过卢沟桥，却只有一首描写卢沟桥的诗《度芦沟桥》：

    车声低和水声凉，策马荒城晓色苍。
    云乱涌成千里白，风狂吼起一天黄。
    沙程确荦石多子，野径模糊林有光。
    太息连营依古道，桥头不敢苦旁皇。

这是他陪着母亲带着弟弟，第二次避难西山，路过卢沟桥时的情景。诗中描写得一片凄凉，也是风沙俱作，感到的却是"车声低"和"水声凉"，急急赶路，在这燕京八景的胜地也只能"桥头不敢苦旁皇"了。诗中男儿志在四方的期盼与避难流亡的激愤，形成了鲜明对照。

第一站的行程，以住宿窦店结束，这一天走了九十里。

7. 寄簃公赴黔之旅二——出京伊始见闻

第二天（三月二十七日）晨起，风沙已住，天气阴沉，倒是没有下雨的迹象。早饭已过别无他事，收拾行装卯正（晨6点）开车，马路平坦，车行轻快。一路经琉璃河，将至涿州路过永安桥。据说永安桥曾是皇帝进出京城的御道，然而如今已不见踪影，涿州还有一条永安街，不知与当年的桥有无关系。过桥不远有一座大凉亭，这天日记写道："距州里许，有大凉亭，额曰

'千间庇夏'。有桥，桥南有华表。"也应该是一处古迹，却也不见踪迹了，不知毁于何时。"又十里张飞店有桓侯庙。十五里松林店，尖。又廿里高碑店，廿五里定真县，县属保定。又十里北河，宿。计行百廿五里。"结束了第二天的行程。这一天车行120里，也就是60公里，与现在的速度，无法相比。

因在松林店打尖，得暇观赏古迹。（松林店位于北京西南72公里处，是著名三国人物刘备的故里，刘、关、张桃园三结义的地方。相传因为路旁巨松成荫，过往旅客常于荫下小憩，商家见有商机，于松树下设店，名为松林店，为旅客提供茶食、休憩。逐渐人口聚居渐成村镇，而今已是相当规模的小城镇。）这天的日记，录有松林店壁间诗，一曰："严折警荒城，征人向夜行。马头残月落，雁背晓霜轻。浅水冻犹合，大星寒更明。车中无一事，默坐叹劳生。"题为《津门晓发》，款题石昊不知何许人。又："叹息浮生事事飞，一官还与愿相违。竟辞郎署诚何意，遥念家山且暂归。宦海空添新旧梦，征途难息往来机。英雄末路嗟如此，检点春衫别帝畿。"款题江津李春甫，应该是重庆人了。沈家本在日记中评论说："此君以庶常散刑曹改官滇南司马，殉难回氛。观其笔情倜傥，知为豪士。"又："□桅春光二月天，东风无那柳缠绵。自惭不是金龟婿，累尔香衾耐独眠。"寄簃公日记，在这首诗旁注小字曰："清丽芊眠，绰有神韵。"也算是不错的评价。还有一首题壁情诗："闺中情绪客中知，不寄书回只寄诗。一穗灯如红豆子，今宵两地照相思。"题款是昆明李彤，字内。这"字内"不知何意。是"名彤字内"，还是另有别意，只有题壁人自知了。

日记还记录了北河壁间诗："无柳无杨十余里，轻烟缭绕影纵横。绿阴夹道凉如水，人在迂倪画里行。"是一首即兴诗，无题款。

古代文人墨客，常有即兴题壁的乐趣，或于兴起，或于酒酣提笔于壁，多留诗作，也有短文短句之类。一般是逢场尽兴，也未必是想留名千古，且留下来的其实很少。众所周知的宋江浔阳楼题壁诗，就是酒酣抒情，却被好事者定为反诗告密官府，使得宋三郎才逃上梁山。其实题壁之作除非有心人，是很少流传的。房主粉刷或房屋坍塌、重建，也许又有新的题壁。如果某处文物古迹，留有百年千年之题壁，则视为文物，得要很好地保护。但现在，如果再有人在古迹文物上刻画写字，反会臭名昭著，成了破坏古迹的不文明行为，时代变迁故也。

二十八日这天，早早于卯初（晨5时）出发，行程百零五里到达保定府。找到旅馆入住，刚刚申正（下午3点半）。

路经安肃县打尖时录下了客栈的壁间诗："九日蒙尘恨怆行，逆夷三百犯圆明。可怜十万京管卒，得力全无一个兵。谚云养兵千日，得力一时。今若此，可胜浩叹。江湖散人漫题。""縻尽军粮调尽兵，依然夷丑自横行。诸君未解蒙尘苦，束手无颜对圣明。用前人韵，花萼轩主人留笔，时在庚申下浣。"寄簃公的评语，只有"二诗均纪实"几个字，但表达了与自己的共鸣。"又别京华去，驱车夜度关。归云全拥树，落日半衔山。远市灯千点，危桥水一湾。故乡频入梦，何日唱力环。春舫游客。"一首无病呻吟的怀乡诗，寄簃公未予评论。

时间尚早，于是"雇车至县署，谒辛楣叔祖"。沈辛楣即沈丙墀，曾在京担任廷试考官，吴兴人。因同殿为官，且为同乡，与寄簃公父亲沈丙莹素来交往，寄簃公自小相识。至于如何论为"叔祖"，尚无考证。是时沈丙墀应该是正在保府某县当差。沈家本去见"辛楣叔祖"，既是拜会，也是有事相托。一是请他将平安家信官封寄给北京的姨父沈桂芬、昌平（时为顺天府昌平州）的堂姐夫潘伟如。同时也要找店铺兑换散碎银两。

他乡遇故知，自然少不了促谈小酌。绵绵春雨、壶中温酒，谈人生，谈仕途，谈家乡美食，谈家乡山水，也谈政局。尚未出仕的沈家本无限感慨，一首七律就此酿成，这首诗后来收入《枕碧楼偶存稿》，诗题为《夜雨宿保定遇辛楣话旧》：

  频年事业太伶俜，夕税征轺暂息形。
  裹箬菹香初拨瓮，溉鳖鱼美试分腥。
  春寒把酒家山话，夜雨淋铃逆旅听。
  一枕华胥君莫唤，且容归梦到红亭。

淅淅沥沥春雨，时停时续，萧萧瑟瑟的初春，今晴明荫。一路朝行暮宿沈家本一行，于四月初三，来到河北顺德府，下午5点多在邢县南关找了个旅店住下。

顺德府，当然不是广东那个仅次于北戴河的著名的旅游胜地顺德。此顺德乃今之河北邢台市。顺德古城仍在，还有许多顺德府的文物遗址。元以前各朝均设称邢州，元朝忽必烈接受汉臣刘秉忠、张文谦建议，在邢州设安抚司，直辖于中央，选良吏、行汉法以治，几年间，社会安定，经济繁荣，为四方楷模，大比之年（旧时称会试为大比，录取者为进士）又经常天下第一，时称"邢州大治"，成为蒙古族统治者之成功经验，造就元朝统治的政治格局之基础。中统三年（1262年），改邢州为顺德府，至元二年（1265年）升顺德路。明洪武元年（1368年），复设顺德府，清沿明制。

沈家本过顺德府之见闻："顺德城甚坚厚，甲于正定，皆畿南之屏蔽也。街衢热闹，又过于正定"，"太尊王大令荣均颂声载道"。给予了十分的好评，特别是对这位王荣均知府为保卫州府组织团练，大加赞赏："城中团练一家一人，不给工食。每日操演，技精者赏，合城约有数万人。"不知这是否对沈家本后来知天津时，推动设置团练有所影响。

一路下来，经过方顺桥，他看到哀鸿遍野，一片凄凉，不禁发问："谁实为之？复不思经理之。"当然这是无解的，也是沈家本对社会吏治的怀疑的开始。他把感受写进了七律《方顺桥》：

惺忪睡境不分明，忽听行人说满城。
缓辔正将残梦续，荒村啼遍午鸡声。
啼饥瘦妇还余泪，索食痴儿惯乞恩。
绘出流民图一幅，当年赖有郑监门。

在摇摇晃晃的车中，昏昏睡去，忽然被车外嘈杂吵醒，本想换个姿势再睡，然而午间的鸡鸣唤起了他的精神。向车外看去，乞讨的乡村妇女述说着自己的悲惨，泪水还挂在腮边；一丁点的施舍，就能听到乞儿感恩的应声。

他想到宋人郑侠为了感动皇帝，令匠人绘制《流民图》，上书请求赈济的事迹，而今的地方官却对百姓的疾苦不闻不问。诗中流露出对地方官吏的极大不满。

也许这就是书香世家成长起来的青年沈家本认识社会的开始。

8. 寄簃公赴黔之旅三——有惊无险小插曲

初四日又起大风。还是卯初开车，经邯郸渡汉河，进入了河南地界。一路晓行夜宿在荒僻的小路，初八日在获嘉县偏僻的村落亢村驿住宿。亢村驿，今之亢村镇，距获嘉县城南17公里，地处获嘉、新乡、原阳三县交界，因孔子弟子陈亢病卒于此而得名。明时设驿站，故名亢村驿。陈亢，字子元，一字子禽，又名原亢，生于公元前511年，齐大夫陈子车弟。孔子弟子，在77位弟子中名列第68位。寄簃公选此地落宿，或与此有关，但最主要的是因为这里虽地处偏僻，但有布政使分司署驲丞兼巡检事，要交革文书，必须停留，与其耽误时间，不如住下。

几天的行程并不艰难，而初八这天，却着实让沈家本着了一回急。日记这样写道："行里许而萱闱等四车不见来。"母亲、弟弟的车没跟上，于是停下等候，车把式回望过去，看到烟尘，就说，烟尘垒起，后车来了。于是让车把式缓缓行进，边走边等，然而，只见烟尘不见车。停停走走了近三十里，到一个小村庄，停车再等，又向村人打听，说是有两辆车过去了。而另两辆还是不知下落，使沈家本殊为纳闷。只好慢慢前行，停停走走到了新乡县南关。这是预定的集中暂息的岔路口，向北则是赴陕之路了。来到路口唯一的小店（这种店，近代称为大车店，相当于现在高速路上的服务区），则壬弟（寄簃公三弟沈彦模）、陶升之车已经先到了，知道另外二车殆由他道走。等待了一个时辰，母亲与五弟的车急急到来，才知道误走赴陕大道，半途折回，已多行二十里矣。

已经会合，惊魂初定，前后一同来到前面所说的亢村驿住宿。通关琐事自有陶升办理,沈家本稍闲下来,取出文房,记录几天来诗歌的腹稿。

这天路经一个沧桑的小村,路边一个简陋的小店,也是路人唯一可以将息的地方,一家人下车准备进店稍事休息。刚刚坐定,一群打扮得花枝招展的女孩就拥上前来,操弄着拙劣的琴筝,伴随着嘈杂的歌声,献媚于来客。从未见过这种场面的沈家本,惊讶地询问店主人。原来是这里民风每况愈下,百姓生下女儿就觉得得了一个生财之宝,从八九岁不教女红、不教读书,却让她们习琴练曲,稍稍长大,就驱赶她们献歌卖唱,为的就是赚钱,不顾廉耻。沈家本为这恶俗感到悲哀,以诗《歌女词》记录这一可悲的情景:

　　林表隐隐夕阳敛,指点前村问茅店。
　　客子入门乍税驾,歌女沿门奋逞艳。
　　客笑问主人,此辈来何频?
　　主人笑语客,土风为君白。
　　女儿初堕地,耶娘遽咨嗟。
　　长成八九岁,妄念偏又奢。
　　刀尺不令学,但令学筝琶。
　　筝琶未精熟,鞭笞随之加。
　　车声邻邻客子到,乱搽脂粉竞喧噪。
　　弦声嘈杂歌声欢,下里巴人不成调。
　　悭囊破费几文钱,便道能投客子好。
　　耶娘妄念正未已,安得千金客买笑。

诗中,这些女子"车声邻邻客子到,乱搽脂粉竞喧噪"的丑陋景象,父母"悭囊破费几文钱,便道能投客子好"的贪婪与无耻,描绘得淋漓尽致,反映了当时社会底层真实的社会现象,也让沈家本大大地长了见识。

在经过弯弯曲曲的濡水边一个不知名的小村,寄簃公又遇到平生所未见。车马刚刚进村,一群草童雏女就围了上来,呜呜发出可怜哀求的乞讨声,看到此情此景,车上的人纷纷解囊。一群乞儿刚刚散去,后面一群年老的男女乞丐，甚至是匍匐而来，顷刻间囊中散碎银两施舍殆尽，乞讨之人还是络绎不绝。沈家本大感疑惑，怎么会有如此之多的乞丐？难道是这地方土地瘠薄，收成太少，还是遇到灾荒年景太差？一位村翁却为沈家本讲了一个离奇的故事。

原来这一带的百姓，家境并不是十分穷困，只是流行着乞讨的恶俗。孩子刚长到四五岁，父母不是教他们读书识字，而是传授乞讨的技巧，鼓励他们乞讨。邻人们见到乘车的旅客经过，互相招呼着，争先恐后前去乞讨，钱一到手，就会向同村人显示，引以为骄。即使年纪大了也难忘记这乞讨的恶习，倒是觉得哀号乞泣，成了绝佳的技巧，不劳而获竟成了乐此不疲的习惯。

年轻的沈家本听到这样的乡情，感到深深的悲哀，他悲哀礼教的衰败，教育的缺失，心中怅然不已，写下了《乞儿词》，记述这前所未见的情景，也表达了自己惆怅的心情：

> 人笑儒生把书卷，便学颜子忍饥面。
> 饥驱出门意颠倒，短车乍来濡水畔。
> 夹辀乌乌音可哀，乞人贸贸村中来。
> 草童雏女走相逐，叟妪匍匐趋尘埃。
> 前者方散后者聚，倾囊顿尽钱千枚。
> 客意此邦年岁薄，村翁为我言约略。
> 南村打麦家盈甋，北村新筶满罄落。
> 东村西村遥相望，菽苴断壸亦不恶。
>
> 男女四五岁，父母争相教。
> 教之呼爷爷，乞相尤难描。
> 但遇客车到，满村互招要。
> 一钱乍入手，便向同村骄。
> 老悖习未忘，难将生涯抛。
> 生涯岂乐此，聊学哀鸿嗷。
> 客闻此言长太息，礼教既衰俗难易。
> 箪食瓢饮苟余畀，嘑尔而与急何择。

> 吁嗟乎！宁戚角酸员箫悲，英雄末路尝如斯。
> 蒙袂辑屦信奇士，不食嗟来甘饿死。

这使他联想到宁戚在齐国求职，因穷困不得已，贩牛到齐国城门，叩击牛角高吟悲歌，以引起齐桓公的注意；伍子胥逃亡吴国，身生重病，盘缠用尽，拖着病躯，沿路乞讨，稽首肉袒，鼓腹吹篪，乞食于吴市的情景。两个英雄名仕穷途末路时才会沿街乞讨，为的是不甘饿死耽误了自己的前程。两相对照，感慨万千。

行路中看到许多独轮车，当地称为二把手：小车一人推，因以名之。以事为诗，名为《二把手》：

> 十丈黄尘染客衫，何须飞骑辔新衔。
> 只轮徐转如舟稳，一幅轻风旧布帆。

诗尾自注曰："小车用布遮阳，且借风力也。"小车以布为篷，且借以为风帆这是前所未见，也算一段新奇见闻。据说陆路不远"有河通船，帆樯林立，惟无巨舟，盖河深广近涸矣。北达津沽，南经新乡县，忆自丙辰北上，不亲舟楫者数年，徘徊岸畔，殊切桑梓之思"（七日日记）。引起了沈家本对故乡的思念。道光二十五年（1845年），5岁的沈家本，在一架乌篷船上随父母进京，而今一路风景尽收眼底，这帆樯林立的情景，不禁想起往事，思绪万端。

初九日，晨晴。五更开车，时寅初，又开始了一天的行程。

9. 寄簃公赴黔之旅之四——舟车劳顿抵铜仁

四月"初九日，晨晴。五更开车，时寅初，因抢河故趣①早也。"（日记）这天这样开始了。

---

① 音 ěr，方言：如此、这般。

头天虽有些小波折，但总算有惊无险。初九这天的行程可算是遇到了第一次阻遏。从亢村驿出发，前面就要渡过黄河了。匆匆五十多里，来到马村渡口，却听路人说：水位变化，已向南移二十里到冈园渡了。旧时因黄河水流变化，渡口常常改变，多时不到，不知渡口迁移，也是常事。无奈只好再绕道二十里来到颜家庄找冈园渡，却又有乡民指点，说因水位太低，渡口不能行船，渡口又北移二十五里。只好再向北行，往返又四十五里。正当晌午，突然狂风陡作，声震天地，惊心动魄。车只能逆风缓行，下午3点，风势更甚，飞沙走石，对面不见人。顶风逆行来到马庄，已经天黑。村里只有一处小车店，小店的客房只是三间土屋、三铺苇床，屋里秽气熏蒸，简直无法喘息，还没有饮食供应。街上有个卖粽子的老人，粽子还卖完了，只剩下几碗小米粥，只好权作晚餐。苇床虽污秽不堪，毕竟是床，让给母亲和弟弟，自己和其他人只好在车中假寐了。

躺在车上，拉上车帘，车外狂风呼啸，腹中咕咕鸣叫，自然难以入睡。心想，如果不是长途跋涉，怎会有这样的境遇、这样的人生体验。回忆七年前回乡，从胜芳出发回浙，取道东平，因兵差挤满旅店，只好在三官庙一个小车店暂息，也是龌龊不堪，和这次光景十分相似，没想到那样的情景，今日再现，令人感慨。这一天实际路程仅行五十四里。而寻找渡口，绕道约多行四十五余里，使人疲劳不堪。入夜，风声减弱三更渐息。同路的一位蔡姓县令之车同宿马庄，因来迟，只能借小店空院子暂停车马，车中住宿，连土屋三间、苇床三铺也没有，粥也没得喝，更是尴尬。直到五鼓时分，天色渐清，心头才稍稍清爽。

第二天，天气晴朗，从新寨口雇船，连车马一起渡过黄河。车行四十里到了郑州，终于在个像点样的旅店，舒缓一下昨天的疲惫。

《新寨口渡黄河书事》就记下了这天的情景：

未明戒徒御，屈指渡河早。渡口舛南北，往复转迁道[①]。

---

① 道闻冈园渡移向南，遂南赴颜家庄，则渡口又移向北，复北至新寨口。

夫子迷楚津，问途遇野老。鲰生溷风尘，仆仆胡懊恼。
行行来渡头，午暄变晴昊。狂澜动天地，奔飙荡城堡。
沙石乱飞走，万骑骤惊扰。长年共束手，相戒勿轻抄。
回车荒店泠，屋破还隘湫。欹瓦床支龟，秽浊肆同鲍。
从者饥难兴，食并乏恶草。但逢卖浆翁，黍糜胜松矽。
想彼芜蒌亭，公孙佐新造。真人历戈马，豆粥欣一饱。
行旅每艰苦，更事念不少①。危坐辈辐中，竟夜梦魂悄。
诘朝风力衰，衣裳遽颠倒。乱流不可渡，长河泻浩浩。
方舟理篙楫，邪许腰态拗。时或张轻帆，飞送疾于鸟。
彼岸诞先登，回首望晶㵾。恻恻歌公无，惕然色犹愀。
早食趋前村，风定看东杲。仆痛马亦瘏，我姑酌清醥。

一首长叙事诗，记述了一日经历，也舒达了前后的心情变化。一路上陶升、大江前后张罗，疲劳不堪，车夫已经累病，拉车的马匹，也显出疲惫状态，幸亏自己还算健康，就暂且用一壶清酒解乏吧。

又经过十数日的奔波，十七日到了樊城（今襄阳市樊城区），在磁器街百顺店落脚，已经是汉江北岸，后面陆路进入山区，路途更为艰险，决计改行水路。雇定船只，二十日，吃过早饭，11点左右人口登舟，待行李装船完毕，已是下午3点，解维开船。水路行舟，并不顺利，风大避风，雨大避水，只有风平浪静，船行才速。一路靠岸吃饭，舟中歇宿。摇摇晃晃，时而水浅难行，时而流急船险，一次船底裂缝进水，急忙修补，险象环生。二十余天，难得安稳将息。

三月二十六日出发旱路颠簸，舟船劳顿，六月初三日沿沅江逆流而上，下午2点左右，到达与父亲约定的会合地姚里。然铜仁来人，至晚不至。无奈之下，只得在旅店暂住。安排好了家人，自己就随处闲逛，看到稻田秧绿已齐，一派丰收景象。向当地人询问，原来这里的赋税是另一种算法，这天

---

① 甲寅，道出东平，景象略似此。

日记记曰："六、七月二交即可收。今年水大，略迟。往年二月播种，六月约可收齐矣。薄田每亩，可收四石许，肥者可收六石。田主与佃户均分赋税，甚轻，人歌乐土，不似吾浙与江南之重敛也。"令沈家本十分感慨赋税轻重之别。

日记：六月"初四日，晴。辰刻有载香料铜仁下来，于前日下午开船，据云：大老爷（铜仁知府沈丙莹）于初一自小江江口一带回署，城外悉平谧矣。申刻田昆、乌铭、刘升（铜仁府衙办事人员）押轿偕来，盖田昆于初二日方抵铜仁（五月二十七日，遣田昆从陆路先行，到铜仁向父亲报告，并约定在姚里会合），昨日雇船下放，故今日始到此接。严谕眷口登陆，由镇筸①走，计二百八十里，笨（算）三站。行李则仍由水路也"。

于是把原来各船分放的行李盘拨到一条船上，为付船账，还得兑换银两，与船户结算，付过款，已是下午，无法起行了。初六日才起轿，奔向铜仁。半路在镇筸城住宿。"初七日，晴。天明起轿，六里凉如井，十四里廖家桥，馆。又三十里瑞安乐司，二十里大真场，宿。地属松桃厅，入贵州界矣。"结束了在湖南的路程，进入了贵州地界。在松桃厅大真场村（今贵州松桃苗族自治县）住宿，距铜仁只剩下最后一天的路程。两个多月来的辛劳，已经接近尾声。晚间躺在床上，回想这一路下来，好像自己增长了不少见识，也饱览了一路风光。这一路写下了三十几首诗，或许是一段经历的记述。他想到最近的诗《鸬鹚滩即目口占》："峯回面面拥青螺，缭绕云根卷白波。水力劲驱危石聚，涛声奔汇众流多。缆争风脚徐徐上，（东坡诗：'弱缆能争万里云。'）樯转岩腰曲曲过。新涨喜添三两尺，刺篙半没旧时窠。"

人生之路正是"水力劲驱危石聚，涛声奔汇众流多"，必须"缆争风脚徐徐上"，才会"新涨喜添三两尺，刺篙半没旧时窠"。只要努力，就会创造一个新的天地，这或许是年轻的沈家本风尘一路的体验的总结。

第二天（六月初八日）的清晨起轿，在清水塘，遇上寅谷、芳圃二兄及

---

① 镇筸，今湖南省凤凰县驻地沱江镇。明时为五寨长官司，清康熙三十九年（1700年）改沅州总兵官为镇筸总兵官驻此。以境内有筸子坪溪，相邻又有明镇溪千户所及筸子坪长官司辖地而得名。

仪从来迎。午刻抵达铜仁府署，由此结束了此生的第一次长途跋涉。虽无万里，也有四五千里之遥。古人云"读万卷书，行万里路"。年轻的寄簃公已完其一半。一路的经历，可以一生受用。

10. 沈家本在铜仁之一

六月初八清晨，开始了到铜仁的最后旅程。已经是署铜仁知府沈丙莹大老爷的辖区，一切自是不同了。距城十里的接官亭，早有当地县署官员及知府派来的差役迎接，寒暄过后浩浩荡荡一干人来到铜仁知府衙门。一切都安排停当，沈家本首先到上房拜见了久别的父亲，又会晤了前来迎接的西席谢薇屏。这位西席可不是私塾的教师，而是父亲聘请的幕僚，是沈大老爷的主要帮手，所以一定是很信任、很可靠的人，也必是今后经常打交道的人，沈家本一定是要尊而重之的。同时也会见了郭春三记室（即秘书）等府中主要吏员。

到了铜仁，沈家本并没有很快进入角色。他是以沈大老爷公子的身份到府署协助办事的，虽无正式职分，而责任却重于其他人。但他习惯了读书、郊游、唱和，一心科举取士。虽然父亲为官多年，耳闻目睹也不少，但需要自己切身投入，这还是第一遭。他用了一天的时间，写了几封平安书信，又在府中了解同城官员的大致情况，开始一一拜访，这当然是父亲沈丙莹的指示，为的是以后办事方便。

几天过去已经是六月十二日了，这天是三弟彦模的生日，在母亲俞氏的安排下合署上下一起吃面，既是为了给沈彦模过生日，也是对合署人员的犒劳。饭后在二伯带领下与弟弟们到东关一游。这东关在铜仁城东二里，乃铜仁外八景之一，全称为东阁禅关。清时于此设立东关码头。光绪六年（1880年），王宪珍为铜仁知府时，设"培文局"，以码头税收款为培文局经费，用以培养地方士子。河岸建有"观音阁"，山水清幽，颇饶佳趣。一干人郊游十分愉快，有寄簃公诗《铜仁东山》为证：

山在府城东，为郡镇山，绝壁间镌"云彩江声"四大字。

  俯瞰洪流翠霭横，石榴关势接山城。
  但看入画眉痕秀，倍觉当前眼界清。
  云彩何年歌纠缦，江声终日听铿鏋。
  好寻隐隐磨厓字，风雨销沉半尚明。

真的是好心情"云彩何年歌纠缦""倍觉当前眼界清"，一别一路风尘的紧张疲倦，一派清新明朗世界，心境极佳。

毕竟是来协助父亲工作的，沈家本慢慢进入了工作状态。迎来送往，代父书写行文，凡不是大老爷必须亲办的事，渐渐移到这年轻人的头上。这也就大大减轻了西席谢薇屏的负担。铜仁是个好地方，风调雨顺年景丰富，即便是轻赋减税，除去上缴和府署用度，一年下来虽不能"十万雪花银"，也有颇丰的收入。然而沈丙莹的运气不佳，偏偏赶上了战争，不是这里盗匪作乱，就是那里太平军袭来，太平军也有真有假，也有拉大旗自称神仙下凡，拉一拨人马招摇抢掠，更有团练强征军饷，百姓苦不堪言。

七月初五日日记："是日拿获贼首韦青山，称伪五营总办、护国军师；杨奉光，伪称元帅。"初六日日记："是日办韦、杨及伙犯龙、陆等五名。"沈家本正式作为铜仁府署官吏执行公务了，从寄簃公日记看，这也是他有生以来第一次办案。

一晃已到八月中，十四日这天，沈家本第一次真正感到府城的紧张。这天原本并无大事，府衙中桂花开放，阵阵芳香沁人心脾。到了晚二炮以后（旧时以鸣炮或击鼓、敲钟报时，晨起卯时敲钟，钟声嘹亮，唤人早起；上夜酉时击鼓或鸣炮，声音沉闷，以免惊人清梦，计时与时辰相当，暮鼓晨钟是也。二炮即戌时，也就是19时至21时），突然忽满城人声鼎沸，派府弁出门询问，回报说传言贼兵（是流窜的太平军还是当地的土匪聚众，不得而知）已到离城十里的九股坡。沈丙莹立即飞轿上北门视察，下令铜仁所属武备站领北门路卡，以抵御来犯。经知府大人亲自出马安排、调遣安抚，市民百姓人心稍定。沈家本在府内同时连发四道探丁，又令家人刘升亲往探听。交三鼓时分还不见探丁回报，不甚放心，沈家本偕同二伯出署看视。在路上遇到父亲，父亲说：察看街巷人情，并无贼兵袭来情景，估计应系谣传，人心已安定。回到署衙，刘升和探子也回来，报告说：清水塘、九股坡的人家都已安睡，敲门查问，据住户人说并没有贼匪袭来之事。仔细询问，原来是五月间教匪滋事（这教匪系指当地一些借用某神、某教揭竿为旗，武装恣抢百姓、抵御官府的武装），千总熊登魁带团练在小江口等处（小江口村在府城西），以弹压教匪为名，讹诈富民钱数百千，之后又有邱育泉委员再次讹诈千余串并掌责生员等事激起民愤。有人愤愤而言说，非要杀了邱、熊，放火烧了熊家屯。其实不过逞愤发泄之语而已，并非真有事。而营兵、散练①、土棍中有些不肖之徒，借机造谣生事，使得人心躁动，随即有人为避祸搬家、迁移。谣言不胫而走，又传出熊家屯搬空的谣言。也就是这天，有个住在北门外的人，回家说光天化日在清水塘被抢，于是又传出贼兵来了。半夜间，忽然有人挨家敲门，告曰：贼兵来了。于是家家惊沸，形成满城人声鼎沸的状况。询问清楚，派人查拿敲门传谣之人，却已无踪影。三更将尽，沈大老爷才下堂就寝。刚交五鼓，兵营中盘获一个可疑之人，送到知府衙门，于是又都起床审讯，得知就是那个敲门"告曰：贼兵来了"的传谣者。他供述说是他堂兄告诉他的，而他这位堂兄，已经回乡下家中。于是传令他的堂兄到城署来听讯。

一个不眠之夜，纷乱紧张，这是沈家本第一次经历这样的繁忙。虽然有惊无险，确是对这位年轻人的锻炼。

在繁忙的政务中，学子沈家本并未忘记读书，因为此时他连个举人的头衔也还没有，而科举是那时读书人的唯一出路，何况沈家本又是一个酷爱读书的人。日记中不时出现"早誊诗，午理《左》""午理《书》，写小楷数

---

① 清末团练制度的一种，平时不正式入练，只是农闲训练，战时召集成伍，与正式团练相比较松散。

百，灯下理《诗》"之类的记述，可见一斑。

沈家本是诗人，忙碌中也不会无诗。这期间的诗作中，最释放这位年轻人的心情的诗，就是七夕之夜的《七夕词》：

> 阑干独倚四更迟，良夜璇闺寂寂时。
> 侬道年来息尘妄，凭谁说与双星知。

独倚栏杆，想象着那美好的闺房，逝去已近年的未婚妻啊，那深深的思念，"凭谁说与双星知"呢？就如同牛郎织女相隔银河，永无相会之期。

11. 沈家本在铜仁之二

一场虚惊，一夜惊魂，稍事休息，明炮已响（亦如晨钟），起床梳理。已是八月中秋佳节，沈大老爷依俗出门拈香，公子沈家本料理署内日常事务：派人至八门①查保甲，亲自与协台一起到头天夜晚出事的北门外查究，看有无可疑之人。看到百姓生活正常，未见惊恐现象，心下稍许踏实。

中秋这天全府是轻松愉快的。午饭后与寅、春二兄（俞氏后人，应该是沈家本舅舅的公子，随沈丙莹入黔）侍母亲玩骨牌游戏。晚上灯后，又打天九牌。是夜沈大人还要出门查夜，家人们也就借此熬夜，做些打牌这类的游戏。（沈氏平时严格早睡早起之规，无故熬夜，是不准许的，当然像沈家本秉烛夜读之类是不在禁止之列的。）三鼓后大官人出署，四鼓回署，遂散场就寝。

这个中秋，午后阴雨，入夜又是细雨绵绵，不见月光，沈家本感到"孤负良辰，为之怅怅"。

---

① 明嘉靖二十九年（1550年），重修铜仁城墙。开启，除东景和门、北拱辰门、西阜城门，西面为方便百姓取水，开便水宾阳门；南面，建正南门或称清流门、中南文昌门和下南迎薰门三个门，共七个城门，关闭了老城东门。光绪十六年（1890年），铜仁知府冯蕢鹏采纳了城内父老的建议，重开老东门。故总称八门。

十九日是寄簃公母亲俞氏生日，合府人员及同城文武官吏都来祝寿。礼物不拘，来者均在府中吃面，人来人往，午后始散。之后，才轮到沈家本带领诸弟磕头拜寿。也是忙碌且快乐的一天。

二十一日这天得到消息：大行皇帝①于七月十七日寅时升遐，皇太子即位（同治），遗命以载垣、端华、景寿、肃顺、穆荫、匡源、杜翰、焦佑瀛为顾命大臣。官员一律穿白袍，传言二十七日同治登基典礼，但一切典礼尚未奉有明文。不论什么典礼，府衙一切政务，还得照常。很快秋天来了，又是一年九月九日，登高是文人墨客之雅事，沈大人自不例外。重阳寄簃公日记："重阳节，晴。申刻随椿闱暨曾枢元观察、冯仲慈年伯、郭春三记室再登东山。秋深矣，木落峰高，又是一番景色。"

这天的东山之游，笔者的高祖菁士公和曾祖寄簃公父子各有诗留存于今。父子并非唱和，故此诗句各有所寄。菁士公的诗《东山登眺和郭春三记室韵》：

> 云烟四面碧峰双，襟带黔阳接楚邦。
> 夕照淡栖延鹭埃，春波浮动钓鱼艭。
> 创痍厄尚怜兹土，心迹清能鉴此江。
> 为爱纪游诗笔健，巴人聊和郢中腔。

未见郭春三的诗作，但菁士公的这首七律却道出了自己的心迹。诗的前两联生动地描绘了东山接连湘楚的地势与山水相映、渔舟荡漾的秀丽风景。第三联"创痍厄尚怜兹土，心迹清能鉴此江"就借景抒情，道出了自己虽然受到严重的伤害，仍然忍辱负重勤力政务，自己刚正清廉的心迹，锦江流水可以为证。因为热爱这片土地，一片平常心无求于人，也不需谁来记下自己的功勋。五十六字的短诗，看到了一位清廉自律的官员内心独白。这大概就是沈氏门庭传承的家风，寄簃公的性格不就是这样的吗？

---

① 皇帝死后，谥号未立之前的称呼，此处指咸丰皇帝。

这次出游，寄簃公沈家本写了两首诗，第一首是《九月侍家大人登东山，同游为曾枢元观察（璧光）、冯仲慈年丈（拱辰）、郭春三记室（子元），即目纪事，成长律二十韵》：

几日秋光好，霜风着意吹。
催寒成令节，寻胜趁晴曦。
缓缓襜帷驻，依依杖履随。
龙山劳企想，鱼磴许攀追。
碍帽平林密，抠衣仄径危。
丹垣张仲殿，绀宇葛侯祠。
老树名难识，残钟岁不知。
亭空留断瓦，楼古访遗碑。
近瞩神偏逸，遥瞻境倍奇。
铜崖高对峙，石笋秀旁迤。
半壁横孤幛，双江汇别支。
峰峦罗若带，城市布如棋。
小憩离僧室，闲评画幰诗。
紫草怜饮薄，黄菊惜开迟。
子固鸿才富，文黑隽辩驰。
聿偕书记美，浑忘主君疲。
弱植洵多幸，良游正及时。
把莫吟醉什，囊露动遐思。
嘉会诚难再，遄归傥可期。
便乘鲈鲙熟，命驾返东篱。

一首二十韵的长诗，记录了一次难得的郊游，风景历历在目，人情栩栩如生，最后的几句却透出了与菁士公相同的心境。因为这时，父子俩已经意识到，此时当道的贵州巡抚和按察使，已经无法容忍沈丙莹这位不肯阿谀输财的署理铜仁知府了。"嘉会诚难再,遄归傥可期"近乎白描地道出了现实。用今天的白话,就是"离走人不远了"。

沈家本的第二首诗,题为《东关即事》,是一首五言律诗:

> 萧槭暮川秋,秋光满一楼。
> 晚凉临水阁,人语倚滩舟。
> 山净月逾皎,林高霜已遒。
> 凭阑谁共赏,把酒忆良俦。

完全是寄簃公自身灵感的发作。在这晚凉人稀的东关亭下,"山净月逾皎,林高霜已遒",谁与自己凭栏共赏呢?只有独自一人"把酒忆良俦"。忆的是哪位挚友?是北京的旧交还是逝去的未婚妻?任凭遐思。

不久沈丙莹署理铜仁知府的官衔,就被一个叫王云的人代替。十月十六日沈氏一家,搬离了铜仁府衙,暂居到铜仁书院去了。沈家本先生在《星軺馆随笔跋》中有这样一段叙述:"咸丰辛酉,先大夫权贵州之铜仁府事。地邻思州府属之路溪,教匪谋于路溪,举旗起事。先大夫诇知之,预为备。贼至,亲乘城守御,炮毙其悍酋,贼退聚路溪。复亲率团勇越境攻之,贼散走。次第擒获著名匪首数十人,事遂定。其时贵东道韩超赴省,道出铜仁,有所希望于先大夫。方值筹兵筹饷,自不暇给,无以应之也。韩至省,旋署臬事,进谗于当事者,以王云来代。王云者,湘中小吏,以资得官,曾以四百金执挚于韩门下者也。未几,韩权巡抚事。先大夫返省,闲居多暇。"沈丙莹是皇上正式任命的安顺知府,虽已去职,也只是省里的调动,并没有中央的认可,所以只能到省城贵阳坐等,前途未卜,只好令沈家本侍奉母亲,带领着弟弟们离开铜仁,迁到长沙暂居了,那里还有俞氏亲眷可以照应。

12. 寄簃公中举记

范进中举世人皆知，令人唏嘘，沈家本中举却是一帆风顺，一举得中。

同治三年（1864年）父亲沈丙莹休致，沈家本援例到刑部做了一个候补郎中。这个候补郎中，比照今天在中央部级单位，就是一个科员。要想升迁，就得拿下功名。这就是中国延续几千年的知识分子的唯一道路——科举。同治四年（1865年），补行因咸丰皇帝大行停止的辛酉科。[①] 于是寄簃公上班后的第二年就请假回乡参加补行乙丑科乡试了。（清代规定，参加科举考试是可以请假的。）考试时间是八月初八开始，沈家本六月中告假，十九日出发回浙。这天日记："巳刻由兵马司后街（宣武门外全浙会馆所在地，时沈家本租住于此）开车出东便门，二十五里双桥，十五里通州，进西门，宿北门永茂店。"第二天从通州河坝与几位同行的朋友，租了一只侉子船，讲好船费大钱五千五百文，吃饭每顿四十文。于是上船，沿着大运河，开始了返浙之行。在小船上荡漾了两天，到天津河子庙码头上岸，准备转乘火轮[②]。为等南行的船票，又在天津盘桓了四五天，二十八日，上了"行如飞"火轮船。二十九日，凌晨4点开行，午间1点钟开入黄海洋面。那时的火轮，吨位小，一遇风浪便会颠簸，大风大颠，小风小颠。寄簃公所乘"行如飞"号火轮，这天一出海，就遇上飓风大作，船行上下颠簸前后摇晃，满船客人呕吐者大半。沈家本也同样肠翻胃倒，万分难受。直到入夜风稍息，才算舒服些。寄簃公的《出大沽口遇风雨》诗记录了这段惊涛骇浪的历程：

怪雨连天势，重云杂沓围。

飓风掀浪起，阴火炸芒飞。

[①] 清时科举考试，规定照例每三年举行一次，逢子、卯、午、酉年为正科，遇皇家有喜庆之事，如皇帝大婚、大寿、得皇子、太后圣诞等，就会加科考试，以示万民同庆，加恩于民，所以称为"恩科"；因国家重大不幸事件，如皇帝大行、全国大灾等之故暂停而后补考的则称"某某年补行"。

[②] 当时的一种装了蒸汽机轮的较大型的木船，用煤炭烧锅炉，产生蒸汽为动力，故称火轮。

>　　汩汩鼋鼍骇，茫茫岛屿微。
>　　中宵余怒恣，伏枕梦多违。

即便"入夜风稍息"，也是"余怒恣"，就是睡觉，也是噩梦不断，时时惊醒。

七月初一日下午2点在烟台港停泊，因火轮加水、加炭和补给、上下客人，要停留到6点钟才开船。寄簃公派随行的大江上岸，给刚刚到任的山东盐运使、堂姐夫潘霨送信。回来时，带来了潘霨送给内弟的四十块钱，算是赠予的盘缠。长期跟随潘霨的姚梅卿也一同来船看望，亦有所赠。初二日火轮在黑水洋①上航行，茫茫大海中，随船南行，初四日中午1点进入吴淞口，2点钟至黄浦。换雇小舢板船至二摆渡三记码头上岸，下榻在客房简陋房价便宜的盆汤衖大昌客栈。

初六日，搭乘到菱湖的客船，经过金泰庙、黄渎、白湖港、青浦、章练塘、陆家港、塘汇、新场。十一日经乌镇、双林，傍晚到了菱湖，在船上休息一宿。第二天清早用钱五百文，雇了一只帐船，午刻到了湖州，小船一直摇到南门，上岸，回到了阔别已久的遍吉衖旧宅。在湖州，当然免不了走亲访友。尤其是那些儿时的玩伴、长大后的书友，久别重逢，有说不完的话。当然，备考是更重要的内容。老宅不能久留，二十一日早上9点与父亲一起，登上到杭州的帆船，二十三日早晨，穿过杭州艮山门，进城到菜市桥上岸，至延定巷②住进了一处客栈。下午在父亲的陪同下，去贡院看了号舍③。父亲有自己的活动，沈家本则是或读书，或会友相互参酌，进入备考的氛围。二十七日父亲回了湖州，沈家本二十八日到学署参加了预考。不巧的是二十九日，午后觉头额胀闷，晚饭后服了痧药，第二天却发起烧来，考试临近，心急如火，寻医问药，虽有好转，却总不彻底。拖拖拉拉，八月初八带病进了

---

① 黄海东部一带海域。宋元以来，长江口以北至淮河口，海面含沙量大，水呈黄色，称黄水洋；其北，海水较浅，水呈青色，故名青水洋；山东半岛东南洋面，海水较深，水呈深蓝，看似黑色，称黑水洋。
② 杭州延定巷，当时是赶考学子下榻的聚居地。
③ 古代贡院考场，为防止作弊，每人一室，仅放一床、一凳、一桌，称号舍。

追寻曾祖沈家本先生的人生

考场。进入考场也是个大工程,学子要一一验明正身,查清随身所带有无违禁之物。从早上5点缓缓排队,轮到沈家本已经是傍晚7点多了,这对感冒未愈人倒也是个考验。第二天才考试,本可整理一下思路,做些准备,然而疲惫的寄簃公,只能倒头入睡了。

初九日天明题纸来,日记写道:"头题'君子无众寡,无小大,无敢恦'。首题'得一善则拳拳服膺而弗失之矣'。三题'禹思天下,有溺者'一节。诗题'红树碧山无限诗'得'诗'字。二鼓文、诗皆脱稿,即就寝。诗题不知出处,号舍相传为章碣登高诗。"① 初十日天一亮,就把已经答完的试卷稍作删改,誊写清楚,下午3点交卷出场。回到延定巷的住处,准备下一场考试。

十一日五更即起,黎明赶到贡院,和头天一样,挨牌点名,进场也是午后了。这天稀稀落落的小雨下了一整天,无事可为,闭目养神,默诵《易》《书》《诗》《春秋》,猜想着考题,沉沉睡去。刚过12点,已经在叫起了,1点刚到,题纸来了,就着昏暗的灯光,看到:《易》为"君子黄中通理"(《周易·坤》),《书》为"知人则哲,能官人。安民则惠,黎民怀之"(《尚书·皋陶谟》),《诗》为"自今以始,岁其有"(《诗经·鲁风·有駜》),《春秋》为"秋,郯子来朝,昭公十有七年"。《礼》为"五声六律十二管,还相为宫也"(《礼记·礼运》)。这些题目,对寄簃公并不为难,构思腹稿,天明提笔,除了吃饭、解溺,一鼓作气,夜间12点多钟,已经全部完成。略作修改,搁笔入睡。十三日天明起床,修补誊写。下午3点,交卷出场,考试就剩下一场了。

最后一场的考试,程序与前两场无异,只是十四日进场速度快了许多,这大概是点名的官员和应试的学子都比较熟悉的缘故。十五日,仍然是三鼓题纸到,看罢题目,心中有数,捉笔直书,因几天来连续长时间用笔,手指僵痛,但已经顾不得了,聚精会神一鼓作气,到中午1点多钟就交卷出场了。

从初八到十五,整整八天紧张考试完结了,感冒也好了,寄簃公感到一身的轻松,剩下就是等待榜单了。回想几天前带病入场的艰难,沈家本写下

---

① 章碣,唐代诗人,有《癸卯岁毗陵登高会中贻同志》诗,简称"登高诗"。

了七言绝句《扶病入场》：

> 远逾江海赋归来，献艺风檐寸晷催。
> 扶病莫嫌腰瘦损，月明三五强衔杯。

免不了与同场相识朋友聚会，又和舅舅及表弟们在杭州游览一番，二十六日雇了一叶扁舟，回到了母亲的身旁。

九月初九日，整日阴雨蒙蒙，气温也略有下降，趁着凉快人们早早入睡。沈家本却难以入梦，因为明天的凌晨，应该是揭榜的日子。虽然自己心中蛮有把握，但一天不发榜，心里总是不能踏实。杭州的榜单传到湖州，总得多半天的时间啊。第二天的下午5点，报录终于来了，榜单上：湖州沈家本第62名，与他同场的还有第152名的竹安巷吴梅生。同城的亲朋好友，祝贺的络绎不绝，足足热闹了三天。

兴奋之中，寄簃公却时时感觉惆怅与忐忑。他在事后游夹山漾写下的《夹山漾秋泛》诗中，就透露了这样的心情：

> 秋高放棹白云隈，残戍西风猎猎催。
> 一树斜阳红断处，道场山翠入船来。

猎猎催的西风，使他想到了这举子中式，不正像"一树斜阳红断处"，未来的命运之船，还等待着自己努力撑进。

13. 沈家本赴津上任记（一）

光绪十九年（1893年），沈家本终于要离开磨砺了33年的刑部了。

自从八月十九日接到任天津知府的谕旨，沈家本就特别忙。一是公事：圣上给了这个差使，办《谢恩折》这是首要的，不过这是大同小异的官样文章，就由同年①李玉坡代理；第二天又是皇帝的接见（当时称作"引见"）；

---

① 指同一年科举得中的举人或进士。

之后就是交接秋审处和奉天司的工作，这是重头戏；再就是拜会相关的诸位上司，如刑部尚书薛允升、主管海疆事务的军机大臣张之洞、直隶总督李鸿章等，也是很重要的活动，这等于是请教天津的政纲。二是私事：私事的首要是把大女的婚事提前，定下的大女与汪伯唐（汪大燮）的婚事，因有此一变必得提前，于是一套嫁女的程序必须完成；还有就是迎来送往，有为升迁道贺的，有为婚事道喜的；再就是参加各种活动（主要是吃饭、看戏），告别奉天司、秋审处的同人；将赴天津任职，所以直隶司、天津司算是欢迎，还有好友的道别加祝贺等各种名目的宴会，抽空还和二女儿未来的公公徐用仪见面吃了饭。不过当时是没有公费请客的，譬如沈家本宴请同人的告别宴会，就是沈家本自己掏钱的，薛允升宴请沈家本送别兼祝贺的宴会，当然会有刑部各司主管官员作陪，就是薛尚书自掏腰包。总之是没地方报销的。时间实在不够，于是就到吏部请假一个月。年过半百的沈家本，着实累得可以。

"十月初一日，在吏部销假。""十月初十日。赴吏科画凭。午后吏部书吏送凭来。"①"凭"就是文凭，也就是现在的调令、任命书。拿到"凭"就准备出发了，于是最后办好交接，算是与刑部正式脱离了关系。

这里要抄录一段日记内容分享读者："十六日。怀绍翁召饮。召饮不及全记，今日后不赴召。因闻署津守李公病甚，津令为李搏霄同年，催令早到省也。两月以来百忙之中，拟《秋审比较成案凡例》，选馆稿纂《会典事例》。昼日酬应，灯下则握管。已形左支右绌，三五日又要摒档行李。每日至四鼓始克就寝，精神疲敝，不可言状。兹定于十八日动身，不能再迟矣。"这段日记，一可见沈家本之忙，使人叹服的是"昼日酬应，灯下则握管"，实在是令人感佩这位年过五旬的沈家本先生的勤奋与认真。

终于十月十八日未正（中午1时）三刻登车启程了。经过三天的行程，二十一日十二钟二刻到了省城保定，在唐家胡同天元店下榻。

---

① 1893年日记。

天津虽然是海疆重镇，但当时仍是直隶省下辖的一个市，新任天津知府必须先到省会保定报到。

一路下来，沈家本心情是愉快的。虽然这外放来得太晚了，但得到的这个差使，的确比自己父亲当年的贵州安顺，要幸运得多；同时也有些许忐忑，因为虽然有三十多年刑部资历，但毕竟这是第一次做地方长官，还是要面对许多未知的事务。老人家爱作诗，应该是一路行程一路诗。但到保定之前算上与刑部同人道别的诗《出守津郡留别同人》却总共只有三首（另两首是《窦店口占》《松林店早行》），或许是思考的具体事物太多，没有激发诗意的灵感吧。《出守津郡留别同人》表达了与刑部同人多年的情谊和分离的不舍："此日一麾津海去，何时重与话尊前。"《窦店口占》则是表达了一种感慨"莫嗤见卵求时夜，荒店先谋二卵难。（是日求鸡卵不得，土人言水荒之故。）"这里的"土人"泛指当地居住的人，并无任何轻视和侮辱的意思。两句诗描写了窦店水患造成的经济萧条，连个鸡蛋也买不到的情景。这是当年赴黔路上所经验过的情景，因而引发了沈家本的感慨"粗粝但能共一饱，何须苦恋大官餐"。再往前走，到了松林店，这里本是刘备的故里，刘、关、张桃园三结义的遗址，本也是一个热闹的地方，但今天却是"四更漏转策霜蹄，雪净沙平月色低。满目荒莱生计苦，连村到晓不闻鸡"（《松林店早行》）。更是一番凄凉景象。窦店鸡蛋难找，松林店周围的村庄，却连报晓的鸡鸣都听不到了，可见百姓的生活是何等艰苦。沈家本记下这一情景，是不是也记下了直隶辖区的"政绩"呢？

在省城，主要是报到，然后就是拜会各位省级领导。"二十二日。晨谒见藩台裕长、臬台周馥，均单见。"藩台就是布政使（相当于现在的省长），臬台就是按察使，主管省司法、治安一类事务最高长官，相当于分管司法的副省长。谒见了首长，顺便到院幕府缴凭，这才算是正式报到完成。院，就是藩台衙门，清代地方政府，也有对应中央六部单位，承办具体事务，统称幕府。

谁知在谒见藩臬二台时差点出纰漏，说来笑话。

沈家本做了几十年小京官。在京城各部衙门上班，服装是比较随意的，一般不用穿补服戴官帽，哪怕是去见尚书、侍郎，也可以便衣觐见，而且礼节也是作揖打躬，上班就是上班，开会就是开会，也不用站班听询之类。地方则不同，规矩甚严，面见藩臬之类长官，需得像进宫见皇上一样礼服官帽、跪拜请安。这天去谒见藩臬二台，沈家本还穿着当年在刑部上班的服装，出门上车，这时在直隶当差的原刑部好友郭存甫来接，见沈家本这身装束，忙说，这身打扮去见藩台，不挨骂才怪。别忘了这是在地方，见上司是有规矩的。沈家本这才恍然大悟，其实出来之前，是有人提醒过的，只是因习惯而疏忽罢了。只好再回客房换了官服，才上车。要不是郭存甫来接，还真是要闹个尴尬场面。第二天到藩署站班，沈家本也是不知怎么随队，还是请教了郭存甫，才勉强跟上。沈家本深觉好笑。《初到保定戏题》诗为记："久习京曹礼数宽，骤倚外吏整衣冠。强持手版趋跄拙，细认头衔辨别难。缅想昔年都会盛，幸逢今日海疆安。循良遗迹仪龚遂，报最应惭咏素餐。"三、四两联写得活灵活现："强持手版趋跄拙"，勉强双手握持着手版，依礼跟班的动作，显得很笨拙。在京城，即便是皇上召见，如他这样的品级，都是问而答之，无须双手持手版进到御前，所以沈家本也没这习惯。怎知到了这地方还有这样的习惯，自然是十分勉强的。跟班的礼节，也是头一回见识，自然是十分笨拙。四联就写了一个现状，张三李四都不认识，只好凭据官服花色判断辨识了。一曲戏题，真是生动活泼，也流露出当时的心境。

完成了各种的繁文缛节，"二十七日。晨赴藩、臬、道三署禀辞"（日记）。这是最后的礼节，"二十八日，八下钟一刻五分开车"（日记），前往天津上任去了。

14. 沈家本赴津上任记（二）

光绪十九年（1893年）十月二十八日沈家本先生从保定踏上赴津上任之

路。十一月初一日到了静海县（静海县现在已经是天津府管辖地区了，当时天津府辖天津县、静海县、青县、南皮县、盐山县、庆云县、沧州六县一州），已经是晚上7点了，为了不打扰静海县的官员们，绕道在城外行走。结果还是被发现，署理静海县令史仲甫派县衙前来迎接，并说已预备公馆，但沈家本还是婉拒了。又走了二十五里到梁王庄才打尖。天津府衙门的书吏人等已经在半途迎接这位新任太守了。沈家本觉得没必要这么多人陪同，即着令先回。进入天津县境，境内小稍直口，有官办的驿站。"天津县先以轿来，迓至小稍直口茶座。搏霄同年暨经历缪静泉、海河主簿费绳甫、北署仓大使黄竹泉、天津署县典史俞仲山、武仲仑大令均在座，小憩即行。"（十一月初一日日记）即进城入住了浙江会馆。浙江会馆，坐落在东门内户部街原浙江乡祠旁，光绪十二年（1886年），由浙籍长芦盐运使严信厚等发起，众浙商出资响应，在原浙江乡祠旁兴建，与乡祠相通。因城市改造，已经消失。据说户部巷浙江乡庙尚在，且庙内尚存《浙江会馆重建碑记》一通，笔者不曾考察，不知所传确否。署理天津知府的李少翁尚未腾离府署，即使已腾空，也得整理后才能入住，沈家本作为湖州人，又是新任知府，暂住会馆也是理所当然了。

第二天，开始了上任的前期准备。首先就是谒见直隶总督李鸿章。直隶总督府设在直隶首府保定（现在保定直隶总督府，已经是全国重点文物保护单位，也是现今全国保护最完善的一座省级建筑），但由于天津的地理位置越来越重要，无论是海疆港口还是大运河的漕运码头、铁路通衢，实际上已经成为京师的大门，特别是两次列强入侵，使清政府明白，天津是一个重要的军事要塞，所以直隶总督的驻扎重点，逐渐前移到了天津。只有入冬封海，海港停止船运，才回到保定的直隶总督府。沈家本到了总督行馆，递上名刺，门丁禀报李鸿章，得到的答复却是"中堂偶感风寒，令明日往见"（初二日日记）。那个时代，通信不便，要想见某人，一般是要事先投送一份书函，说明自己是某，因何事求见，即投刺，之后就等待回函，或约定时间或予拒绝。像这种公事的拜谒，就只好登门投刺，能否见到，就全凭运气。本来沈家本谒见，李中堂是没有理由不见的，但或许另有原因，不便立时接见，就会找个缘由推迟了，像这种"偶感风寒，令明日往见"，便是很正常的事了。无奈只好转而去拜会在津的其他省级道府如漕运、海运、海关以及天津府的直接上司天津道等，转悠半天只见到了署理海关道黄花农。回到浙江会馆小憩，下午再去。这些将来要常打交道且高一级的衙门是必须去拜会的。

初三，沈家本如约谒见李中堂，因为是熟人，并不拘束。李鸿章介绍了许多天津情况，并说津守邹岱东因病出缺，由李少翁署理，李守身体亦不佳，正在告病，不能胜任。津府事务繁多，所以要沈家本尽快接印，尽早办差。于是初四日抓紧时间继续到各道衙门沟通。晚上又收到李中堂手札，请沈家本尽快商量接印任事。接到这催促手札，沈家本立即把中堂的意思转告天津府各房书吏人等（清代知府衙门按吏、户、礼、兵、刑、工六房为具体办事机构，直接为知府服务，置典吏若干人承办），并通告各司署（除六房外，知府衙门还设有经历司、照磨所、司狱司分别管理府衙的财务、文书、监狱等事务），定于初六日上午9点到府上班，并一一前往通告天津的上下各衙门，新任知府初六日正式上班，届时即可到本府办事。顺便也了解一下没接触过的天津地方事务。初六日一早"辰正出北门进东门，祭门。到署祭两祠。拜印升座，礼毕"（初六日日记）。出北门进东门，是因为府署东门建有仪门，凡初任知府需得在仪门处的门神神龛上香行礼，谓之祭门，以求百事顺利。沈家本先生未必信，但是常规礼节，自然是随俗就便了。进得正堂，就算是上班了。于是开始检阅陈放多时的各种书函文件，不时找来各方典吏、序吏、书吏等人询问各种事务，十分忙碌。"初七日上院（直隶总督在天津的驻地称'直隶总督行馆'，因直隶总督兼管北洋大臣事，故又称'行院'，简称'院'），中堂问以接印后何日移入署中，答以李守病未愈，尚无移居日期，中堂传徐巡捕往询李守，问何时腾房，李守回明，初十日一准腾空。"（初七日日记）

初九日下午，李鸿章为答谢帮助建立新医院的外国医生、工程师，宴请这些外国客人，沈家本奉召作陪。下午6点钟，到了新医院宴会厅。沈家本初九的日记中记下了当时的情景：

> 到者二十余人，女医士亦在座。新医院者洋医学堂也，聘洋医为师，学生四十人。院新落成，张筵为贺，宴外国人。列长筵，中堂为主人居中坐，各国使臣暨司道以下凡与宴者，以次围坐。坐次预定，以牌写衔名，依牌自入坐。不让食，有食单。人各一器，一器至，人各自食，亦不让。酒五六种随意饮，亦不让。食毕，中堂即各散。

这是沈家本第一次见识西餐，也是第一次与外国人同桌吃饭，很有新鲜感，故日记颇详。

初十，署理天津知府李少翁终于腾出了知府衙门。午饭后，沈家本就到署中巡视，正好天津县左子荣大令到署拜会，天津县府署也在天津城内，与知府衙门不太远，所以来往较为方便，就邀他一起巡视。前前后后看了一遍，只有西院比较适合居住，于是定计在西院为知府家眷驻地。顺便就请左子荣协助饬工修理，并嘱曰"略为变易"为佳。修缮即使再"变易"总得几天时间，为了办事方便，第二天上午就移居署中了，满院子砖瓦灰石，乱乱糟糟，只先找一间较为干净的屋子下榻了。一切等修缮完毕，接了家眷再安排。

经过十几天的工程，房子修好了。二十日中午，夫人、孩子们自京至，生活也就绪了。

自此正式开始了他人生第一次知府生涯。

15. 天津太守沈家本记录的甲午海战

半年多的天津知府生涯，终于理顺了。

这期间，除了天津地方事务，就是迎来送往。天津是南北通衢，大运河的码头、京张铁路出京第一站、塘沽海港，都集中在了天津，是大小官员京城往来的必经之地，所以迎来送往占去了很多时间。这段日子值得一提的是李中堂委审遵化州武生孙诒谋扎伤大功兄孙献身死一案。因为是伊犁将军庆祥纠参，又有遵化州署牧冯清泰纵令书差情事，所以必得异地审理。沈家本是三十年的老刑曹，所以特意拿到天津审理。再有就是三、四月份主持了天津地区的科举考试。

四月中科考结束，五月初三案件拟结。就是这天邸报传来了"朝鲜东学党滋事，占据全州道城"的消息。作为宗主国的大清帝国，自然十分关切朝鲜的政治动态。天津又有海疆要港塘沽，距离朝鲜很近，朝鲜事态极易影响天津，天津太守自然尤其关注。

沈家本六月十二日日记中这样记录：

朝鲜东学党滋事，国王来乞师。先派叶军门志超、聂军门士成统领七营前往。我兵甫至，贼即星散。而日人从而生心，陆续派兵万数千驻于汉城，我军在牙山相距二百余里。我驻朝使臣袁蔚亭观察欲我军进扎汉城，中堂恐生事，不许。叶欲移平壤，亦不许。日欲朝鲜改易西洋服色，归伊保护，朝王不肯。俄、英转圜，日不退兵。前月二十六日中堂有备战一折，久未得消息。今日有电旨，圣意决战，即日添兵前往。卫汝贵统盛字步队十二营，由鸭绿江，初意大同江，今大同江已有日船，故改道。吴育仁拨四营，江自康统带雇英国商船高升、飞鲸、图南三艘，载往釜山口。

二十四日又记：

图南二十开，飞鲸二十一、高升二十二开。图南，江自康统两营。飞鲸所载之兵已登岸。二十三八下钟，高升至，为日舰拦截。先遣六人来，令开往仁川，船主不肯。六人去即开炮，将高升击中。广乙、广甲、济远三船护送，广乙系铁皮船，开七十余炮，惜船身不固，旋为日舰击沉。济远被日打中三百余下，船上管带方伯谦逃避船内。大夫（副）、二夫（副）连开两炮，旋被日炮轰毙，炮夫又开一炮，日舰始不追，铁皮广甲亦驶回。又操江运船

113

一艘，载有洋枪三百支，饷银四万，为日人连船掳去并开。先于二十一，日人在汉城者，打入王宫，御林出来抵御，轰毙日兵数十名。众寡不敌，遂败溃，朝王、闵妃、大院君皆被掳拘禁。遂将中国使馆打毁，电杆砍断，故电报不通。此信由外国水电来，并闻日人已发兵攻我陆军，叶军在牙山无后应，危哉。

朝鲜因为当时还是中国属国，所以国君不可称皇帝而只能称王，王后也不能称后只能称妃；大院君，原是对先王的尊称或封爵，只有兴宣大院君李昰应是朝鲜王朝五百年来唯一生前获得"大院君"爵位的人。朝鲜哲宗无后，1863年去世后，李昰应嫡二子李载晃被选入宫中继承王位，是为高宗，就是文中的朝王。李载晃即位时年仅12岁，由其父李昰应赞襄政务，李昰应是现任国王的父亲，所以赠号兴宣大院君。

七月初二日记：

闻叶军在牙山与倭人三次接场，先小胜，后共杀倭人二千余，系二十五、六日之事。聂士成之力居多，然军火不继，恐终难支持耳。

初六日记：

昨日有叶军全营覆没之信，上院至巡捕房打听，言尚不的确。

第二天，沈太守得到的消息就更吃紧："闻叶军廿七、初一两次失利，诸将存亡无的耗也。江自康两营大约全军覆没。毅军四营、左贵宝奉军八营已抵平壤，人少不敢轻进。盛军沿途逗留，日三二十里，至今未到。平壤统领卫汝贵贪而刻，军心不固，此军亦可危。"从得到的消息中，沈家本尤其对海军的表现深恶痛绝。也是在初六这天的日记中，他这样评论："海军则全无心肝，中堂以临敌易将，兵家所忌，故不肯更易。岁縻六百万九年，于战竟不能得毫末之用，可叹可恨！"

之后日记中断断续续记录了朝鲜战场的战事消息，沈家本感到了战争的威胁。为了预防波及天津，他召集天津士绅商量赞助组织团练，又向李鸿章申报请求派军官操练，统带团练军队等。沈家本三番五次与地方士绅磋商，又往各官道请求支持，但是因为统带官员变来变去，团练一直不能成立。

到了八月二十一日，一场中国失败的海战消息传来。这天日记写道：

海军十一艘护送铭军赴义州，甫抵岸下锭（碇），遥见倭船十二艘驶来，我船赶即生火，倭船排一字阵，我船分为两行。德人汉纳根在定远船上，拉同丁汝昌共坐将台，言今日你要走，我即将洋枪打你，丁迫于势，故未走。副将邓世昌驾致远快船将汽机开足，铣进放一鱼雷，四炮击沉其最后之大船。倭船四面环攻，又击沉其船二。致远船亦被倭炮击沉，邓世昌为英人在水中救起，一臂伤未死。两军互相开炮，方伯谦管带济远船先逃，经远、扬威二船子药放（尽）还，搁于浅，被倭人火弹所焚，或言失火自焚。济远船首先逃遁，致超勇撞为两截，倭人旋退去，盖子药亦尽也。我军剩船七，受伤者四，须修五礼拜，此十八日之事。

海战失败，陆战并未停止，同天日记记曰：

十六日，平壤之师为倭人元山之军所袭，左宝贵阵亡，盛军溃，叶军亦溃退至义州。聂军门时在安州，师少而全。马玉昆所统毅军未溃，军装亦未失，有炮七尊，亦亲自督同运回，当是庸中佼佼者。闻元山领事用重贿遣一朝鲜人密告平壤诸军，言倭军万五千人由元山袭平壤，如以一军扼杨德，倭人即难遽出，而平壤诸军不悟也。其败也，皆人人所预料及之者，而当轴不悟也。

后面的日记，还有许多朝鲜陆战的消息及组织团练的事务。如：

（八月）二十三日。闻有密电，以倭人惯抄我军后路，义州孤城恐不可守。令我军退过鸭绿江，驻扎九连城，以固东三省门户，然不知屡败之后，能御其来否。是日奉上谕，宋庆着帮办北洋军务。德人汉纳根自海人回，今日带同受伤之德人四名见中堂，言方伯谦之先逃，中堂始据以入告。丁提督乞病假，刘步蟾代理。

二十四日，济远船改派林国祥管带，原带广乙。

二十八日，方伯谦于昨日正法。

（九月）初三日。与张戟门太守、李搏霄太令在署请绅董议团练事，以经费难筹，无人肯出头。搏霄言水会诸人颇高兴，万人可一呼而至，拟分段小办，略壮声威。

重九，宋军门已到九连城。

二十八日，今日电信言，倭人渡鸭绿江，从倭都统所守地段过来，甫渡三百人，倭都统兵即败退，电信宋军门派刘子珍前来接应。

二十九日。闻九连城已失，凤凰城亦不能守，所存军火运回辽阳州，其详未悉。

九月，因天津地区水灾严重，勘察灾情，开仓救济、呈请减赋等诸事，是乃知府当务之急，所以日记关于陆海战争的记录少了。这一年的日记也到二十九日，不知何故戛然而止。而1895年到1897年的日记，又因众所周知的原因阙如。沈家本记录的甲午海战，笔者也无缘继续了。最后用沈家本先生当时的诗作《有感六首》的尾联结束吧，因为这尾联，寄托了这位年过半百的天津太守对朝政的揶揄，也表达了他老人家的一点希望：

<blockquote>寄语塞垣诸父老，由来师克在人和。</blockquote>

16. 清末的一场未能终结的论争

迫于内忧外患的压力，与八国联军签订《辛丑条约》后，清政府确信只有进行法律改革，才能挽救王朝政权命运。于是，光绪二十八年（1902年）二月初二日发出谕旨："……着责成袁世凯、刘坤一、张之洞慎选熟悉中外律例者，报送书院，来京听后简派，开馆编纂，请旨审定颁发。总期切实平允、中外通行、用示通便宜民之至意。"二月二十三日两江总督刘坤一、湖广总督张之洞、直隶总督袁世凯连衔会保沈家本、伍廷芳在京开设修律馆，修订法律。四月初六日又发谕旨："……着派沈家本、伍廷芳按照交涉情形，参酌各国法律，悉心考订妥为拟议，务期中外通行、有裨治理，俟修完呈览，候旨颁行。"从此在中国历史上开展了一次令清王朝的统治者们意想不到的法律上的革命，使中国法律及其制度发生了天翻地覆的变化，使中国法治走向了现代化的道路。

这一任命也给了年过花甲的沈家本实现他孜孜以求的以法救国梦想的机会，也成就了这位中国近代法学第一人。

修律，开始是困难的，万事开头难，人力物力都难。沈家本就多次上书请求拨款、要求调派人员开办修订法律馆、编译外国法律著作、开办法律学堂等，这一般都得到了朝廷的允准，还算顺利。如删除律内重罚、去除重刑等都能顺利通过。像禁止买卖人口、禁革奴婢制等，虽然伤害到了王公贵族们的切身利益，受到了抵制，但也还是获准颁行了。有些如删除满汉不平等法律，其实是张之洞首先"奏请化除满汉畛域"的，虽然满贵族王公们十分抵制，但在汉大臣在朝廷的权重越来越大的情况下，也于无奈之中被允准。

但到了法律改革的深水区——修订"刑事民事诉讼律"和"新刑律"时就遇到了前所未有的阻力，甚至把沈家本推到危险的境地，逼到了墙角，迫使沈家本不得不申请辞职。

有人把这一时期产生的一系列论争归结为"礼法之争"。其实应该是"法法之争"，是中国传统法律观念与西方先进法律观念之争，是中国传统法律文化与西方先进法律文化碰撞与融合过程中产生的法的理念之争。

争些什么呢？其实核心就是接受西方"法律面前人人平等"法治观念，还是维持传统法治观念以法维护纲常礼教，维护旧律中的君臣、父子、男女等的不平等规则。

譬如修订诉讼法律。要诉讼，就得有诉讼双方；既有双方，双方就得同时具有行为主体的平等身份，这就出现了与中国传统礼教的冲突。如在法庭上，男女要不要平等，父子要不要平等，主仆要不要平等，官民要不要平等？这在今天根本不是问题，但在当时，问题就大了。光绪三十二年（1906年）四月初二日，沈家本、伍廷芳联名奏呈了《刑事民事诉讼法草案》。清廷将这个草案发交京师各衙门和督抚研究讨论签署。很快朝廷就收到了许多反对的奏章，尤以身为湖广总督，兼任主持新政的督办政务处督办政务大臣张之洞反对最为强烈。有人因此说他是"礼教派"的代表人物，他说：这个草案"坏中国名教之防，启男女平等之风，悖圣贤修齐之教"。而且张之洞提出了一个较为有力的"体用"之说，他指出：诉讼法和实体法乃"体用"关系，民法、刑法为之体，诉讼法为之用，体之不全，毛将焉附，所以在民法、刑法制定之前，并非诉讼法制定之时机。以今天的观点看，张之洞所说也不无道理。况且中国传统法，自汉以降维护纲常礼教就是基本原则。所以张之洞的主张得到了统治阶层多数人赞成，也获得了王朝的支持。光绪三十三年九月初五（1907年10月11日），清廷谕令修律大臣沈家本等，指出修律要"参考各国成法，体察中国礼教民情，会通参酌，妥慎修订"。如此，这部《刑事民事诉讼法草案》就被搁置了，也埋下了更加激烈的争论的种子。

光绪三十一年（1905年）修订法律馆先后指派章宗祥、董康、日本法学专家冈田朝太郎等人起草新刑律。光绪三十三年（1907年）八月二十六日，沈家本奏呈《大清新刑律草案》"总则"部分；十二月又将该草案的"分则"部分奏呈。清廷随即将之分送京师各衙门和各省督抚签注并要求提出修改意见。在两次进呈的奏折中，沈家本都说明了编订《大清新刑律》的宗旨、办法、内容以及省定法律内容的理由，并明确指出：《大清新刑律草案》的修订大旨是"折中各国大同之良规，兼采近世最新之学说，而仍不戾于我国历世相沿之礼教民情"。虽然已经注意到"不戾于我国历世相沿之礼教民情"，但是新刑律的许多条款，还是引起了坚持传统礼教、维护纲常的道德先生们的激烈反对。首先发难的依然是曾经保举沈家本担任修律大臣，自己也是积极的改革家、洋务运动的倡导与实施者的张之洞。

光绪三十四年五月初七日（1908年6月5日），已经是大学士、学部大臣的张之洞会同学部上奏，明确斥责《大清新刑律草案》不合中国礼教，指出：新律中较多罪名，罪重而罚轻。如颠覆政府、僭窃土地的首犯，不处死刑；侵入太庙宫殿射箭放弹之人，仅处罚金一百元，有违"君为臣纲"；伤害尊亲属致死、致残疾者，不处死刑，有违于"父为子纲"；妻妾犯殴夫、杀夫之罪不予重惩，有违"夫为妻纲"；亲属相奸归为一般强奸处罚过轻；律中无尊长殴杀卑幼之条款，且与凡人同例，是破坏"尊卑长幼之序"等，由此说明新律违反了中国传统之"纲常名教"。其中最为尖锐的是这个奏章差点写上"内乱罪不处死刑，有袒庇革命党之嫌"，几乎将沈家本投入大狱。张之洞把奏章拿给学部右侍郎宝熙，请他联署，宝熙看后问张之洞："你对沈家本这人怎么看？"张之洞说："此人学识渊博，为人坦诚，精通律学，也是个文墨之人。"宝熙又问："你和他有仇？"张之洞说："没有。"宝熙就说："那么你这奏章是想兴大狱吗？'内乱罪不处死刑，有袒庇革命党之嫌'一语足以将沈家本置于死地，将相关人等送入大狱，岂不是大狱由此而兴吗？"张之洞思考后，亦觉问题严重，虽心有不甘，还是去掉这句话，加上了"未婚妇女与人通奸没有治罪律条，尤其是败坏礼教"。张之洞的奏章一出台，许多见风使舵的人就顺风跟进，也对这些条款极力攻击。沈家本虽然躲过了牢狱之灾，但他和法部有关人员不得不共同对草案进行修改，并在正文之后附带5条有关维护礼教内容的条款，作为《暂行章程》。次年，以《修正刑律草案》为名，由法部尚书廷杰和沈家本联名上奏。

宣统元年八月廿一（1909年10月4日）张之洞病逝，但是争论并未休止。江宁提学使劳乃宣向宪政编查馆上《修正刑律草案说帖》，认为道德和法律并不能分立，提出干名犯义、犯罪存留养亲、亲属相奸、亲属相盗、亲属相殴、无夫妇女犯奸、子孙违犯教令等旧律有关伦常诸条都要修入新刑律正文。劳乃宣的这些观点，不仅得到当时主张在新法中强调礼仪纲常的大臣们的支持，还得到德国传教士、法学家赫善心的支持附和。沈家本为此撰文

《书劳提学新刑律草案说贴后》予以驳斥,指出"干名犯义""亲属相奸""亲属相盗""亲属相殴"等已包括在相关罪名条中,不需要另立条款;"犯罪存留养亲"会助长单丁凶恶之徒犯罪,嘉靖六年(1527年)已有上谕,"不编入《草案》似尚无悖于礼教"。明确肯定"无夫妇女犯奸"是"有关风化,当于教育上别筹办法,不必编入刑律中";"子孙违犯教令""全是教育上事……无关刑事,不必编入刑律中也"。杨度、冈田朝太郎、吴廷燮、董康等人也纷纷撰文,对劳乃宣的说法予以批驳。这些辩论延续到宣统二年(1910年)资政院第一次常年会召开,当会议进行到《大清新刑律草案》讨论的议程时,争论达到了高峰。"无夫奸"和"子孙违犯教令"成为辩论焦点,双方激烈冲突。会议由资政院副总裁沈家本主持,但他无法平息激烈的论争。尤其是杨度,以国家主义对抗家族主义,指出中国必须在法律上消除家族的各种特权,国家和人民之间,是直接的权利义务关系,国家对人民要有"教之之法"和"养之之法",国家要给人民以"营业、居住、言论等自由",法律必须公开,罪刑以法而定,反对比附,反对将有关礼教伦常的内容载入新刑律。劳乃宣等对此极力攻诋,他说:"子孙治罪之权全在父母,违犯教令应该治罪。"还说:"贞洁之俗乃是良俗,无夫更甚有夫,无夫之奸更应严加治罪。"争论异常激烈。1月6日,会议继续进行,仪场由资政院副总裁、副议长沈家本继续主持,议员争相发言,会场混乱。会议连续几天,议场继续混乱,僵持不下,议长决定采用表决方式。1911年1月10日,资政院召开第一次常年会的最后一次会议。由于支持"无夫奸"等内容写入新律的部分议员,抵制会议,当日到会议员只有129位,结果以69票赞成的简单多数,通过了新刑律草案的总则部分。次日正午12点,资政院总裁溥伦、副总裁沈家本、军机大臣毓朗,以及议员114人出席资政院闭会礼。礼毕出场时,年逾古稀,过度疲劳的沈家本在走下议长台位时,在台阶上不慎摔倒,使他在床上将息了三个月之久。

1911年1月15日,《大清新刑律》总则和分则由朝廷颁布实行,《暂行章程》也被一并颁布，资政院被直接跳过。之后沈家本被迫辞职，辞职奏章上，沈家本保留了三个月的交代期，以完成《大清新刑律》的最后工作。不久，沈家本又成为袁世凯内阁的司法大臣，最终完成了《大清新刑律》，又主持编定了《大清民律草案》。

1912年2月12日，皇帝颁布了退位诏书，大清退出了历史舞台。沈家本主持制定的所有法律，成为留给后世的宝贵遗产。

17. 端午之祭

沈家本先生逝世了。

1913年6月9日，也就是癸丑端午这天的午后，金井胡同1号沈寓大门挂上了挽幛，因为彼时破除旧习，所以并没有像前清达官那样贴出丧榜。然而沈家本逝世的消息还是不胫而走，一些记者在门前打听着消息。翌日的报纸上刊登了"前清修律大臣沈家本驾鹤西归"的消息。

家里人们可顾不得这些，几位爷聚在一起商量后事。

一切丧仪委托长椿寺殡葬部门派人操办。

棺木是早已备好的，从长椿寺运过来；丧服也是以人数、尺寸、名分，报给长椿寺，也很快送过来。寿衣也是老早按老人的意思备好存在长椿寺的，自然也是由那里的人一并带来。

昌平的大姑奶奶和大女婿汪大燮、二姑奶奶和二女婿徐士钟也都分别告假回来守丧。

司法总长许世英委托部署、毕业于京师法律学堂的吴兴乡晚王树荣（仁山）到金井胡同沈寓襄理丧事，一切有关事务都由王树荣提调。他在枕碧楼二层写好给司法部的呈文，又和沈家几位公子、女婿商谈丧事的安排，确定报丧发送的名单。

一切安排妥当，各司其事，忙碌开了。

长春寺专办殡葬的人开始张罗灵堂安置、入殓时辰等。

灵堂设在枕碧楼前，院子里搭起灵棚。

所有晚辈后人都一一套上孝服，孩子们的喧闹也停止了，院子里鸦雀无声、一片肃杀。

老人生前早有话留下，一切丧事要从简，尤不许弄什么诵经、道场，不得用糊纸人纸马之类烧活，不要出殡游街之类的劳民伤财的俗礼。

按此要求，一切丧礼，诸如入殓、上香、家祭等都按长椿寺的安排进行，直到傍晚灵堂才算布置就绪，在昏暗的烛光下，散发着浓郁的香烛气味，在悲痛与哀婉的氛围中，一家老小缓缓地依序参拜。晚上，轮流由二爷沈承熙、三爷沈承烈、四爷沈承煌（笔者祖父）轮流守灵。

王仁山叫人在进门天井处放了一张条案，准备了笔墨纸砚，以备来吊唁的人们留言题字。

6月10日一大早，大北照相馆的伙计送来连夜赶制的下边印有"沈子惇先生遗像"的镜框，挂在了灵堂的后山。

吊唁的人们陆续来了，最早的自然是常来常往的董康、周绍昌等，原来刑部、法部、大理院、修订法律馆等旧人，再有就是京师法律学堂肄业的诸多学子、尚在京师的冈田朝太郎等陆续到来。职务较高的司法总长许世英、大理院长章宗祥等一般人则是以官员身份前来吊唁，自然较晚。

大门口，王树荣充当提调，迎接吊唁宾客，四爷则陪出陪进，大姑老爷汪大燮由家人刁成陪同在前院南房（沈宅平时的餐厅）招待吊唁后休息的宾客。

6月13日，北京的6月已进入初夏，天气渐热，灵棚里更是闷热难耐，灵柩已不宜在此久留。守灵三天的老爷们商议，将老太爷灵柩移送长椿寺停放。长椿寺灵柩暂厝的庙宇建筑，干燥凉爽且通风，有些棺木甚至停放数年，尸身也不会腐烂。

正在议论，快到晌午之时，王树荣陪着总统侍卫武官萧星垣到来，他先在灵堂行礼，之后就到前院南房稍息，萧侍卫向沈家后人传达了总统令曰："前法部正首领沈家本精研法律，夙擅专长，自政体改革以来，赞助共和，勤劳尤著，兹闻患病身故，凡我国民，同深惋惜，应由国务院核议给恤，以彰崇报。此令。"萧星垣告知所有抚恤事宜，要等国务院呈文，经总统批示。沈家几位在场的后人，纷纷表示感谢。

这边，沈家人向王树荣说明了后面的安排。于是家中留下三爷和二姑老爷徐士钟应事，大姑老爷汪伯唐到部公务，四爷到长椿寺约定移灵殡送事宜，看好了暂厝灵房；二爷承熙去找李挺梁①取了依照老人遗嘱画的汉服画像，然后又到灵境胡同小朝廷的帝师陈宝琛宅，请其为画像题字。陈宝琛也迎合民国之变，叫免了沈承熙报丧叩头，还把沈承熙让进了书房。承熙先报告了家尊逝世的情景，又说明了来意。陈宝琛表示了对这位老友故去的惋惜和慰问，并说："听说沈大人过世，痛惜不已，写下七律一首，以表心声，既要为画像题字，就写这首诗，不知世兄意下如何。"说着拿起书案上已经誊就的诗作，递给沈承熙。承熙接过册页，见册页上用老到娴熟的书法，端端正正写着：

悼子惇仁兄

研经治律几能兼，硕果秋官见此髦。
重译讨论推法学，等身著述始郎潜。
沧形桑海聊观化，归梦湖山早避言。
敦仁俭厚神常在，典型长与世人瞻。

看着这首七言律诗，承熙感慨万千。当年修律，陈宝琛极力阻挠反对，对于共和虽无反对，但亦不支持。共和以后与沈家本亦无过从。然而陈宝琛并未因政见不同而捐弃人情，如今这首悼诗，充满了赞扬表彰，可见这位老人与父亲的情谊，也足见其品格高尚、重情重义，令人敬佩。陈宝琛

---

① 清朝末代官廷画师，曾为慈禧太后、光绪帝、宣统帝画像，沈家本先生生前与之过从甚密。

见沈承熙只顾低头沉思不语，便问："世兄有何见教？"承熙赶忙说："哪里哪里，世叔褒赞令侄感佩，就请题写上吧。"陈宝琛于是说："即使如此，不如尾联上句改为'一幅萧闲巾服在'，与画像更为贴切。"承熙答曰："更好更好。"于是陈宝琛唤来听差，研墨且把承熙带来的画像在书案上铺好展平。提起笔来，在画像上端留白之处，把自己的诗写了上去，又钤上印章：

> 研经治律几能兼，硕果秋官见此髦。
> 重译讨论推法学，等身着述始郎潜。
> 沧形桑海聊观化，归梦湖山早避炎。
> 一幅萧闲巾服在，典型长与世人瞻。

于是世上就有了现今流传的陈宝琛题字的汉服画像，可惜的是这幅画像在"文革"中消失，幸有笔者堂兄、沈家本三子、沈承烈之孙沈厚鋆留下了一幅照片，得以流传。

6月14日家人们做了在灵棚的最后祭拜，灵柩就移送到长椿寺，并没有吹吹打打的发丧仪式，不过是家人身着孝服陪同而已。

6月26日报上刊登了召开由许世英等86人发起的追悼大会的启事，启事对沈家本作了高度评价，宣布：

> 兹值沈子惇先生逝世，世英等至深惋惜。定于7月13日午后1时至6时假虎坊桥湖广会馆开追悼大会，凡我同人，务希莅会，同展哀敬之忱。所有挽章均请先期送交金井胡同沈宅王树荣君收存为盼。

7月13日湖广会馆一片肃穆，大厅里布满了法界同人送来的挽联。戏台大幕中间悬挂沈家本先生汉服遗像，两侧是袁世凯撰写的挽联：

> 法学匡时为国重，
> 高名重后以书传。（后来这副挽联镌刻了两根墓柱竖在了沈家本墓旁）

图 10　沈家本墓

追悼会由司法次长江庸主持，司法总长许世英、大理院院长章宗祥讲话。大总统袁世凯特派侍卫武官萧星垣到沈家本灵前致祭并宣读了袁世凯撰写的祭文。法学会以全体会员的名义发表了诔文。全国各地法界人士 200 余人到会志哀。各地报纸纷纷报道。

追悼会的祭文、诔词、挽联后来编成志哀册。

1913 年 11 月 22 日，由时任国务总理熊希龄和司法总长梁启超联名呈文总统袁世凯申明：碑文呈由大总统核定，在司法部衙门建立碑碣，永垂纪念。袁世凯随即在呈文批示："据呈已悉，应由国务院查照颁发。"

遵照大总统袁世凯的命令，司法部院中立起了以袁世凯名义起草碑文的"沈子惇先生之碑"，国务院发放了丧葬金 2000 元。

甲寅之春，汪大燮与内弟们集资，雇了一艘篷船，从通州码头出发，顺着京杭大运河，将沈家本先生的灵柩运回了老人生前朝思暮想的故乡湖州。

从此，从湖州走出来的一代法学家沈家本先生，彻底告别了长期客居的京师，也告别了他生活了十年的金井胡同和他亲手置建的心爱的枕碧楼……

给他的后人——我们留下了永久的端午之祭。

18. 寄簃公巧游颐和园

颐和园作为国家 AAAAA 级园林景区，已经成为世人向往的名胜，是北京旅游的必到之地。然而作为皇家园林，直到 1914 年，才以退位皇帝溥仪私产的名义，对外开放。1928 年，南京国民政府内政部正式接收管理，成为国家公园正式对外开放。之前那是皇家圣地，有擅入者，是要受到重罚的。据史载，李鸿章背甲午海战失败之过被免职，一直赋闲在家。光绪二十二年（1896 年）已经 73 岁的李鸿章接到谕旨，令其作为全权大使出使沙俄，参加沙皇尼古拉二世的加冕仪式，这也是重新起用的信号。在俄罗斯，李鸿章受到高规格礼遇。典礼之后，又在俄罗斯各地参观访问三个多月，所到之处，无不隆重接待。归来等待复命期间，得意忘形的李鸿章竟忘记了不得擅入皇家禁地的规矩，去了趟被英法联军烧毁，又被八国联军再次劫掠已成废墟的圆明园，不料被人参了一本。光绪帝下旨严责曰："本月十五日，李鸿章擅入圆明园禁地游览，殊于体制不合，着交部议处。""寻议革职。得旨，加恩改为罚俸一年，不准抵销。"一品大员李鸿章尚且如此，何况位卑职低者或平头百姓了。沈家本，即使后来成为二品大员，也是无召不能擅入的，别说当时不过是个五品郎中了。所以光绪十七年（1891 年）沈家本先生得以"假公济私"又不违制地游了一回这万圣之园，便也值得一记了。

起因是咸丰十年（1860 年），清漪园被英法联军大火烧毁。光绪十年至二十一年（1884—1895 年）亲政时期，为慈禧太后退居休养，以光绪帝名义下令重建清漪园。因经费所限，只得集中财力修复前山建筑群，并在昆明湖四周加筑围墙。取颐养天和之意改名为颐和园，作为离宫。这之间亲政、垂帘、修颐和园、扩建北洋海军；慈禧、光绪、帝师翁同龢、各路亲王、北洋李鸿章等王朝权贵之间有着复杂的政治权力角逐，也和甲午海战失败有着密切关系，本文就不去理论了。

追寻曾祖沈家本先生的人生

　　光绪十七年（1891年）五月初二日户部右侍郎徐用仪受命承修圆明园之八旗兵房工程。工程包含兵房1726间，原估银十八万三百七十两四钱六厘。遵照奏章，应领三成，实银五万四千一百一十二两一钱二分一厘八毫。经费不少，要选派十六名监督员，奉旨由户、刑两部各出8人，均在两部司办主管中选派。户部派了惠昌、启约、葛宝华、那桐、郑思赞、崇源深、林开章、许之澄，刑部派定瑞多布、攀桂、张成勋、灵昆、冯钟岱、沈家本、汤似瑄、李念兹。其中与沈家本过从较密者只有攀桂和灵昆。攀桂号月娇，是己未孝廉，与徐堂同年举人，只是会试屡试不中，官运更与徐用仪无法相比。灵昆号乐峯，是吏部侍郎松寿泉之侄。此项工程交派徐用仪承办，也是因松湁（号寿泉）力荐，其胞侄自然在备选之列。这位承修工程的徐用仪的二公子，多年后成了沈家本的二女婿。

　　工程准备，如找包工的匠人作坊、准备各种原材料等费去了半个月的时间。当然这是另有人操持的，与这些监督员没有具体关系。

　　五月二十日圆明园营房就要开工了，开工典礼承修主持人徐用仪是要到场的，监督员也得一一与所管各部分头目见面。于是十九日十六名监督员商定一起赴海淀工程场地。"早五下钟三刻开车出阜成门，八下钟到海淀，距西直门十二里，西街天俭木厂裕盛轩预备。同人尚无至者，随后陆续到。"（五月十九日日记）开车，当然开的是马车，所以从宣武门外经阜成门出城到海淀西街，用了两个多小时。上午办完接洽诸事，就等第二天上午的开工仪式了。午后无事，有人说颐和园工程未竣，不禁外人游览。灵乐峯找到兴隆木厂老板询问，果然如此，这老板自告奋勇引道前往。于是这些监督员们由海淀西街往北走了五六里，到了北宫门口。进了宫门，原清猗园经兵火之后半归瓦砾的情景历历在目，修葺工程未及一半。"进宫门为朝房，由朝房北行至乐寿堂后，乐寿堂已经修好，新近太后出郊在此税驾。"（五月十九日日记）税驾，即脱驾，将拉车的马匹从车辕上卸下，就是休息的意思。"税驾"一词较早出现在《史记·李斯列传》，有李斯曰"物极则衰，吾未知所税驾也"之语。沈家本等一行人"上后山西行，历香岩宗印阁诸处，折而南

127

至智慧海，额曰：'祇树林'，为前山最高处。俯视昆明湖，一览在目，与湖中圆岛山正相对。湖之东西为长堤，绿树掩映于波间。长桥自东堤俗呼十七孔桥，斜界于湖心，与圆岛山相接。其南为绣漪桥，西堤之北为柳桥、桑苎桥，中为玉带桥，稍南为镜桥、界湖桥。风景之佳，仿佛西湖也。此湖本名西湖，乾隆中赐今名。由智慧海旋而下有数百步，长廊如带，自西而东，界于湖滨。斜照在西，微波荡漾，石栏曲抱，孤塔遥撑。红尘中，那得有此景物"。（五月十九日日记）畅游之中，流连忘返，直到傍晚6点才回到裕盛轩。短短的二百字，记述了半日的游览，简练且有兴味，也见到了寄簃公的文字功力。

回到驻地裕盛轩"知徐侍郎已于未正到，住那家花园。园在巴沟，距此西南二里许，铭鼎臣将军之别墅也。那琴为将军胞侄，故户诸公皆寓于此。与同人往谒徐堂，琴轩留啜茗。园中屋宇不多，其后面临水田方畦，水稻秧绿如针，颇有江乡风景。日将暮，小坐即归"（五月十九日日记）。文中已经说明，此那家花园，并非著名的北京东城金鱼胡同的那家花园，而是位于西郊巴沟的铭鼎臣将军别墅。铭鼎臣名安，内务府满洲镶黄旗人，清朝有名的文武双全的将领。咸丰六年进士，选庶吉士，授编修，除赞善。累迁内阁学士，历泰陵总兵、仓场侍郎。曾出任盛京刑部侍郎，同治、光绪年间的东北大员。光绪初经理吉林，练吉胜营，征"马贼"；减贡赋、增义学、筑要塞，驻重兵防沙俄入侵。宣统三年（1911年）卒，补授吉林将军、谥文肃。曾赞助魏燮均刊刻《九梅村诗集》，并为之作序。

从徐堂住处回到裕盛轩就寝。

第二天天未明，"月娇即起呼童收拾行李。余语太早，不听也。乐峯、申甫皆起，天明后赴正蓝旗营房，距此东北三里许，到彼尚未五下钟。坐候三刻，徐堂祭土神毕，即进城"（五月二十日日记）。徐堂祭土神就是这个开工仪式的核心典礼，也不像现在还要这位那位的讲话，自然是礼毕即散了。

沈家本先生做了几十年京官，却只这一次畅游了半成品的颐和园，不过在他那同时代的人们，也算是十分的幸运了。

19. 读陈宝琛《题沈家本画像诗》

　　1913年6月9日，沈家本先生逝世。7月13日，在北京宣武门南的湖广会馆，在京法学界200多人聚集一堂，举行追悼会。追悼会由当时的司法部次长江庸主持，司法部总长许世英、大理院院长章宗祥先后讲话。章宗祥追思了沈家本先生的生平，并就1902年担任修订法律大臣以后的功绩作了介绍并给予高度评价。

　　会场周围布满了致哀的挽联，正中悬挂了沈家本先生遗像。这幅遗像却与当时已经流行的由照相馆制作的带有黑框的照片不同。这是一幅由清朝末代宫廷画师李挺梁绘制的汉服纶巾的画像。更特别的是，在画像的上方，有清皇室的末代帝师陈宝琛的题诗。这

图11　沈家本汉服画像
（陈宝琛题诗像）

引起了与会诸公的纷纷议论。原因是在清末修律过程中，陈宝琛与张之洞、劳乃宣一样，发表了许多针砭新律的文章，大家都以为陈宝琛与沈家本之间一定会芥蒂很深，他怎会在沈家本遗像上题写如此深情的诗作呢。

　　其实这是对陈宝琛先生的误解。

　　陈宝琛（1848—1935年），字伯潜，号弢庵、陶庵、听水老人，出生于福建闽县螺洲，晚清大臣，学者，末代帝师。他小沈家本8岁，却早沈家本15年得中进士并被授翰林院庶吉士，那年他21岁。继而又被授为编修，是一位品德高尚、修养深邃、学富五车的官员。光绪元年（1875年），陈宝琛被提拔为翰林院侍读，是一位极负家国之情、正义之心的官员。他与学士张

佩纶、通政使黄体芳、侍郎宝廷交好，常在一起评论时政，谏讽实务，被称为"清流四谏"。光绪四年（1878年），清廷派完颜崇厚为钦差大臣，出使俄国，索还被俄国抢占的伊犁地区。昏聩且贪生怕死的崇厚，被俄国人威胁，擅自签订丧权辱国的《里瓦几亚条约》，将伊犁西部的霍尔果斯河以西、伊犁南部的特克斯河流域以及塔尔巴哈台（今新疆塔城）地区斋桑湖以东的土地划归俄属，而且赔偿"代守"①伊犁兵费及恤款五百万卢布（合银二百八十万两）等十八条。条约传出，引起朝野大哗。闻此陈宝琛义愤填膺、痛哭失声。他与张之洞等人，反复上奏，坚决主张"诛崇厚，毁俄约"。当时沈家本正在刑部奉天司任职，对此事不能没有耳闻，对陈宝琛的作为，不能不赞赏、不佩服。

光绪六年（1880年）中秋前夕，紫禁城的午门发生了一起史称"庚辰午门案"的事件。午门值守护军玉林等拦住了要出门的小太监李三顺。李三顺是奉了慈禧之命，给慈禧胞妹醇亲王福晋送点心等食物，以祝中秋。李三顺认为是奉旨出城，所以理直气壮，殊不知慈禧忘记通知护军放行。护军玉林、忠和依无令内官人员一律不得外出的规定，坚决不肯放行，一个强闯，一个硬拦，于是发生了肢体冲突。武艺高强的护军玉林毫不费力地将柔弱的小太监李三顺打得狼狈不堪，点心食物撒得满地。李三顺跑回宫中，向慈禧告状。慈禧听闻有人敢拦自己派出的太监，不胜其怒。当即唤来总管内务大臣，要他会同刑部，对护军玉林等人严加审讯，而且要求将护军统领岳林等人交部议处。当时刑部主持工作的是侍郎薛允升。薛允升是一位正直官员，一向严明执法。接收此案，交直隶司沈家本办理。经审，得知错不在玉林，但为应付盛怒的慈禧，就建议玉林罚做苦役或监禁三年，条陈报到慈禧，慈禧不依，下令重审，一定要治玉林等人死罪。刑部三覆奏说明情况，皆不得慈禧批准。直隶司沈家本等认为慈禧实在过分。既交刑部办理，就应依法处理，判罚劳

---

① "代守"是俄国以新疆地区回民叛乱为借口，乘机派兵进驻伊犁地区，声称帮助中国守护伊犁地区，强占伊犁地区，称为"代守"。当时签订协议，等中国平定叛乱以后，还给中国。但在左宗棠率军平定叛乱以后，俄国一再拖延不肯归还。

役已经过严，本无大罪，岂能处死。于是薛侍郎就上了一道不温不火的奏章，明白地说："太后必欲杀之，则自杀之耳，本部不愿与闻。"意思说，你太后想杀，你自己去杀，我刑部就当不知道。然而在慈禧的淫威之下，刑部还是不得不判护军玉林、祥福发往黑龙江充苦差，护军忠和监禁五年，护军统领岳林交部议处。判词抄出，舆论大哗。翰林院左春坊左庶子张之洞、右庶子陈宝琛，分别上疏讽谏。陈宝琛的疏文明确指出：嗣后宦官出入，均口称奉旨，不分真伪便一律放行，就等于是有护军与无护军同，有门禁与无门禁同，刑部判罚实在失当。婉转地批评了慈禧偏护处理不当。在张之洞、陈宝琛等人的诤谏之下，慈禧只得下旨减轻对护军玉林的处罚，护军统领岳林也免交部议处。肇事太监李三顺也遭责打三十板；首领太监刘玉祥被罚去月银六个月。

　　这件事，使张之洞和陈宝琛敢于直谏之名声大振，也使薛允升坚持以律执法的声誉受到赞扬。沈家本实为刑部几份奏章的起草人的消息不胫而走，也让陈、沈二人相互间接有所了解，产生了惺惺相惜的感觉。后来沈家本任天津知府、保定知府期间，陈宝琛作为朝廷重臣，也有过多次交结，彼此也算是有所过从。

　　在清末修律中的论争，陈宝琛自然而然地支持了张之洞、劳乃宣的观点。如在关于"无夫奸"不入刑的问题上，他支持劳乃宣的观点，认为："中国于无夫奸之为罪，深入人心，虽非纯借法律之力，而究因律有明文，乡曲细民益知此事之不可犯，是于道德之外，多一法律以为后盾，未始非无形之辅助也。""以数千年固有之律法，一旦革除之，谨饬之士不知律意所在，或且疑为诲淫；无知之氓莫明法理之原，遂直视为弛禁。甚谓国家崇尚新法，贞节不重，佻达无伤，一歧百误，堤决流倒，有非首议之人所能预料者。"

　　观点的不同，并未冲击两人对人品的认知。所以在沈氏后人请陈宝琛为画像题字时，陈宝琛也没有因为理论的论争而心存芥蒂，反而题写了一首评价确当、情真意切的七律："研经治律几能兼，硕果秋官见此髯。重译讨论推法学，等身著述始郎潜。沧形桑海聊观化，归梦湖山早避炎。一幅萧闲巾服在，典型长与世人瞻。"

诗的首联，追述沈家本先生的博学，对经史、法律之学都有不菲的成就，当须髯雪白的时候，在王朝的最高法官的位置上，取得了丰硕成果。二联推崇沈家本先生主持翻译西方法律文献的功绩，赞扬沈家本困于郎潜时代，仍然坚持学术研究的精神。郎潜，指汉代的颜驷的历史，他从文帝时就是最低级郎官，历经景帝，到了武帝时，颜驷已经是庞眉皓发的老人，却仍然还是个底层的郎官。颜驷一生老于郎，却无所怨。陈宝琛用以比喻沈家本困于科考、京察近三十年，能够潜心于经史、法学研究，著作等身的精神。从这句诗，可以感到陈、沈之间虽无深交，却神交很深。

诗的下阕"沧形桑海聊观化，归梦湖山早避炎。一幅萧闲巾服在，典型长与世人瞻"，前两句表达了陈宝琛先生自己对沈家本的理解。第一句借用了北宋王安石的《次韵陈学士小园即事》诗的尾联诗句"与君杖策聊观化，搔首春风眼尚明"，点明了自己虽然与沈家本先生有过"与君杖策聊观化"的论争，但那是为了辩明真理，是"搔首春风眼尚明"，没有什么个人恩怨。而后一句"归梦湖山早避炎"是指沈家本先生，在清帝让位之后退出政坛，不肯接受袁政府司法总长职务的事件。这件事当时在社会上引起很大反响，各种说法纷纷扬扬。其实在沈家本先生确是因为年老病重无法再担重任，而陈宝琛先生理解为沈家本先生"归梦湖山"是早早地离开混乱的政界，是为了避开政坛无解的矛盾，是"早避炎"。或许陈先生认为这正是沈家本的英明之处。最后"一幅萧闲巾服在，典型长与世人瞻"描绘了沈家本先生淡然清廉的一生，就如"一幅萧闲巾服"普通百姓，却给后人留下了值得敬仰的楷模典型。

一首七言律诗，表现了陈宝琛先生作为一位学人的品格，那一代真正怀有家国情怀的正直的学人，是不会把学术的争论，带到对人的憎恶中来的。

文末注：以前本人的拙文和《玉骨冰心冷不催》诗集，都把诗句"归梦湖山早避炎"中"避炎"二字，误为"逊言"或"逊尖"。虽然确有照片像素太低，认看不清的客观原因，但实在是本人未能认真考究。在此深表歉意并予更正。

三

品读寄簃公的诗情书意
（一）

意什哲哲的公共容政品

(一)

1. 沈家本与杨椒山祠的诗缘巧合

　　从金井胡同1号沈家本故居往南二百米东侧有个达智桥胡同，胡同中间南侧的12号是著名的杨椒山祠（松筠庵）。杨椒山（1516—1555年），即杨继盛，字仲芳，号椒山。直隶容城（今河北容城县北河照村）人。明朝中期著名谏臣。嘉靖三十二年（1553年），上疏力劾严嵩"五奸十大罪"，遭诬陷下狱。在狱中备受酷刑而不改其词，终于嘉靖三十四年（1555年）遇害，年仅39岁。明穆宗即位，以杨继盛为直谏诸臣之首，追赠太常少卿，赐谥号"忠愍"。

　　杨椒山的刚正不阿、坚贞不屈受到世人的尊重。沈家本先生与他的父亲沈丙莹（1809—1864年，字菁士，归安人。道光乙巳进士，授刑部主事，历官监察御史、安顺知府）对这位古人也是十分敬仰。可巧的是父子都有盛赞杨椒山的诗作。在沈家本先生《寄簃文存·枕碧楼偶存稿》中，有戊戌（1898年）《题杨忠愍家书墨迹手卷》（存容城祠堂），在菁士公《春星草堂集》中，也有一首丙午（1846年）《谒杨忠愍公祠》诗。

　　《题杨忠愍家书墨迹手卷》是寄簃公保定知府任上，光绪二十四年（1898年）十一月初六日直隶布政使廷雍差人把从容城杨继盛祠庙内借来的《杨忠愍公家书墨迹手卷》送给沈家本先生观赏，寄簃公读后有感于杨椒山刚正不阿的凛然正气和高风亮节，写下了这首七律：

　　　　義景何曾照覆盆，独留浩气至今存。
　　　　直声能褫东楼魄，忠悃难忘北阙恩。

> 谏草久经传乐石，家书长得守贤孙。
> 代夫疏语尤凄恻，恨未当年达九阍。

诗中盛赞杨继盛"独留浩气至今存"，虽蒙冤致死，却浩气凛然，敬佩他含冤入狱却坚贞不屈，仍能教育子孙以国为重的高风亮节。沈家本先生哀叹"恨未当年达九阍"，当年杨继盛苦谏无法通达那位沉迷于道教修炼的嘉靖皇帝朱厚熜，而遭权臣严嵩迫害，惨遭冤狱的不幸。

菁士公《谒杨忠愍公祠》诗是道光二十五年（1845年）沈丙莹进士及第，分配刑部以后，得暇拜谒杨椒山祠，有感之作。这是一首长达三十四联的五言古体诗：

> 万物随波靡，特立有柱石。群卉望秋零，孤高有松柏。
> 在昔嘉靖年，天子修元默。权臣窃威福，炙手势炎赫。
> 胁诏遍公卿，苞苴罗牧伯。貂珰结奥援，缇帅联姻戚。
> 有敢撄其锋，奇祸中旦夕。塞上曾侍郎，辽左沈经历。
> 覆辙有如斯，谁更践其迹。惟公勃然怒，鸷鸟奋一击。
> 马市斥邪谋，狄道甘远谪。重蒙当宁怜，遂捧山左檄。
> 拜职趋陪都，朝右仍通籍。是时分宜相，嫌隙已颇释。
> 公如相周旋，云霄升咫尺。不然但缄口，官本无言责。
> 公谓宇宙间，正气不可息。公谓君恩重，顶踵不足惜。
> 一昨还京华，孤臣未煖席。遽发奸臣奸，罔顾逆鳞逆。
> 弹章千百言，字字肝胆沥。援引及二王，钳纲肆搜剔。
> 至今法家言，废读人凄恻①。蚺胆屏勿受，棰楚一何剧。
> 刮骨与剒肉，千古两奇特。一朝临西市，天地惨无色。
> 浩气撑长空，此汉真铁脊。昔我渡北河，凭吊佳城侧。
> 今兹一瓣香，下拜瞻松柘。清时褒直臣，明禋载典册。

---

① 当时以诈传亲王令旨，罗织成狱，今令甲已删此条。

丰碑谁手书，诸城旧相国。巍峨獬豸冠，荐芷挹芬泽。

乃知员外居，远胜相公宅。试寻嬾眠堂，斜阳一片白。

长诗大体可分为三段：

第一段描写明嘉靖皇帝朱厚熜后期练道修玄，使得权臣严嵩，制造了"权臣窃威福，炙手势炎赫。胁诒遍公卿，苞苴罗牧伯。貂珰结奥援，缇帅联姻戚。有敢撄其锋，奇祸中旦夕"的黑暗政治局面。

第二段叙述了杨继盛经历，回到京城发现严嵩的种种劣迹，到振臂直谏以致遭陷，沉冤入狱至死不屈的事迹。诗中描写杨继盛本可以"公如相周旋，云霄升咫尺。不然但缄口，官本无言责"相安无事，但杨继盛却"公谓宇宙间，正气不可息。公谓君恩重，顶踵不足惜"，赞扬杨继盛的凛然正气与为报君恩不惜牺牲的精神。

第三段则叙述自己曾经在河北蓉城北河村拜谒杨继盛庙宇，之后又到杨椒山祠进香，感叹"清时褒直臣，明禋载典册"，只有政风清明时奖励敢于直谏的大臣，才得以载入史册。传说，杨继盛将卧室题名为"嬾眠堂"以为鞭策自己勤奋公务勿得贪眠。菁士公因而有诗句"试寻嬾眠堂，斜阳一片白"作为全诗的结尾，表达自己对杨继盛那种勤奋克己的精神的钦佩，对为人清正如"斜阳一片白"的品格的敬仰。

父子同赞杨继盛，相隔了50余年，读着两首诗，不得不让我们这些晚生后代，感佩先祖的情操与人品。

更有巧合的是，笔者的外祖父董大年（生卒年不详，字眉叔，浙江富阳人）参与了1895年康有为等发起的公车上书活动，集合地点就是杨椒山祠。

董大年后来有诗回忆当年情景："闻道长途起怕迟，码头残月挂林枝。临河小店当年路，犹忆公车北上时。"诗题是《齐河题壁》。

公车上书，就是举子上书。汉代，尚无科举，官员由地方层层推举，为表隆重，凡被推举的人员，一律都要派"公车"接到府衙报到。久之，"公车"渐成举子或举人的代称。

光绪二十一年（1895年），《马关条约》签署之前，李鸿章从马关电报局发回条约内容，呈请朝廷过目，请求批准。条约内容泄露，引起全国上下反对，纷纷上书要求不要签署这个屈辱卖国的条约。康有为写成一万八千字的《上皇帝书》，并号召签名支持，全国十八省官员、举子积极响应。当时因大多数进京赶考的举人、各部门的大小京官都住在宣武门南，于是商定于光绪二十一年（1895年）五月二日在松筠庵（杨椒山祠）集合，然后去往都察院请求转呈《上皇帝书》。全国各地一千多名举子、官员纷纷赶来，董大年就是其中之一。

数年后，身为署济南知府的董大年又原路进京，见景生情想起当年参加公车上书，为了赶时间，夜以继日赶路的情景，提笔在旅店墙壁上写下了这首《齐河题壁》诗。

后来笔者大舅董太冲整理父亲诗稿，编为《冬青室诗钞》，将这首诗收入其中。《冬青室诗钞》于1947年刊行，书封有劳乃宣公子劳笃文题签，卷首有国学大师夏仁虎先生撰序。夏仁虎先生之长子夏承梁（字孟刚）娶了董大年长女、笔者的大姨董曼秋为妻。

或许董大年先生当年并没想到，后来会与沈家结为秦晋，更没想到会有如此之诗缘巧合。

2. 沈寄簃两首西湖诗

笔者太公沈寄簃是湖州人，也是半个杭州人。这不仅是因为浙江是他的省籍，杭州是浙江省首府，更因为他的母亲就是杭州人，孩提时代恐怕没少在外祖父那所布满翠竹的院子里嬉戏玩耍。幼年的记忆是模糊的，但那生长时期的感觉和亲切的味道难以磨灭。沈家本心怀浓重的乡情，当他思念养育他的故乡时，难免也会缠绵着联想儿时玩耍过的青竹丛翠的院落和碧波荡漾的西湖水面。

同治四年（1865年），清王朝补行恩科，沈家本回籍乡试，考场设在杭州的贡院。八月十五日沈家本完成了人生的第一次大考，自觉文思敏捷，提笔一气呵成，心中愉快。散场取了什物，离开小寓回到了舅舅家。外祖父已在太平军攻入杭州时阵亡，外祖母不久也离开了人世，家中只有舅舅兄弟和他们的子女了。乘着等候誊录的时间，到街上采购些准备带回京城的物品。誊录是科举时代的一种制度：考生交卷后，先由专门的人誊录试卷，一份密封保存，一份交考生自存，然后才将正卷交主考官，分配给房师批阅。这样既可以防止偷换试卷，也可以戒备阅卷房师上下其手。誊录难免有错，考生拿到誊录卷，核对无误，就算没事。如发现誊录错误，还可以请求查阅原卷改正，当然必须与原卷一致。所以等待誊录卷，也是考试的重要程序。

十八日沈家本等到誊录卷，审阅无误，考试就算完结了。二十二日，拉着二舅到联桥吃了羊汤饭。据说羊汤饭是杭城名吃，是南宋时期，由北方传来的美食。羊汤饭吃好，请二舅一同游览西湖。寄簃公这天的日记有如下文字：

出涌金门，坐瓜皮船，至湖心亭，已毁重修，然丹碧耀目，绝少雅致。惟凌波远眺，风景如故耳。又穿压堤桥、卧龙桥至茅家埠。自涌金门至此，约三里许。步行五里，至云林寺，访飞来峰、冷泉亭诸胜迹。寺中仅存天王殿、罗汉堂及九层楼而已。由云林左行三里许，至岳墓……庙亦当局重修。至崇文书院，即沿堤至苏小坟头，度卧虹桥，寻〔路〕因〔径而〕行。及诂经精舍遗址，登孤山，披荂而上，至放鹤亭，登巢居阁，梅已无一株。和靖先生墓，此处亦经方伯重修，将竣工矣。又沿堤至平湖秋月，惟存败壁，堤上柳树无一株存者，令人徘徊不忍去。度段家桥，过昭庆寺，止存铜佛一尊，雨淋日炙，无顾而问者，入钱塘门而归。兵燹之后，南北两山树木尚有存者，多被湘军砍伐，作柴卖钱，渐有泽泽之象。登高一览，惟见残垣断壁，荒烟缭绕，湖光山色缄凝愁而已，吁！……净慈寺已无片瓦，惟雷峰塔巍然独峙，南屏、韬光亦然。里湖沿山一带，弥勒院、大佛寺亦然。

这次的西湖游走，或说可谓尽兴，然而也存不少感慨，于是《湖上感赋》一首以达胸臆：

山色湖光黯淡愁，西风容易又残秋。
荒亭寂寞泉空咽，断碣模糊客遍搜。
烟拥平桥天棘满，云封古殿瓦松稠。
我来欲问句留处，石径苍凉夕照收。

对西湖的破败，感到无限的感慨，那"黯淡愁""残秋""泉空咽""瓦松稠"衬托出"我来欲问句留处，石径苍凉夕照收"的遗憾与感伤。是啊，苍凉的石径，已经看不到昔日的夕阳西照，哪里还是我的句留之处呢？这个感伤，是对西湖的凄凉，或许也是对即将离开的故乡浙江的眷恋。他旗开得胜，一举拿下举人的头衔，但因此他也知道这次离别后，不知何时能再来。

沈家本先生第二次游西湖，是七年以后了。

同治九年（1870年），笔者的高祖父、母，也就是寄簃公沈家本先生的父母相继去世。按照《大清律例·服制·丧服》篇规定，沈家本需守制三年。到同治十一年（1872年）正月二十一日，释服，丁忧已经期满，应该回京到刑部销假了。于是二十八日，又搭船到杭州，赴省请咨。清代规定，丁忧回籍要向省报到，证明的确是回籍守丧，守制满期，还需请省城部门开具"咨文"证明丁忧期满。如果未到期擅自到他处求职，则要受到严厉的处分。所以"请咨"是十分重要的程序。等待咨文的时间，自然是住在舅舅家。

二月十一日，拿到了咨文，准备回湖州打点返京的一切。这次离开杭州，就更不知何时能再来了。午后他邀请二舅再次"出涌金门，在茶棚吃茶一碗，坐瓜皮船渡湖至茅家步小憩，循道赴云林，在途中吃素饭。穿云林诸洞，至一线天，上冷泉亭，听泉声琤琮，涤去俗尘三斗。登翠微亭，出山门左行，过双峰插云处，至岳坟小坐。由岳坟至平湖秋月，初拟至孤山看梅，因天色不早而止，循堤归入钱塘门"（二十一日日记）。第二天他又"饭后独步出钱塘门王保俶塔峯顶，沿湖上孤山，登放鹤亭，至平湖秋月，小坐啜茗，由苏堤归"（二十二日日记）。连续两天的西湖游，可见沈家本先生对西湖的恋恋不舍。

告别般的两游西湖，积攒了说不尽的感慨、厘不清的情怀。带着这些思绪回到湖州，准备行装、各处辞行。送行客陆陆续续，到四月初二日，已刻登舟，即解维，直接往上海去搭乘轮船返回京城。这次告别故乡，再来更是遥遥无期。他带着无限的乡愁，逆水北上了。在船上闲暇时刻，情愫飘摇，诗情涌动，他吟出了《湖上杂诗》描绘记忆中的西湖，寄托惆怅的情怀：

一掬石根泉，新焙瀹龙井。

不改在山清，何嫌透心冷。（冷泉）

天留一线明，愚夫终不悟。

空虚汤穆中，那得知其故。（一线天）

飞来欲飞去，但见峰灵奇。

不问飞来处，安论飞去时。（飞来峰）

山僧善长啸，古洞倚云根。

六意既能静，何须呼老猿。（呼猿洞）

其质本冥顽，其形皆鬼蜮。

吾推忠武心，岂屑罗阶侧。（岳坟铁像）

烟环孤屿深，尘外寻幽契。

特立想高踪，生平无附丽。（孤山）

高人迹已希，鹤去亭空在。

既具凌霄姿，终须离尘海。（放鹤亭）

苍苍曲径深，杳杳清风送。

幽绝数声钟，唤回尘世梦。（南屏山）

水槛风棂敞，湖光四面来。

个中清意味，载得一船回。（湖心亭）

苏堤接白堤，打桨水云暮。

若得作闲人，便向湖中住。（苏堤）

  几处感受深刻的名胜，寄托了他一生的矛盾心境。他既向往手托一只泡着龙井新茶的名壶"石根泉"，悠悠品茗，远离尘世的"透心冷"；却放不下"吾推忠武心，岂屑罗阶侧"的家国之情；羡慕和靖先生"特立想高踪，生平无附丽"的高洁清净，然而南屏山上的幽绝钟声，又把他"唤回尘世梦"。的确，依照沈家本先生刚毅高洁的性格，混迹在污浊、纷争的宦海中，必定

141

会时时感到格格不入；但那自幼追求的岳忠武的精忠报国的理想，又不允许他"若得作闲人，便向湖中住"。这就是当时年过而立，尚无进士功名的沈家本先生的心情。

我们十分庆幸，沈家本先生没有去效仿清净高洁的和靖先生，不然我们今天哪来的"法学匡时为国重，高名垂后以书传"的法学大师呢？

3. 试品菁士公与寄簃公的咏夹山漾诗

寄簃公沈家本先生与他的父亲菁士公沈丙莹，各有一首咏湖州夹山漾的诗。菁士公的诗题为《过夹山漾》，收在《春星草堂集》诗一；寄簃公的诗题是《夹山漾秋泛》，收于《枕碧楼偶存稿》卷八诗二，作于同治四年（1865年）。

菁士公沈丙莹的诗作于道光二十三年（1843年）进京赴考的路上。船经夹山漾，悠然诗兴写下了这首《过夹山漾》：

> 丙舍经营数往还，橹声遥度郭西湾。
> 浪花高卷全平岸，云脚低飞不碍山。
> 秋兴顿添乌桕冷，幽栖欲共白鸥闲。
> 浮家便是张渔父，多事春官一纸颁。

船经夹山漾，在缓缓游动的乌篷船上，眺望两岸，眼前的一切勾起了无限的回忆与无边的冥想。夹山漾是从老宅出入的必经水途，菁士公年年到妙西坟茔扫墓，已经是"丙舍经营数往还"了。行船穿过郭西湾将要汇入碧浪湖时，"浪花高卷全平岸，云脚低飞不碍山"。虽无惊涛骇浪，也是浪花高卷，两岸青山苍翠，白云低飞，秋天的景色醉人，然而两岸的乌桕已经预示寒冬将近。使人联想，能如悠闲的白鸥自由幽栖，该是何等惬意。隐逸的居所，如同白居易《九日醉吟》所描写的"身从渔父笑，门任雀罗张"才是理想的清净的生活。然而那多事的礼部，又颁布了甲辰恩科的文告，无奈只得进京备考。诗中既描绘了迷人秋色，也表达了屡试不售的颓丧与欲求隐世而不能的无奈。那个时代，科举高中是知识分子成功的标志，是自己施展抱负的唯一正途，更是改变生活现状的最佳路径。沈氏家族几代人，在这条路上艰难攀缘，但在菁士公之前竟没有一位成功。据《蓼庵手述》记载，菁士公之前的先贤们虽是各个苦读、生计艰难，却没有一位踏上科举前程。菁士公祖父沈国治"前后省试十八科，屡荐不售"，菁士公的父亲沈镜源陪同年已六十有一、笃志不衰的菁士公的祖父赶考。"余随侍入闱，府君三场出闱，因患痢甚剧，极委顿。十六日飞棹至家，卧疾才十一日，参苓无效，九月二十七日，竟弃不孝弟兄而长逝。"试而不中，反而搭上了性命。菁士公的父亲沈镜源，"三十六岁，辛酉，始公车北上，应礼部试，不售"。"辛未、甲戌，屡困公车"都未能得中，为了求取公职，"五十二岁，丁丑，大挑应试（举人经会试三科未录取，即由礼部分省造册，咨送吏部，钦派王、大臣面试拣选优秀人才，每六年举行一次，十取其五。选取者分二等，一等以知县用，称'大挑知县'；二等以教职用，称'大挑学正、教谕'）。房荐吕子班师，现任宁波太守，力荐又未果"。"迨己卯、庚辰，连前共九赴礼闱"。九次参加礼部会试不中，无奈只得再次北上应挑。终于"丙戌，因值赴挑鹭产北上，幸列二等"。于天启六年（1626年）卖掉了家产，凑足了路费，再到北京参加大挑，终于获得二等，次年选授庆元县教谕，总算有了公职，于是挈眷赴任。这是菁士公沈丙莹的先辈们，科举路上最好的成绩。

菁士公这次的会试，仍然名落孙山，但礼部又颁布了太后七旬（乙巳）恩科的文告。所以虽然落榜，却没有离开北京。既能省去往返路费，也可以集中精力攻读备考，而且北京是全国社交往来的中心，常住也是广泛交流的机会。这一年的京城滞留与苦读，菁士公乙巳科的考试发挥良好，终获三甲第十五名，迈过进士门槛，踏上仕宦之路。他被分派任刑部四川司主事职。兴奋之余，又有些惆怅，遣诗抒怀作《授官刑部宿四川司示徐子舟同年》诗："王李魁奇士，当年此唱酬。于今三百载，犹说白云楼。鞅掌功名薄，停年月日遒。寂寥怀古迹，谁与继风流。""王李"是明代文豪王世贞、李攀龙的并称，二人可以说在当时是文坛魁首奇士。王李与徐中行、梁有誉、宗臣等文化名人结成诗社，相互多有唱和，有明代后七子之称。这些人到了菁士公的时代已经过去三百年了，但说起"王李"，还是不能不提到白云楼诗社。因为以吴维岳为代表的刑部"白云楼诗社"，是嘉靖二十年代京城文人唱和的中心，后七子王李等人结成诗社的文化现象，是在前人白云楼诗社文化影响下逐步形成。因而"于今三百载，犹说白云楼"留下了千古美名。而如今的文人们都在为把自己的名字写入"功名簿"而奔波劳碌，"鞅掌功名薄"，疲惫不堪。就算是以年资取仕，日月如梭也把人熬老去了，"停年月日遒"。"停年"指北魏的选官制度"停年格"。北魏为了解决官职少，应选者多的矛盾，吏部尚书崔亮奏请：授官不问才能、功绩，一律凭年资补缺叙用，谓之"停年格制"。此处菁士公借以表达科考道路之艰难，人们在八股文的压榨下，已经精疲力尽，何来专心创作成就风流奇士。感叹"寂寥怀古迹，谁与继风流"，谁还能继承灿烂文化的风流情景？一泄内心的艰涩与惆怅。

从《过夹山漾》到《授官刑部宿四川司示徐子舟同年》，显示了菁士公沈丙莹作为一代知识分子，对科举制度的无奈与追求。科举，或在中国帝王时代，给了知识分子公平竞争的机会，为国家选拔人才发挥过积极作用，但这种束缚人们思想的制度随着时代的发展，的确应该被淘汰。无怪乎在清末改革时，保定知府沈家本，会积极把府学改为学校了。

沈家本先生的《夹山漾秋泛》写作时间是同治四年（1865 年），这一年寄簃公沈家本请假返浙乡试。这首诗从时间推测，应该是考试以后回湖州等待揭榜期间。这段时间，其心情自然是焦虑与期待，并无他事待办，游历家乡山水也是消遣。于是三两好友，泛秋小酌，荡舟碧水，自然是其乐无穷。这天船游夹山漾，放情山水，悠然自得，《夹山漾泛秋》就生成了："秋高放棹白云隈，残戍西风猎猎催。一树斜阳红断处，道场山翠入船来。"端的一首好诗，飘逸的心境，渴望与等待的无奈，在短短的 28 个字间表现得淋漓尽致。在天高气爽的深秋，一只小船驶向无际的白云深处，抒发了向往放荡江湖的高远心境。然而边疆吹来的猎猎西风正催促着秋天的离去，焦急期待的心情跃然纸上。远处斜阳照射树端，枫叶闪闪展现点点鲜红，衬托出一种对成功的期待；小舟顺流东南而下，远远的道场山的翠屏映入眼帘，似乎那万寿寺的山门移到船上。丰富的想象，映衬了年轻的沈家本对未来的美好憧憬。寄情于景，情景交融。一首淡淡的诗，凝结了一位年轻人的心。

从《夹山漾泛秋》，可以感到年轻人的朝气、对未来的预期向往。这时的沈家本先生虽然在刑部还是一名小员司，但那时的他，或许正是信心十足地在科举之路上奋进。而菁士公沈丙莹的《过夹山漾》，则反映了一位年近不惑，还不得不为功名拼搏，为踏上仕途而艰辛前行的中年知识分子矛盾的心情。父子相隔22年，同样以夹山漾为题作诗，然而所反映的心境形成了鲜明对照。

4. 两首桃花诗，两段相思情

桃，是历代文人笔下的常客。从《诗经·周南·桃夭》中"桃之夭夭，灼灼其华。之子于归，宜其室家"祝贺新娘的美丽诗句，到陶渊明《桃花源记》的静谧、脱俗与悠然，乃至白居易的"人间四月芳菲尽，山寺桃花始盛开"、杜甫的"桃花细逐杨花落，黄鸟时兼白鸟飞"、李白的"秀眉霜雪颜桃花，骨青髓绿长美好"、崔护的"人面不知何处去，桃花依旧笑春风"、苏轼的"竹外桃花三两枝，春江水暖鸭先知"，以及辛弃疾的"非鬼亦非仙，一曲桃花水"、元好问的"深宫桃李无人问，旧爱玉颜今自恨"，直至清代袁牧的"百叶双桃晚更红，窥窗映竹见珍珑"。这些千古名诗、名句，都是借用"桃"抒发自己的个人情感，表达自己的一种向往、一种理念。那么作为诗人的沈家本先生笔下的"桃"又是怎样的呢？这些"桃"又透析出他怎样的内心世界呢？

沈家本先生一生有诗600余首，而真正写"桃"的诗却只有两首。两首诗相隔50年，揭示了沈家本先生前后不同的心绪与情感。

第一首真正写桃花的诗，是咸丰十一年（1861年）二月二十五日的五律《病中见桃花》。其诗曰：

为问卷帘人，桃花开也未。

料有隔墙春，和风送香气。

折来三两枝，想象云台侧。

插我胆瓶中，浓淡认春色。

虽然人在病中，诗意却饱含春色。首句显然是套用李清照的《如梦令》"试问卷帘人，却道海棠依旧"的句式，改"试问"为"为问"，改"海棠"为"桃花"。其实明知故问。桃树就在院中，每日可见，岂不知其"开也未"？显然是卧病榻上的冥思遐想。

写诗的时候，沈家本已经生病多日，日记中写道：

（二月十六日）连日舌病愈而喉干口燥，风袭于中，涕泗交零，更为讨厌。盖自元宵节来，未常有舒服之日，安得慧剑斩此病魔乎！

十九日，晴。是日头作痛，精神顿减。

二十日，阴。晨起头愈痛，心中如火，有积热故也。

二十一日，晴。头岑岑然痛仍不减。闷坐斋中，无聊之极。

按这些描述，似是现在所说的感冒。诗题的"病中"即此。一段时间以来，太平军烽火四起，一边是太平军逼近杭州、南太湖地区，他忧虑家乡的父老，担心着外公一家及未婚妻郑氏一家的安危；一边又是太平军战火延及贵州，且父亲公事受阻，财务吃紧，债务累累已达千金；还得安慰母亲，顾及弟弟的读书和自己的课业。这一切使沈家本心力交瘁，虚火上升，外感风寒，于是感冒头痛。从"十九日，是日头作痛，精神顿减"到"二十五日，晴。头痛如故，延吉楚香诊视……拈桃花诗"，就是在这身心不佳时，他却作了这首寄托青春气息的诗："为问卷帘人，桃花开也未。料有隔墙春，和风送香气。"这前四句描绘了卧病中的遐思，表达了自己对生活前景的期望。如果要是有卷帘人，就问他：桃花开了没有呢？谁会给他卷帘呢？没有，只能是自问自答"料有隔墙春,和风送香气",料定墙外一片春色,桃花是盛开了,那和煦的春风,已经送来了淡淡的香气。这完全是这位年轻人卧病床头的遐想。彼时,北京的桃花尚未开放,而病榻上的沈家本却设想桃花已经绽放。于是就想到"折来三两枝",这一簇桃花,却是"想象云台侧"。由桃花想到"云台侧"却也是奇妙的联想。这云台是汉宫点将的云台,还是天柱山上的神仙聚会的云台,也许是东海郁州的缥缈世界,总之是诗人心中一个向往的去处。"云台侧"畔或许有一位若似天仙的美人,这又是谁呢?这应该是那未婚妻郑氏吧;又或许是一位忙碌操劳的老人,这应该就是他日夜思念的父亲。想象中的桃花,"插我胆瓶中,浓淡认春色",可以体验这浓浓淡淡的美好春色。不只是透露了期盼把心爱的佳人迎娶归来的心头秘密,也表达了他对父亲的思念。这是儿女情长,也正是这位年轻人心情的写照。

但儿女情长,并不是沈家本情感的全部。为躲避英法联军的进犯,王朝两宫贵胄逃到了承德,《北京条约》签订,由于宫廷内斗加上咸丰皇帝病重,久久不能回京城,社会动荡,人心惶惶。再看当时二月的日记:

十三日,晴。……皇上改廿五回銮,迁延即不果矣。僧邸连败,退至济宁。河南会垣闭城,捻离城二三十里,旗号皆有"苗"字,近已远扬,势驱西北,山西固吃紧,畿甸亦戒严矣。

二十五日,晴。……皇上又有上谕,停止回銮,秋间再看光景。王言如纶绰,所苦者州县耳。两次办差无从开销,其赔累尚堪言状耶?

不难看出他对时局的关切,对社会的关注。诗中的"云台"是否也是想象中的朝廷庙堂?虽也有"所苦者州县耳。两次办差无从开销,其赔累尚堪言状耶?"的疑虑,和"王言如纶绰",明显的一种怨气,但他仍然寄希望于朝廷能力挽狂澜,给百姓安定的生活!

当然这不过是一个幻想,在他未来的生活中,自己会得出结论。从这首诗,可以读出青年沈家本儿女情长的热血,以及他对社会的关切与焦虑。

时隔52年的1912年,国家已经改朝换代,中华民国成立,沈家本先生也就此退出了政坛。然而这个新的政权并不如人意,令这位古稀老人无限惆怅。已经在金井胡同的宅邸闲居的沈家本先生，写下了《小园诗二十四首》尽抒胸臆。诗的起始，第一首写道：

　　　　小园曾诵兰成赋，吾爱吾庐拓数弓。
　　　　但得眼前生意满，不须万紫与千红。

显然表达了他对退出政坛后安逸的生活的舒适满足。老人一生并没有强烈的个人私欲，能专注著述是他的最大愿望。所以他"但得眼前生意满，不须万紫与千红"。在这知足的生活中，他并没有忘记他的国家和生长在这片土地上的人民。所以《小园诗二十四首》之二《桃》，也就是沈家本先生最后一首描写桃花的诗，表达了他对时局的关切：

　　　　嫣然一树倚东垣，露蕊烟梢护画幡。
　　　　海内风尘还未息，不知何处是仙源。

在枕碧楼的北侧，也就是这个四合院的东跨院，东侧是临街的围墙。一株多年桃树，年年都会桃花盛开，结出丰盛的蜜桃。站在枕碧楼楼梯的平台上，可以看到这株旺盛的桃树，尤其是桃花盛开的季节，都会"嫣然一树倚东垣，露蕊烟梢护画幡"，花团锦簇，一番盎然春意映入眼帘，心情应是愉悦与欣慰。然而后两句诗意一转，却吐出了十分的焦虑与不安："海内风尘还未息"，动荡的时局，杂乱的政坛，这位时刻关注家国的老人，心境怎能平静呢！他盼望着一个安定的政局，给百姓一个平静的生活，他惆怅，他无奈，他对天长叹，发出了"不知何处是仙源"的呼喊。

两首时隔52年的桃花诗，诗情诗景各不同，却可以读出沈家本先生随着时光的流逝，老来愈加浓烈的家国之情。

5. 寄簃公的桃源情

　　曾经的时代，桃源仙境是多少文人雅士的理想国，可包括发明人陶渊明在内，又有谁能亲临？现实的多处被称为"桃花源"的地方，其实都是人们附会出的景区，可能山水如画，却难得人们期盼的纯净与安宁。即便是陶渊明创作的桃源仙境的武陵，也是他心目中的理想境界，成为多少人的向往。只是人们厌烦当前的乱世时，梦想寻找那永远找不到的"桃源仙境"。

咸丰九年（1859年），沈家本遇上了生平第一次生活考验。这一年，太平军席卷全国，英法联军逼向北京；父亲被简放到地势偏远、经济落后的贵州安顺。为了躲避战火，沈家本第一次挑起家庭重担，奉母携弟往西山避难。听说僧格林沁在通州击退英法联军，北京可以安全度日，他带领全家回到京城。到家不久，又知道其实不然，只得再次逃难。这天是咸丰九年八月初九（1859年9月5日）。沈家本以五律《初九日复出都感赋三章》记录自己的心境：

> 刚报平安火，星躔遇角张。将才推卫霍，国是问汪黄。
> 幸陕思唐室，征辽感宋皇。艰难膺重寄，宏济仗贤王。
> 竟卖卢龙塞，空闻血战尘。乘轩难使鹤，升木孰教猱。
> 密画中行策，虚持属国旄。凤城天尺五，杂虏任游遨。
> 刁斗严军令，勤王尚有兵。前茅孙叔将，细柳亚夫营。
> 感慨谁投笔，贴危欲请缨。桃源何处是，山墅计行程。

首联用"平安火""遇角张"比喻当时的战争局势。刚刚传来平安的消息，就遇上了角宿星座在南方的天空张开。古人云："星宿之座现于春末夏初之日落后南方天空，二十八星宿之首，有龙角，乃斗杀之首冲，故多凶。"笔者没有查阅历史星宿记录，不能肯定沈家本第二次出都时，角宿之星是否还在南方天空闪烁，或许这不过是沈家本用以为斗杀凶信的比喻。接着就用一系列历史典故批评朝廷用人不当造成国家危难的局势，表达了"感慨谁投笔，贴危欲请缨"的悲愤与无奈的复杂心情。自己只能带领全家为躲避灾难而出行，但哪里才是能避开这种不堪的地方呢？"桃源何处是"呢？现实中只能在这山墅小路上，计算着避难的行程。可以看出，沈家本正是把虚幻的桃源看作理想境界，反衬出对现实的不满与无奈。

咸丰十一年（1861年）沈家本奉父命举家赴贵州。三月二十六日启程到五月中已经接近两个月,舟船劳顿可想而知。常德地区大水为患,行船缓慢,五月十四日日记写道:"望日,晴。上水无风,新水流甚,舟行较迟。将近常德,十里开口水流须渡至对岸,行道较远五里许。酉刻抵常德府南门外马头,泊。"当晚宿于船上,上岸就餐,沈家本也小小开了眼界,平生第一次吃到了珍贵的鲥鱼,于是赋诗《五月望日武陵县舟次食鲥鱼》以记之:

名辨当鯸笺尔雅,榴花红处荐樱厨。

不知当日仙源里,也有尝新异味无。

首句以"名辨当鯸笺尔雅",说明以前只是在《尔雅校笺》中知道有这稀世美味。接着用"榴花红处荐樱厨",只有石榴花开的时节,樱笋之厨才能烹饪如此佳肴。唐代李淖《秦中岁时记》记载:"长安四月十五日,自堂厨至百司厨,通谓之樱笋厨。"这里显然是将"樱笋厨"简化为"樱厨"了。常德就是陶渊明《桃花源记》开头"晋太元中,武陵人捕鱼为业"的武陵的古称。后人按图索骥,圈出了一个桃园景区,也就是现今常德的桃园。寄簃公身处常德码头,品味着美味珍馐,自然想起《桃花源记》,于是有了"不知当日仙源里,也有尝新异味无"的联想。可见在沈家本的心目中,是有一个理想的桃花源的。

也就是这一年年底,辛酉的十二月,沈丙莹署理的铜仁知府的正缺到任,沈丙莹只能交出铜仁知府的印信离任了。沈丙莹因是朝廷命官,没有得到朝廷的指示,只能留在贵州待命,于是沈家本根据父亲的安排再次奉母携弟往长沙暂住。又一次经过常德,感慨万千,于是写下《十二月初八日由铜仁赴长沙道中作》以抒情怀:

又别卢阳去,匆匆逼岁华。

宦途成苦海,流寓当还家。

尘世风波恶,江湖日月赊。

桃源经两度,洞口锁烟霞。

卢阳,贵州铜仁府的别称,因唐代曾置卢阳郡于此而得名。首联两句

"又别卢阳去，匆匆逼岁华"描写了生活现实。其实沈家本并没有两次离铜仁的经历，只是叙说了这次新任的铜仁知府，急于迁入府邸，迫使沈丙莹一家仓促搬离的现实。于是下文道出了满腹不悦："宦途成苦海，流寓当还家。尘世风波恶，江湖日月赊。"这里的"宦途"虽不是沈家本自身之"宦"，因协助父亲办理了府中所有事务，也有了"宦海成苦海"体验。"尘世风波恶，江湖日月赊"，这是他人生的第一次体验，体验了府署事务的繁忙，体验了人际关系的复杂与险恶，体验了清官难当的艰辛，或许对他自身未来的宦海人生大有裨益。但这不是他内心所要的，却无法挣脱的生活，"桃源经两度，洞口锁烟霞"，他向往桃源的静谧、安详、自由，但这是无法实现的，就如那桃源"洞口锁烟霞"，永远只是烟雾缥缈幻想。从这首诗可以看出寄簃公的铜仁经历，使他对现实生活有了切实的体验，对"桃源"也有了更现实的认识。

同治四年（1865年），沈家本已经在刑部当差一年了，但他还没有举人的头衔，进阶是不可能的。为此他除了职务之外，日夜攻读，准备回乡赶考。已经请好假，准备六月中旬南下。回乡他是急切的，因为父母家人已经一年不见，可单单赶上这一年是闰五月，又得推迟一个月出发。传统习惯是节日只有一个，即使闰月，同一个节日也不会过第二次。闰五月初五，本是个平常日子，归心似箭的沈家本却创出了个"闰端午"并以此写了一首颇有趣味的七言绝句《闰端午》：

风景桃源信有诸，者番好结白云居。

赤灵符是仙人佩，今岁山中两度书。

相信桃源是个风景美好的地方，这次我却要另寻神仙住的地方。"白云居"出自唐代文学家陈子昂《酬晖上人夏日林泉》中的诗句："闻道白云居，窈窕青莲宇。"这里沈家本先生借用"白云居"将陈诗诗意带入，并不是有追求佛道，期望远在天边的白云居、青莲寺，这是在向往那盼望的科场的胜利，更是追求陈诗"方释尘事劳，从君袭兰杜"的意境。尾联"赤灵符是仙人佩，今岁山中两度书"，"赤灵符"是旧时佩挂胸前以避灾邪的符箓，民间有端午制赤灵符驱灾辟邪的风俗。《抱朴子》有"或问辟五兵之道，答曰：以五月五日，作赤灵符，着心前"的记载。"仙人佩"出自宋代史达祖的词《兰陵王·汉江侧》："汉江侧。月弄仙人佩色。"是描写一款宋代雕制精美的和田白玉人形挂件配饰，后世凡此类配饰，皆曰"仙人配"。"赤灵符是仙人佩"，是说这"闰端午"不必再制"赤灵符"，一件"仙人配"的挂件就可以代替。史达祖一生不幸，四十几岁就含冤死于狱中。他咏赞的"仙人配"虽精美细微，但蕴含了自己忧郁沉闷的生活情绪。最后又借宋代诗人叶绍翁《寄赵眉翁·两度驰书未报音》的诗意，表达自己第二次决计南归考试，却迟迟不能成行的急切心情。咸丰十年（1860年）沈家本曾准备回浙参加乡试，因为太平军席卷江南，道路阻遏而未能成行，失去了一次进阶举人的机会，为此写下五律《整装南归，袁江沦陷，道阻不果行》：

> 零雪涂方戒，迟徊百虑罩。
> 暮云栖屋角，春雨梦江南。
> 程滞依依燕，门留劫劫骖。
> 清淮烽火恶，消息畏频探。

记录了当时的心情。这次南归的决定，已经是第二次了，这次虽没什么阻隔，却因为闰月，推迟了行程，总是有些郁闷。南归必是要与父母亲朋通信告知，故而是"两度书"。显然这首诗中的"桃源"已经是"风景"了。

沈家本先生最后一首提到"桃源"的诗，是他脱离政坛之后所作的《小园诗二十四首》之二《桃》：

> 嫣然一树倚东垣，露蕊烟梢护画潘。
> 海内风尘还未息，不知何处是仙源。

1912年民国政府动荡不安，政府阁员似走马灯换来换去，国家不得太平，百姓不得安宁。退出政坛的老人与世无争，但忧心忡忡，他在自家花园闲赏，却联想到国家的安宁。"海内风尘还未息，不知何处是仙源。"现实的桃源仙境在哪里呢？这里的"仙源"已经不是一个风景秀丽的景区，而是安定、富强的家国。

从这几首提到桃源的诗，可以体会出沈家本先生思想、感情的变化与成熟，他从一位充满幻想与激情的青年，成为审时度势、忧国忧民的老人。他期盼家国安宁强盛的深情，令人感佩。

6. 寄簃公的通州诗

北京的通州，历来是北京的东大门，是东南向出入北京的必经之途。北京的铁路线建成之前，东南向出京，都要先到通州，然后或乘船走水路，或继续雇车走陆路到天津。如果再南下，就要改从天津码头乘海轮，是最快捷方便的。

同治四年（1865年）作为刑部候补郎中的沈家本请假回籍应举。六月十九日这天早晨，沈家本从宣外兵马司后街的湖州会馆出发，一路向东"出东便门，二十五里双桥，十五里通州，进西门，宿北门永茂店"（同治四年日记）。初夏时光，北京已很热，感慨这一路辛苦，写下了《六月十九日出都宿通州》这首轻松欢快的五言绝句：

> 冒暑轻装发，缁尘逐马蹄。
> 南薰桥下路，斜日白河西。

冒着夏天的暑热轻装出发，一路飞扬的黑黑尘土，追逐着驾车的马蹄嬉戏。穿过南薰桥边的马路，日头西斜的时光，到了白河西侧的永茂旅店。南薰桥，《清一统志·顺天府三》记有：南薰桥"在通州东关外稍南通惠河上，为宝坻、香河大路"。如今在通州已经找不到这个地名了。白河，应该就是潮白河，在今之通州潞河镇。坐在马车上，一路颠簸、尘土飞扬，这滋味可想而知。寄簃公却写得轻松愉快，甚至那黑色的尘土飞扬，竟是在追逐着马蹄儿嬉戏，整整一天的路程，好像只过了一座桥一条河。欢快的诗情，正表达了诗人愉悦的心境。回浙应举，是沈家本多年的愿望。前者，因为太平军横扫江浙，道路受阻，后来又是随父在贵州应事不得分身，这次终得愿望实现；又可以与分别一年多的父母、兄弟团聚，两件令人愉快的好事，酿成了这欢快的诗篇。

乡试一举得中，之后访亲拜友、游山玩水，一晃半年过去，已经是同治五年（1866年）元月，假期将满，该回京上班了。这次回浙，沈家本是高兴而来，满意而归。他不但获得举人功名，归途中还在烟台迎娶了陈氏夫人。最后从天津回京的路程，自然还是雇乘马车。再次路过通州，心境已大不相同。这时他已经是既有功名，又有家室的官人了。改不了的知识分子的毛病，也重新复发，每过一地，刨根问底，因得七言绝句四首，记述所经地方的古迹。题为《通州杂咏四首》：

延芳村外延芳淀，百里烟波访故辽。
暑意未沮凉意动，采菱歌里泛清桡。（延芳淀）
仗前云拥只孙衣，齐上高台纵猎归。
唱到呼鹰来一曲，雄狐魂断草深肥。（呼鹰台）
人生到此总魂销，杖策来登南浦桥。
杨柳依依偏有意，绊人还挂万千条。（南浦桥）
风帆百幅马千蹄，石坝东连土坝低。
辛苦天仓般运力，莫将珠玉杂沙泥。（石坝、土坝）

全诗记录了通州地区的延芳淀、呼鹰台、南浦桥和石坝土坝四处古迹。延芳淀是辽金元时期皇家狩猎及休闲游乐的大片湿地。据《辽史》记载，这里"方数百里，春时鹅鹜所聚，夏秋多菱芡"。萧太后在延芳淀建起了固定的行宫，后逐步萎缩分散为多个较小的水域，现在漷县还存有萧太后驻跸井等遗迹。2016年，北京市决定重建，规划面积是1480公顷的湿地公园，改善气候环境，再现当年延芳淀盛景。呼鹰台，在通州南三十五里仓上村。据《元史·武宗纪》记载，当地有一个叫伊玛噶的人，妄称上级委托，括地蚕食百姓，以有主之田，指为荒地，攫为己有。引起骚动，被害之民六百余人，相率来诉。地方官刚刚给他定罪处罚，恰逢大赦他又获免。出狱后，伊玛噶妄称他抢夺的土地是为献给皇子和实拉，继续危害百姓。皇子和实拉十分气愤，请求设立总管府，并说这一带连岁凶荒，人方缺食，伊玛噶之流为害一方必须严加管理。武宗皇帝说："安用多言，其止勿行。"至大元年（1308年）七月"筑呼鹰台于潞州泽中，发军千五百人助其役"。太子和实拉在这里建立总管府衙并且获1500人的队伍的支持，同时在潞州水泽中建了一座呼鹰台①，为皇室游乐。南浦桥即南浦闸，历史上大运河的通州闸有两座，又名通流闸，上闸在今通州新华大街与人民路交叉口，下闸在通州南门外。明代称南浦闸。石坝、土坝，为调整水位以便通航所建。据史载，今之玉带河为明代通州的护城河。是引通惠河水，自通州新城西门外南流，经新城西门、新城南门、旧城南门，再与东水关流出的通惠河汇合南流，流经南浦闸、土桥至张家湾与凉水河汇合，流入北运河。作为京城漕运仓储重地，为了运储安全，修浚工程将码头移到城北门外新开凿的通惠河口以南。在大运河西岸建成了南北毗邻的石坝码头和土坝码头，谓之"二坝"，是曾经盛极一时的通州漕运重地。石坝在现今通州石坝遗址公园一带；土坝以木排桩挡土夯筑而成，位于今通州旧城东门外的运河西。"风帆百幅马千蹄，石坝东连土坝低。辛苦天仓般运力，莫将珠玉杂沙泥。"既描写了当初繁华的石、土两坝景象，又表达了自己对运漕劳力的同情和对粮食的珍惜。从中也可读出沈家本先生内心的仁爱精神。

在出京南下，逗留通州时，沈家本曾到通州试院游览，但并未成诗。回来路过，虽无暇再去，然十分感慨，于是写下了《通州试院戏作四绝句》。那是因为他5岁随父进京，不可能回湖州就读县乡学堂，也无法参加归安县的童子试（院试），也就没有生员（即秀才）资格。同治三年（1864年）沈丙莹去职归里，沈家本抵京援例入刑部就职，只是一名"监生"，心中很是

---

① 呼鹰台，一种取乐游戏地，即在泽中建台，人们在台上击鼓作乐，惊起水中禽类，招来飞鹰追逐，以观其乐。

不爽。明清时代，有一个"纳粟入监"的制度。其制始于明代中叶，行至清末。"纳粟入监"就是花银子捐一个"监生"的身份，就可以取得乡试入场资格。这个制度给一些失去就读县乡学堂机会，又有心向上的年轻人，开了一个方便之门。当然也给了那些县乡学堂屡试不能过关，或有钱的不肯读书的纨绔子弟，花钱买个虚名的机会，有了这个虚名，就可以享受与正式生员相同的待遇。但对于真正入职做官的人，这种捐出来的身份，虽然也是制度允许的，但总是要被人诟病，自己也会觉得名不正，言不顺。沈家本就是凭借父亲捐银获得的"监生"头衔，才有资格返浙乡试。在沈家本参加礼部会试的朱卷的履历上，学历一节写的就是"浙江湖州府归安县监生"。这次中举，终于摆脱了"捐"的瑕疵，自然感慨万千。《通州试院戏作四绝句》：

平生足未踢虞庠，此日风檐费校量。
走马看花才一霎，漫将命运论文章。

虫书鸟篆太支离，大诰盘庚估屈奇。
濡墨吮毫粗点定，一行官烛四更时。

张冠李戴洵奇事，西抹东涂有秘传。
篇幅未终真绝倒，奚奴背笑阿侬颠。

过眼战场迷五色，未闻方叔怨东坡。
但教不把初心负，沧海遗珠莫遽诃。

第一首的首联"平生足未踢虞庠，此日风檐费校量"点明自己没有进过县乡公学，没有体验过考场的紧张与思索。虞庠，即指县乡学堂。《礼记·王制》："周人养国老于东胶，养庶老于虞庠。"郑玄注曰："虞庠，亦小学也。"由此人们常以"虞庠"代称乡县小学。风檐，试院的考场，古代各级科举考试的考场，都是联排小房，各人一间，房内只有桌椅、笔墨、一张单人小床。房间无窗无门敞开露天，以便于监考。因不遮风雨，故称"风檐"。次联"走马看花才一霎，漫将命运论文章"表达了沈家本先生对科举取士的质疑，考试不过是短暂一时，因此就断定了一生的命运，这实在是过于残酷。

第二首"虫书鸟篆太支离，大诰盘庚佶屈奇。濡墨吮毫粗点定，一行官烛四更时"，考试的题目，古籀篆文难于识别，《大诰》《盘庚》之类的古文艰涩难懂。抓紧时间入墨吮毫圈点写作刚刚结束，采光的蜡烛已经快要耗尽，时间已是四更天。描绘了莘莘学子考试的辛苦。

第三首"张冠李戴洵奇事，西抹东涂有秘传。篇幅未终真绝倒，奚奴背笑阿侬颠"则是真正的"戏题"。因为是童子试，知识尚很浅薄，所以答卷中张冠李戴、东涂西抹的事常有发生。一篇文章还没写完，那些奇谈悖论，已经令人叫绝，就连无知的仆人都会背过身去偷偷取笑，旁边看到的人会笑得哈腰发癫。奚奴，古人称仆人为奚奴。阿侬，吴地方言"我们"，这里泛指旁边的人。

第四首"过眼战场迷五色，未闻方叔怨东坡。但教不把初心负，沧海遗珠莫遽诃"是表白了自己对科举的考试成败的心态。《老子》有曰："五色令人目盲；五音令人耳聋；五味令人口爽；驰骋畋猎，令人心发狂；难得之货，令人行妨；是以圣人为腹不为目，故去彼取此。"所以沈家本先生把临场考试看作"过眼战场"，切勿因成功迷于五色一样，乱了自己的心智。不论成败，都要有"未闻方叔怨东坡"的坦然心态。宋代朱弁《风月堂诗话》有《东坡知贡举》一文，写了苏轼与李豸的故事。苏轼被派作主管乡试考官，有个叫李豸（字方叔）的，很早就被苏东坡所赏识。方叔这年来到省城应考。因为方叔文采出众，又与主考官相熟，大家都想和他结识。各位主考的官员也希望李豸的卷子分配到自己手中，录取一名有才之士。苏东坡也说不管是谁看到他的卷子，都会以第一名来录取李豸。科举考试，和现在的高考差不多，卷子是匿名的，阅卷考官看不到考生名字。等到阅卷完毕，弥封开启，前十名竟没有李豸，考官们都惊奇不已。等到发榜时，李豸根本没有被录取，众人都为李豸感到叹息。李豸却默默回了阳翟（在今河南禹州）老家，并未对苏轼有什么怨言。沈家本先生用这一典故自鉴，表示做事不论成败，都不要怨天尤人。所以要"但教不把初心负，沧海遗珠莫遽诃"。只要自己坚持报国奋进的初心，即使终结成为"沧海遗珠"也不必过于介意。

几首通州诗虽表达了不同的情感，但不难看出沈家本先生一生乐观向上、坚忍不拔的精神，也可以感受到他丰富渊博的知识底蕴，可以把历史典故运用自如。

现在已经找不到通州试院遗址了。有杂史记，应该就在燃灯塔前的院落。清末改革时期，科举废除，科考房舍简陋，长期废置，破烂不堪，逐渐被清除。燃灯塔，辽代创建，明、清多次重修。为八角十三级密檐式实心砖塔，高约 45 米。须弥座双束腰，每面均有精美的砖雕。是北京市市级文物保护单位，现在通州区西海子公园内。

7. 重游天宁寺

忙忙碌碌，已经是光绪三十一年（1905 年）秋了。

中国人的传统，有九九重阳登高赏菊的习惯。既是度过炎热后的休闲，也是文人骚客们的雅聚。几多相好聚于一个风景如画的地方，传杯送盏赋诗相和，的确是一种享受。尤其是北京，秋高气爽是最美的季节，即便是再忙，人们也会抽点时间郊游赏秋。

沈家本先生自光绪二十七年（1901 年）年底回到北京，开始忙碌。先是整理刑部部务，继而受命修订法律，已经多年无暇顾及登高赏秋之类的雅事了。

这年的重阳（10 月 7 日），终于偷得半日闲，约了几位好友，在四儿承煌（笔者祖父）陪同下驱车天宁寺，准备登临天宁宝塔，一览秋色。

这天宁寺，在现今北京西城区天宁寺桥的西南，寺内天宁寺塔，是北京现存著名的古塔之一。《日下旧闻考》考证，天宁寺始建于 5 世纪北魏孝文帝时，初名光林寺。隋仁寿二年（602 年）改称宏业寺。唐开元改称天王寺。金大定二十一年（1181 年）更名大万安禅寺。元代寺院毁于兵火，殿宇无存。明永乐时重修，宣德间改称天宁寺至今。天宁寺坐北朝南，院内有天宁古塔、清代重建山门、弥陀殿。有乾隆二十一年（1756年）、四十七年（1782年）两次重修之碑记等文物。天宁寺塔始建无明文纪年。相传为隋时所建，据梁思成考证应为辽代建成。

照今天的路况，从金井胡同到天宁寺没多少距离，但在当时却有相当路程。早起，刁玉收拾好马车，又把沿途所需安顿好，父子二人就登车出发了。

车马嘚嘚，晃晃摇摇，车中光线昏暗，承煌昏昏欲睡，老人也眯眼养神，一幕幕往事却涌上心头。

十四年前的七月七日（1892年8月28日），曾与同司友人王虎文、冯悦轩约游南河泡，遇雨不成行改到天宁寺。那时或许是中年沈家本先生最为煎熬的时日。同治三年（1864年）进入刑部，次年中举，之后苦读18年直到光绪九年（1883年）才得中进士。本来已得到晋升的资质，却被京察缠绕了整整十年，眼看又一次京察到来，这次的命运又当如何？眼见同科、同僚纷纷或升或放，自己仍在苦苦检阅秋审案卷、撰驳拟批为人作嫁。天命已过，未来如何？难道此生就在这一介京官的平淡中度过？秋审处的压力、官场的尔虞等，这一切都使沈家本心生厌倦忧心忡忡，虽然把精力花费在律学研究上，成果斐然；也未放弃自己所爱的经史研究，硕果累累，但那济世报国的初心却杳然无望，仕途前景更是渺茫。人到中年的沈家本，心情的压抑可想而知。那时的诗自然流露了当时的心境："为厌城市嚣，客里动秋兴。"城市的喧嚣已经厌烦，只好寻觅秋景以得安宁。然而"黑云压涂径"清净难寻。只得"胡为苦形役，人海渐躯藏。近惭流水逝，远愧飞云翔"。可见沈家本先生当时的心境是何等低落。这些诗句是14年前与同司友人王虎文、冯悦轩约游南河泡，遇雨不成行改到天宁寺后的记忆。

马车停了，刁玉放好了马凳，承煌搀扶老人下了马车。早有相约而来的许世英（俊人）、董康（授经）等人迎上前来，打躬作揖寒暄一番。边走边谈，落座塔射山房茶座。香茗沏上，热檬小菜一一摆好，沈家本举杯邀在座各位小饮。

郊游赏秋，不过山南海北漫无边际。闲谈之中，许世英问曰："大人，近闻湖州海岛一案争讼结案,湖州临湖,这海岛难不成是在湖中吗?"沈家本笑曰:"名称而已,相传大禹治水,当时湖州一带一片汪洋。大禹命祖居湖州人防风氏在太湖治水,见河湖连片,只此一处高地,曰此如海岛,此言一出,'海岛'一带就此名之,相传至今。"于是话题渐渐转入厅堂大事,先是谈及了刚刚平息的潘御史弹劾风波,又说到成立法律学堂的种种事宜。

  沈家本说道:"当今官制改革,改大理寺为大理院已成定局,大理院将专司审判,不比以往刑部、法部诸事一体。新式审判也与以往升堂断案完全不同,不知二位有一试新制之意否?"许、董二人稍作沉思,许世英说:"前以应承往巡警总厅任事,不便食言了。"沈家本说:"巡警厅事关治安,十分重要,在彼也是前途无量的,也并未脱离法界,修律事宜以后还得关顾啊。"许世英当即答曰:"那是自然那是自然。"老人转而问董康:"授经做如何打算?"董康答曰:"专注司法多年,沈大人栽培有加,自是听随沈大人差遣。"沈家本忙说:"这是哪里的话,这多年来,整理刑部、法律改革、采书文字多有仰仗,前行诸事正要依靠,能襄助执事,是再好不过啊。"许世英说:"大人执理大理院可有定论?"沈家本说:"听菊人(徐世昌)说庆亲王已经首肯,正拟奏章,想来太后那边应该不会有异议,庆亲王那边正催办《法院编制法》。只是刑部改法部戴尚书尚在斟酌。"董康说:"恐怕将来部院权限还得厘定,否则专司审判也是举步维艰啊。"沈家本说:"授经所言极是,大理院专司审判,不受行政干涉,此乃不可动摇之原则,权限厘定是极其必要的,恐怕也是极难的事了,不过这是必须力争的,否则司法改革将前功尽弃。"许世英也说:"听说张堂(张仁黼)正为如何保持法部复审之权伤脑筋,研究举措呢。"董康说:"此必有一番争持。"沈家本说:"为立新式审判之原则,也只能破釜沉舟一争到底了,总不能眼看改革之势,废之一旦吧。"

  几位正侃侃而谈,一旁默默不语的承煌插话说:"今天是来赏秋,还是商谈国事啊。如此美景秋色,不可冷落啊。"大家哈哈大笑,沈家本于是起身说:"走走看看吧,已经14年不到这寺中来了,当年同游者已经四散,哦,

三 品读寄簃公的诗情书意（一）

人去物在，这天宁寺塔倒还是老样子啊。"

几位巡塔漫步。秋风徐徐，塔铃叮叮，阴处光暗僻静，阳处秋光明媚，游人甚少，清净安宁，确是一派迷人金黄色。见景生情，老人随口道："空山新雨后，天气晚来秋。（王维《山居秋暝》句）秋光虽好，可是已近寒冬了啊。"见老人有些悲秋之情，董康说道："无意苦争春，一任群芳妒。零落成泥碾作尘，只有香如故。陆游这首《卜算子》也真道出了他不苟且、不阿谀，孤芳自持之真性情啊。"许世英也说："放翁一生光明磊落，不屈不挠，真不愧一代贤明啊。"

老人感慨万千，说："王维也好，陆游也罢，都是后人之楷模，我们也只有做好今日之事，方不枉一生啊。"说到此时，老人突然想起当年游览通州试院时，自己写下的诗句"但教不把初心负，沧海遗珠莫遽诃"。弹指间40年过去，当时年轻，雄心豪志，如今虽已暮年，终于可以践行自己当年立志报国的初心，真是"沧海遗珠莫遽诃"啊。

攀缘天宁寺塔基院落，一株老树已经倾斜，粗壮的树根露出地面，一通记录修缮天宁寺的功德碑已经折断，字迹也模糊不清了。塔前的一片婆娑秋菊虽已易主，然而依然迎着秋寒盛开。14年前的聚会，历历在目，真是弹指之间啊。

夕阳西下，驱车返程。

回去，还是忙碌的一天天。

一路上，冥思遐想，回到金井胡同1号，写下了《重游天宁寺》七言律诗：

　　　　不到精蓝十四年，酒香茶熟记从前。
　　　　重来尚识隋时塔，铃语劢当听未全。
　　　　老树横攲根半死，穹碑摧断字多亡。
　　　　惟留荒圃三弓地，菊影伶俜对夕阳。
　　　　寻秋都喜最高台，往日登临野色开。
　　　　不为催租人败兴，翻教鸠占鹊巢来。

8. 沈家本考《兰亭修禊人数》

沈家本先生《日南随笔》的开篇之作，卷一的《兰亭修禊人数》，考证了当时王羲之召集的兰亭禊事活动的参与人数。开头语即开宗明义曰"王逸少修禊兰亭，群贤毕至。其预会者，世传人数互有歧异"。

王逸少，王羲之字。王羲之生于西晋惠帝太安二年（303年），山东琅琊（临沂）人，先后为官浙江吴兴、绍兴等地。东晋升平五年（361年），王羲之卒于会稽金庭（今浙江绍兴嵊州市），葬于金庭瀑布山（又称紫藤山）。修禊是古代一种民俗活动，于每年农历三月上旬的巳日（因三月上巳，常常是三月三日，三国魏以后习惯固定为三月初三）到水边嬉戏，以祓除不祥，称为修禊，或称禊事，世传逐步形成文人雅士聚会赏春活动。当代每年常有的春游，或许是修禊活动的演变。现在一些少数民族三月三泼水节，似有古之遗风。王羲之《兰亭集序》："永和九年，岁在癸丑，暮春之初，会于会稽山阴之兰亭，修禊事也。"说的就是东晋穆帝永和九年（353年）王羲之为修禊事召集了一次雅聚。这次盛会因为名人荟萃，又成《兰亭集》特别是王羲之《兰亭集序》的精湛书法，为后人称道，可谓中国古代最有名的一次"派对"。然而与会人数，历代多有考证，却其说不一，故而沈家本先生也就此考证了一番。

沈家本首先列举宋代桑世昌《兰亭考》收集的《兰亭集》刻本，第一篇是王羲之《兰亭集序》，然后是与会诸人诗作，最后是孙绰《兰亭后序》。沈家本写道："自羲之而下，凡四十二人。其成二篇者十一人：右将军会稽内史王羲之、司徒谢安（原注：一云琅琊王友。按《晋书·安传》，安尔时'除尚书郎，琅邪王友，不起'。）则一本是也。"又指出"《云谷杂记》亦作琅琊王友"，以确认。接着就一一列出桑世昌《兰亭考》收集的《兰亭集》刻本排列的成诗二篇者名单，并兼引《云谷杂记》说明："司徒左西属谢万、左司马孙绰、行参军徐丰之、前余姚令（《云谷杂记》作'余杭'）、孙统、王凝之、王宿之（《云谷杂记》作'肃之'）、王彬之（《云谷杂记》作'前永兴令'）、王徽之、陈郡袁峤之。"

"成一篇者一十五人：散骑常侍郄昙、前参军（《云谷杂记》'前'作'行'）王丰之、前上虞令华茂、颖川庾友、镇军司马虞说、郡功曹魏滂、郡王官佐谢怿（原注一作'绎'，《云谷杂记》亦作'绎'）、颖川庾蕴、前中军参军陈嗣、行参军曹茂之、徐州西平曹华平（原注《漫录》云'曹华平似应云西曹华平'，石刻作'华平'）、荥阳桓伟、王元之、王蕴、王涣之。"曲水流觞，作诗有成者，必有不成者，作不成，还要罚酒，因此，"诗不成罚酒三觥者一十六人：侍郎谢瑰、镇国大将军掾卞迪、行参军事印丘髦、王献之、行将军羊模（《云谷杂记》作'行参军杨模'）、参军孔炽、参军刘密、山阴令虞谷、府功曹劳夷、府主簿后绵（原注一作'泽'）、前长岑令华耆、前余姚令谢滕（《云谷杂记》作'藤'。按：《世说注》作'胜'，当以'胜'为是）、府主簿任儗（原注一作'汪假'，《云谷杂记》作'凝'）、任城吕系、任城吕本、彭城曹礼。（原注一作'禋'。《晋列传》有李充，《天章碑》则无之。《云谷杂记》'礼'作'禋'。《晋书·王羲之传》：'孙绰、李充、许询、支遁等皆以文义冠世，并筑室东土，与羲之同好。尝与同志宴集于会稽山阴之兰亭，羲之自为之序。'按：《晋书·王羲之传》文上下本不相蒙，修禊惟绰独与，亦偶然事。如以李充为疑，何询、遁亦不与耶？何延之记有支遁。）姓氏、爵里具详，则作四十二人者为审。张淏《云谷杂记》卷一。所载与此略同，可互证也。何延之《兰亭记》、张怀瓘《书断》均云'右军与孙统等四十一人'者，观其用一'与'字，盖不数右军，故为四十一，词气应尔，非有抵捂。刘峻《世说注》卷六作四十一人，或传写讹二为一。又有作二十四人、三十一人者，皆误。"

从沈家本的一番考证，兰亭雅聚当以四十二人为确。

王羲之曾于东晋永和四年（348年）任吴兴太守，其间督课农桑，生养人口，开仓赈灾，重视教化，力除政弊，被湖州人奉为"贤太守"。湖州历代筑有"三贤祠""四贤堂""五贤祠""九贤祠"供奉。虽然《晋史》无载，但南朝梁吴均的《入东记》、陶弘景的《与梁武帝论书启》等均记载有他在吴兴的事迹。陶弘景的《与梁武帝论书启》中说："逸少自吴兴以前诸书，犹为未称，凡厥好迹，皆是向在会稽时。"永和十许年中也有专家考证"王羲之确曾任吴兴太守"（《临沂师专学报》1994年第2期）。

王羲之在湖州任时写有《裹鲊帖》。释文：

"裹鲊味佳，今致君。所须可示，勿难。当以语虞令。"

这是当时吴兴的一种美食，经过腌制并拌米粉用荷叶包裹蒸的鱼块，十分美味，王羲之经常用来送给亲朋好友，这是他送"裹鲊"留下的一张便条，现在成了法帖。元代赵孟頫《论书》诗曰："右军潇洒更清真，落笔奔腾思入云；裹鲊若能长在世，子鸾未必可惊人。"这是对王羲之在吴兴写的《裹鲊帖》的由衷赞美。《兰亭序》是王羲之47岁时的书作，记述的是羲之和友人雅士会聚兰亭（今浙江绍兴西南兰清）盛游之事，其书从容娴和，气盛神凝。据传唐太宗李世民酷爱其书法，认为《兰亭序》是"尽善尽美"之作，死后将它一同葬入陵墓。现传《兰亭序》之真伪，曾有过大争论，几乎要挖李世民的墓了。但是《兰亭序》的艺术价值却是一致公认的。宋代米芾诗云："翰墨风流冠古今，鹅池谁不爱山阴；此书虽向昭陵朽，刻石尤能易万金。"

兰亭在绍兴的西南部，离城约13公里。这个古朴典雅的园子虽然不大，却为中外游人所瞩目。据历史记载，东晋永和九年（353年）三月三日，王羲之与友人谢安、孙绰等名流及亲朋共42人聚会于会稽郡城的兰亭，行修禊之礼，曲水流觞，饮酒赋诗。后来王羲之汇集各人的诗文编成集子，并写了一篇序，这就是著名的《兰亭集序》。传说当时王羲之乘着酒兴方酣之际，用蚕茧纸、鼠须笔疾书此序，通篇28行，324字，凡字有复重者，皆变化不一，精美绝伦。

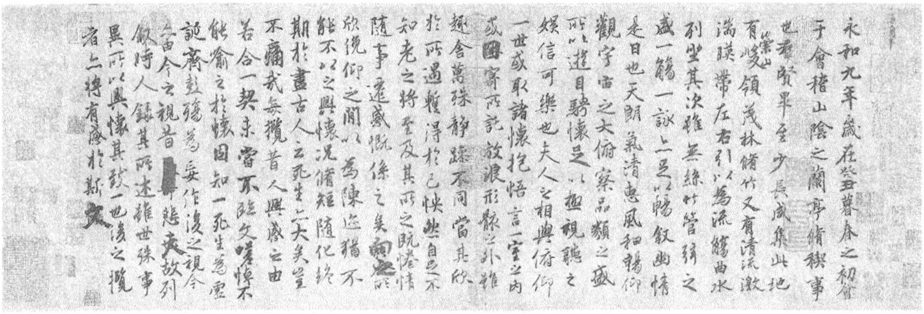

图12 兰亭序书法图片

9. 沈寄簃讨论风筝的起源

  风筝的起源，早有人论证，其说纷纭。沈家本先生在《日南随笔·纸鸢》中就自己所见有关"纸鸢"的文献，也对风筝的起源作了一番讨论。字典词条说：鸢，鸟也，鹰科，头顶及喉部白色，嘴带蓝色，体上部褐色，微带紫，两翼黑褐色，腹部淡赤，尾尖分叉，四趾都有钩爪，捕食蛇、鼠、蜥蜴、鱼等。纸鸢既纸鸟，也就是风筝。

  沈家本先生，一开始就举出郎瑛《七修类稿》关于纸鸢的记载："纸鸢本五代汉隐帝与李业所造，为宫中之戏者。（原注见《李业传》）而《纪原》以韩信为陈豨造，放以量未央之远近。又曰侯景攻梁台城，内外断绝，羊侃令小儿放纸鸢，藏诏于中，以达援军。"郎瑛论证说："二说俱不见史，且无理焉。线之高下，岂可计地之远近？羊侃又何必令小儿放之，放之而纸鸢之坠，又何必在于援军地耶？"突出了郎瑛"其为李业所始无疑"的结论。继而沈家本就明确地否定了"其为李业所始无疑"的结论，指出"郎说非也"。然后就此进行了反复的论证。

  他举出陆游祖父陆佃的《埤雅·释鸟》的说法："墨子作木鸢，三日不集。公输子之云梯，墨子之飞鸢是也。今之纸鸢引丝而上，令小儿张口望视，以泄内热，盖放于此。"对此，沈家本先生评论说：陆佃，是有名的博洽群书的学问家，如果纸鸢是李邺首创，那么陆佃的时代与李邺很近，不会不知道李邺其人，如果纸鸢是李邺首创，怎么会不提及李邺而只引用了更久远的《墨子》呢？他指出唐代杨誉有《纸鸢赋》，而也是唐代的诗人罗隐更有《寒食日早出城东》诗，也有"回头望纸鸢"的诗句。沈家本先生又举唐末人路德延的《小儿诗》为证。

这个路德延年少时，可谓青年才俊，因伯父路岩遭贬谪而受牵连，出仕很晚。河中节度使朱友谦请他做了掌书记。起初朱友谦因其才华，对路德延十分礼遇。但路德延性格浮薄骄慢，经常出言不逊顶撞朱友谦，朱友谦常常予以谅解。后来路德延竟然以一首五十言的《小儿诗》，惟妙惟肖地讥刺朱友谦，令朱友谦忍无可忍。于是朱友谦乘一次酒醉之机，将路德延沉于黄河。

路德延之死令人惋惜，然而他的《小儿诗》却是一篇佳作，为后人欣赏。这里沈家本先生，并非赞赏这千古佳作，而只是以诗中"添丝放纸鸢"之句，以及"徐夤《溪隐》诗有'春风却放纸为鸢'"证明"唐时早有纸鸢之戏"，而得出"其不始终邺明甚"的结论。

进而沈家本先生指出："欧阳《五代史》言帝与邺及聂文进、后赞、郭允明等放纸鸢于宫中，本未尝专指邺造。《薛史》并不载此事，今本《薛史》系从《永乐大典》录出，已失其旧。或郎氏尚及见全本欤？未知郎氏何据而云然。"指明郎瑛的说法证据不足。

沈家本先生又指出："唐李冗《独异志》：'梁武帝太清三年，侯景反，围台城，远近不通。简文与太子大器为计，缚纸鸢飞空，告急于州'，与《纪原》所言略异。《南史·侯景传》有羊车儿献计作纸鸦，系以长绳云云，则是鸦非鸢，与二书所言又异。"历史文献的记载虽有差异，但并不影响事件本身的存在。

沈家本先生又以庾信《哀江南赋》佐证。庾信，字子山，祖籍南阳新野。南北朝时期大文学家，宫体文学的代表作家。庾信的《哀江南赋》，内容复杂，情感深邃。赋中有对命运的哀痛，有对于梁政治的反思，更有对于家国的哀恸。《哀江南赋序》以抒情为主，简略交代了写作此赋的背景、缘起与内容。《哀江南赋》则以作者的身世遭遇为线索，描述了梁朝由兴至衰的过程与作者的自身经历，是一篇有韵的自传和时录，叙述中揭示了侯景之乱和江陵之祸的前因后果。

长篇的《哀江南赋》有"将军死绥，路绝重围。烽随星落，书逐鸢飞。乃韩分赵裂，鼓卧旗折。失群班马，迷轮乱辙"的句子，正是沈家本先生用以佐"放纸鸢，藏诏于中，以达援军"的证据。他指出："'烽随星落，书逐鸢飞。'信赋乃序当时之事，所言必足据，则《南史》之鸦亦宜作鸢。总之梁武之事，无论为鸦为鸢，固见于正史。"他设问"郎氏岂未之考耶？"郎瑛难道没有考证过吗？

沈家本又检出元好问《壬辰十二月车驾东狩后即事五首》之一，也有含有"纸鸢"的诗句。原诗为："翠被匆匆见执鞭，戴盆郁郁梦瞻天。只知河朔归铜马，又说台城堕纸鸢。血肉正应皇极数，衣冠不及广明年。何时真得携家去，万里秋风一钓船。"

沈家本先生指出："'又说台城堕纸鸢'句，用梁武事。"又说"唐张伾守临洺，为田悦等所攻，马燧等救兵未进，伾急以纸鸢放过悦营，悦射之不及，乃落燧营，言三日不救洺，人且为悦食，燧等遂进解围"，这是"踵梁人故智而获济"。已经完全可以证明郎瑛否定"放纸鸢，藏诏于中，以达援军定"是错误的判断。

否定了郎瑛、李业首创纸鸢之戏，那么陆佃的《埤雅·释鸟》"墨子作木鸢，三日不集"的说法自然得到了肯定。现在的风筝，起源于"墨子作木鸢"是无疑的了。

文章的最后，沈家本先生补充说："至韩信事，见宋曾敏行《独醒杂志》，卷一。元无名氏《诚斋杂记》亦载之。盖世俗相传之说，未见正史，不足为凭。"也表明考证之学，必须求得"信史"文献，才能获得正确的答案。这或许也是对今之学问家的启迪。

10. 寄簃公说"推步"与"风水"

前些日子有个电视剧，剧中有个大师，专门算卦又看风水。在这位大师的鼓噪下，一处一处发生过非正常死亡事件的"凶宅"顺利卖了出去。继而就要与这个房产中介合作，以看风水为标签，大肆抬高房价，赚取不义之财。幸亏这个中介的店长并非黑心，不但不予合作，还揭露了"大师"的无耻手段。这就让我想起社会上风风火火的擅推命运、能观风水的"大师"，竟招得那么多名人、达官膜拜，令人莫名其妙。后来"大师"真颜败露，树倒猢狲散。才知道，原来膜拜大师的人，无非是为"心中有鬼"祈求保护，或是投靠大师为结高官寻求庇护或某种好处。所谓大师，不过是招摇撞骗，乘机得利的江湖骗子。摊开来看，不过是一摊污泥浊水。

那么，沈家本先生对推命、风水之类又是如何看待呢？读他的《日南随笔》可略有所解。

《日南随笔》八卷最后有《推步》《风水》两篇短文，说的就是算命和看风水。

推步，原本是古人推算天象历法的方法。谓日月转运于天，犹如人之行步，可推算而知，谓之推步。唐高宗李治第六子李贤曰："推步谓究日月五星之度，昏旦节气之差。"但有人利用星象推演，推算人之命运，甚至预测生、老、病、死，推算祸福，就进入了玄学之路，推步就等同于算命了，"推步"于是就等同于"推命"了。

沈家本先生《推步》一文中所谓推步，指的就是推命。短文首先录出宋代刚方正直、敢言不避的名臣汪应辰（圣锡）的短文《赠杜术士序》。是序开头就指出："世之推步五行以谈祸福者，皆祖李虚中。"李虚中（761—813年），字常容，唐魏郡（今河北大名）人。著有《李虚中命书》，是世传最早的命相专著，从汪应辰之序可知，世上"推步五行以谈祸福者"都是步李虚中之后学。现代算命占卦研究命相者，皆以之为鼻祖。

汪序接着说："为虚中者，其自考必审，其自信必确矣。然乃服药觊幸长生而顾以速死，是不知命之有制而欲以力胜也。"就是说，从事李虚中那种"推步五行以谈祸福"职业的人，给自己推步时一定是十分谨慎的，他相信他的推步是正确的。但是用推步之法，推断服用某种药物"觊幸长生"，其结果一定是"速死"，这就是不懂得人的寿命是有自然规律的，是妄图以人力对抗自然规律了。汪应辰作了一番简单的论述之后，得出了"其自考者如此，何以考他人之祸福乎？其自信者如此，何以使人之信乎？"这些从事推步的人，为自己推步尚且如此，怎么会令别人信服呢？"世人不考其源流，随而信之，此吾所未喻也。"真是不可思议啊。汪应辰的结论是"君子之安命，非能逆其淹速之度，要以为非人力所能致，故一切任之而已耳"。人的安危与命运，是不能违背自然规律的，不是人力可以轻易逆转的，所以要认清事物的自然规律。不相信那种"茫昧恍惚不可致诘之语"，企图躲避自然发展的规律。

寄簃公赞赏汪应辰的论述，说："圣锡此言，足以解世人之惑。"

于是寄簃公讲了一个自己认识的"安州陈某"的故事。这位陈某自认为精通子平之学。子平即传说中的宋代精于星命之学的徐子平，被称为后世术士之宗。故后世又称数术之学为子平之学。这位陈某认识一位山西籍的翰林院的翰林（俗称太史），为这位翰林推命，认为斯人日后必会大富大贵。于是陈某把自己做教书先生积累的养老之资六七百金，如数借给了这位翰林大人，希望将来这位太史大富大贵时，可以因而得到更大回报。然而这位翰林先生真的显示了富贵的苗头。先是被任命为科举考试的阅卷人，又升任司业（国子监的副长官，掌国子监及各学的教法、政令。清设满、蒙、汉各一人，正六品官员），看似前途无量，"骎骎乎将大贵矣"。但是，身为国子监司业的小官，要参加三年一次的察典（就是考核大典）。这位太史在察典时因

"性情乖张，品行平常"被评为差等而丢了官。"罢官之后，债宫高筑，举无以偿。陈某半世积累一旦失之，追悔无及。"寄簃公短文最后说："术数之不可深信如此，特书此事以为鉴焉。"沈家本先生百年前已经提出了警告，殊不知已经进入科学飞跃发展的时代，还有许多人去花钱算命，也真是匪夷所思。

和推命相表里的风水，则是人们寄望于借助外力而达到梦中欲望的期盼。风水之学是以地势、方位判断气运的方法学。沈家本先生在《风水》一文中说："风水之说有之乎？曰有之。兴隆之家必据胜地，其初不必有所择也。"风水之说是有的，那些兴隆之家住的地方一定是风水宝地，其实他起初并不一定请了风水先生看了风水才购置的住所。就是因为他发达了，他的住所就一定是风水胜地了。所以沈家本先生说："常见人既富贵，广延地师，移居迁葬，而家道反不如前。"这种现象现今也是常见的。寄簃公引用申凫盟《荆园小语》的话说："盖福至则得吉壤，衰至则入凶地，人自修德以迓福耳，堪舆之权乌能夺造化哉？"当一个人"福至"时，人们就会说是他得到了"吉壤"；反之，一个人受挫衰败时，人们就说他是误入了"凶地"。人的福祉是靠自己的努力得来的，那种风水的威权怎么可能改变人生的轨迹呢？寄簃公摘录了朱国桢《涌幢小品》的一段文字："有程姓者善数学，持某师某友书至，余曰：'莫谈，且吃饭去。'其人愕然，余曰：'我拙人也，秀才时并不灼龟起课，何则？得佳兆未必佳，得凶兆未必凶，且穷儒何处着力？又如本佳而得凶兆，预先愁这几日。本凶而得佳兆，日后失望烦恼更甚。所以一味听命。'其人默然。"

寄簃公因之得出结论："建造之方向，时日之避忌，则不得不慎。万一会逢其适，将受家人之责备，外人之非笑也。"就是说：风水的事不用太当回事，适当地注意就行了，不为别的，就是万一碰上个事，别落下家人的埋怨，外人的非笑罢了。

沈家本如此对待推命与风水，不正是为我们提出了一点警示吗？

11. 二犬之忠鉴人心——读寄簃公《二犬记》

沈家本先生《寄簃文存》第五卷，收录了"序"和"记"两部分，其中"序"六篇，"记"仅有两篇，一曰《二犬记》，一曰《游鼓山琐记》。《二犬记》全文不过540字，又是描写两只狗的，在沈家本先生的诗文中，是绝无仅有的。

沈家本先生的父亲沈丙莹在任刑部郎中，官不算大，但生活总是过得去。沈丙莹在宣南坊七井胡同租了一所不大的四合院，一家人在这里一直住到沈丙莹放贵州。沈丙莹离京后，沈家本一家为了节省房租，迁居湖州会馆，准备回湖州，但因太平天国战争受阻。不久沈丙莹署理了铜仁知府，要一家前往贵州铜仁会合。一家人离京的这天是咸丰十一年三月二十六日（1861年5月5日）。这天连装行李带坐人，雇了九辆轿车（带篷马车），早上9点多钟登车启程。"送行者为经笙姨丈、周氏二丈，同馆赵、许、吴三君。"（当日日记）车队启程，送行的人们自然散去。然而，唯独两条在七井胡同这所小院长大的狗却恋恋不舍地跟着车队南行，直到彰义门（今之广安门）才无奈地停下脚步，这两条狗就是沈家本先生《二犬记》的主角。

（1861年）六月八日到铜仁，开始协助父亲工作，这是他第一次真正接触官场。然而不到半年，就有了"委署王云皆之说已确"（十月初四日记）的消息。也就是说父亲沈丙莹"署理铜仁知府"的差事将要被正式委署的王云皆取代。究其原因"此事半因府兵，半因捐项"（同前）。相关情况在沈丙莹的《春心草堂集》最后，沈家本先生所留的记述中略有记载。其主要原因是与贵州省的权贵提督田兴恕、署提督沈本田等人政见不一，甚至矛盾。如沈家本记曰："田自抵贵阳后，荒于色，嗜好又重，从不出省门一步。""田兼巡抚事，旋奉中朝旨，以韩超权巡抚，田督师。韩媚田，事权一出于田。所为多暴虐，韩不能制，黔事遂日亟。……田之腹心羽翼，颇有以专制一方劝田者。""劳制军崇光以查办教案来黔,中途困于贼,沈镇宏富救之出,遂德沈,奏署提督。沈本田旧部,然已骄惰不能战,所部多携妇孺,民出御贼,而兵反劫其家,由是人心解体,军遂溃败,并牵率二赵之军亦挫。""中丞议易将,欲用林自清。自清故滇将,曾戕官,桀骜不用命。先大夫曰:'自清来,恐非黔民之福。'中丞曰:'我在此,渠必奉命。'同官咸叹先大夫之正直,而中丞之休休有容,亦未可及也。""制军之阍人郭五、郭七颇用事,沈镇及贵筑蔡令与之比,先大夫不能降心以相从也。二郭进谗言于制军,先大夫遂不安于其位矣。"这些记录在沈家本日记中也有印证。如记录府兵乘镇压骚乱抢劫百姓、带头抗税或搜罗平民等,与秉公执政的沈丙莹冲突激烈。而刚正不阿的沈丙莹不仅"不能降心以相从",而且不断上书提出改革意见。于是谗言四起,上司不爽,沈丙莹"不安于其位"也是不可避免的事了。正当"新守"将至的时候,原紧随沈丙莹的几位铜仁新交和几名铜仁府差人和下属很快暗中勾连即将上任的新知府,催促沈丙莹全家尽快迁离,沈家本十分窝火,只好抓紧时间,找房子。"望日,晴。看公馆,逼仄甚,在皇殿对过。十六日,晴。与萧□香看铜江书院,屋甚高敞,其如不毂,住何?"(日记)感慨之中又想起当初北京的两只义犬,于是这就写下了篇短文:

京师多梁上君子,积俗然也。旅居之家多畜犬以司警,谓其胜于持时专当者。家大人官西曹,卜居宣南坊,畜二犬,一苍瘦而挚,一黄肥而猛。夜不虚吠,吠必有盗。

一夕,盗至,已下屋,由外院入内院。二犬吠随之,不少懈。盗上屋逃。自是频夕至,终不得逞,乃绝迹。金曰二犬之功也。然外人来,当白昼,亦必吠。示欲挞之状,则噬更猛。每至窘,不得移步,非有导者,虽贵客亦然。犬若以己之职分当尔,其性之忠亦如此。岁己未,家大人出守黔中,留眷京师。庚申,道梗,南归不成行,暂移居会馆。二犬随至,司警如故,时无贰心。时余家居内院,乡人之旅京者居外院。二犬终日守内院,即至外院亦帖耳服人,不入内不吠,一若知此地为公共之地,于人己之界极为分明也者,殆又忠一之心之所发露欤?吾尝观世之人,富贵者尊之、畏之且谄事之,贫贱者卑之、鄙之且呵叱之，不问己之职分居何等，但视人之位分为进退。又尝见世之为友朋及为仆从者，当主人得位时，惟主人之颜色是听，一旦事势异，即反唇相诋，怀贰心，甚且设阱以相陷，复下石焉。若二犬者，可谓忠一矣。

辛酉春，举家赴铜仁。出国门时，二犬随车行，及门而返，依依然有不忍舍状，道远不能从也。辛酉冬，家大人去任，友仆中有怀贰心者，余感其事，不能忘二犬之忠一也，故记之。自记。

文章虽短，但主题鲜明、语言精练，且脍炙人口。文章开头从"京师多梁上君子"引出养犬的背景。"梁上君子"者，贼也。《后汉书·陈寔传》记录了陈寔的一个故事：陈寔在家乡时，为人处世心平气和。做知县时，陈寔判决公正，向百姓讲明道理的曲直，讼毕百姓无不心悦诚服。当时年成不好，民众缺衣少食，有些生活窘迫或好吃懒做的人就做起了鸡鸣狗盗之事。一天有小偷夜间潜入陈寔家里，躲在房梁上。陈寔正要宽衣睡觉，发现了房梁上的小偷。就叫子孙聚拢过来，告诫他们说："做人不可以不自我勉励，不能不严格要求自己。人的本性本来不一定是坏的，坏习惯往往是平时不注意修养而形成的，那位梁上君子就是这样的人！"小偷听了大惊，又觉得十分惭愧，就从房梁跳下，跪拜在地，诚恳认罪。陈寔对他说："看你的相貌，也不像个坏人，应该克制自己，改掉陋习，回归正道。我知道你今天的行为，是贫困所致，要痛改前非。"小偷一一答应，于是陈寔还给了他二匹绢，把他放走了。这件事传扬出来，从此全县没有再发生盗窃。文章开头就说京师风气不好，"梁上君子"多，所以家家养狗看家护院，沈宅也豢养两只，引出了文章的"主角"，并明确了是两只"夜不虚吠，吠必有盗"的好狗。然后从三个不同的场景。品评了"二犬"忠于职守、"不以人之贵贱贫富而有所上下于其间"、"于人己之界极为分明"、忠一不贰等的优良品质。对比世人"富贵者尊之、畏之且谄事之，贫贱者卑之、鄙之且呵叱之""但视人之位分为进退"的恶劣与"世之为友朋及为仆从者，当主人得位时，惟主人之颜色是听，一旦事势异，即反唇相诋，怀贰心，甚且设阱以相陷，复下石焉",感慨"若二犬者,可谓忠一矣",点明了主题。最后随手记下写作的起因:"辛酉冬,家大人去任,友仆中有怀贰心者,余感其事,不能忘二犬之忠一也,故记之。"结束全文。

文中许多脍炙人口的语言,很有意思:如描写二犬"夜不虚吠,吠必有盗""司警如故""不以人之贵贱贫富而有所上下于其间""依依然有不忍舍状"等都十分形象、生动。

12.《秋谳须知》记录的《致命伤歌》

沈家本先生的《秋谳须知》是一部专讲秋审案牍的著作。秋审是从明代开始,清代逐步完善的一种审判制度,是为了慎重死刑而设置的死刑案件复审制度。因于秋季举行,故称秋审。按照清代的《秋审条例》,各省须将整理好的死刑案卷按规定时间,送达刑部。卷中要注明本地判决"情实""缓决""可矜""可疑""留养承祀"的意见。刑部汇总后,签署刑部意见,印发大理寺、御史台等九卿负责人审阅。秋八月某日,刑部会同三法司、九卿会议,对案件集中审核,提出意见,再由刑部汇总,制成黄册(封面黄色)呈递给皇帝审阅。最后皇帝确定勾决日期,召集相关大臣御前会议,皇帝对案卷中的问题,一一咨询与会大臣,最后由皇帝御笔裁决,确定为"情实""缓决""可矜""可疑""留养承祀",即成定谳,由刑部执刑。所谓"情实",就是认定罪行属实,即可执行死刑。"缓决"是指案情虽然属实,但适法不当或危害性不大,或有某种特殊情节者,可暂缓处决,继续监押,候来年再审。如果连续三次缓决,就可以免死罪,减轻发落减为流三千里,或发烟瘴极边充军。"可矜"即案情虽属实,但有情有可原之处,予以免死减等发落。"可疑"是指案件情节有可疑或不实之处,即发回原报地方重审。"留养承祀"是雍正年间增定的制度。即死刑犯为独子,而祖父母、父母年老无人奉养,经皇帝批准,可以改判重杖一顿、枷号示众三个月,使其能免除一死，侍奉祖父母、父母，继承宗祠。总之，秋审是一种慎刑的思想反映，也是慎刑的一种制度，应该说是一种对生命的敬畏的制度表现。

秋审涉及全国被判死刑人犯的生命，朝廷十分重视，甚至称为"秋审大典"，是国家重要活动。但时有案件叙事不清、事实交代不明，使刑部官员或九卿各部官员无法作出判断，所以需要对秋审案卷的撰写规范化。1883年，沈家本先生入主秋审处后，就着手编纂了《秋谳须知》，以促进秋审案卷撰写的规范。

《秋谳须知》全书十卷，约15万字，是沈家本先生为数不多的关于秋审的律学著作之一。

《秋谳须知》卷四，讲到案卷对伤痕的叙述要求："伤痕部位，凶犯殴死者及死者殴凶犯，并余人殴伤凶犯及死者，部位全叙，不可遗漏。""至凶犯另伤彼造之人，但云'××伤××等处'，部位可不全叙。""一处二三伤者，曰'砍伤其某处，并连伤某处'。如连伤在先，则曰'连砍伤其某处，并砍伤某处'。眉上不列伤痕之案，则可不必。""病故及逃凶致毙之人，均不叙伤痕部位。""一处数伤者，曰'连砍''连扎''连殴'"；"重叠伤曰'叠殴''叠砍'"。

对一些判断性词语，也作了规定，如"咽喉为要害，食、气、嗓俱断为'奇重'，食、气、嗓一处断或俱损者曰'綦重'，由肚腹透过脊背、脊膂亦曰'奇重'。由前透后曰'洞胸'，由左透右曰'贯胁'"等。

在"伤痕"的规范叙述之后，沈家本先生记录了一首《致命伤歌》，是对因伤致死的尸体检验经验的总结，似乎是尸检的技术口诀：

仰面伤痕十六方，顶心左（偏左）右（偏右）囟门当；
额颅额角头看毕，耳窍咽喉并太阳；
两乳胸膛心肚腹，脐肚两胁穴须详；
肾囊有看双与独，妇女产门恐有伤；
合面伤痕亦有六，脑后耳根不可忽；
脊背脊膂须详慎，后胁（右左）腰眼相连属；

> 至于肩甲与血盆，腋肷有伤死亦速；
> 除此皆非致命伤。

歌词强调了因伤致死，尸检的重点部位，也就是可能致命的伤痕位置。如人的头部致命部位在顶心的左右和囟门以及额颅、额角、耳窍、咽喉和太阳穴。身体躯干上部的致命伤在两乳心脏；身体躯干中下部致命伤在肚脐、两胁、两肾和妇女的产门。面部致命伤就在口、鼻、两眼、双耳六处，但不能忽视了脑后和耳根。人体背面的致命伤在脊膂、后胁、腰眼。口诀在说明致命伤的主要部位后，又补充了"至于肩甲与血盆，腋肷有伤死亦速"。

沈家本先生特别对这两句做了解释，说："肩胛、血盆、腋肷三处虽不在致命之列，然内通筋膜，伤之亦必速死，故并记之。眉丛、两胁、发际亦同。"

歌词作者不知何许人，或许是仵作们世代相传的经验总结。沈家本先生在最后的补充也正是他在刑部长期任职的经验之谈。

注重总结经验是沈家本先生的一贯作风，他的另一小书《补洗冤录四则》就是他工作经验的总结，是他自己经手和所见的致死案件的尸检经验的提炼，因为这四起死亡案件的死因检测，超出了《洗冤录》给出的方法，所以记录下来，作为《洗冤录》补充。这四起案子分别是：《青海札萨克台吉丹怎绰克多布自刎身死案》《直隶天津县郑国锦因奸商同奸妇王氏谋杀本夫刘明身死案》《博野县王林氏自服洋火毒发身死案》和《湖北汉阳伍万氏自戕案》。如第一案就是光绪四年正月初四（1878年2月5日）沈家本在刑部直隶司时，会同理藩院勘验了自刎身亡的青海札萨克台吉丹怎绰克多布尸身的经验记录。文章记述了勘验的过程，之后，写道："查《洗冤录》云：'凡自割，喉下只是一处刀痕。'盖以一刀之后，疼痛难忍，立时昏迷不能复割也。又云：'如割干不深及不系要害，虽两三处未得致死。'《旧说》谓：'设于次等两三伤之案，必当辨其轻重，验定自割、被割，方可断。未便固执喉下只一刀痕，致有遗误。'今此案自刎身死，却是两伤，口、眼具闭，亦与自刎情形相符，案情亦无疑。似是《洗冤录》'自割，喉下只是一处刀痕'

二语未可拘泥。故特录此案，以备司谳之研究焉。"通过自己的经验总结，补充了《洗冤录》之不足，而为"司谳之研究"提供了参考。

从《致命伤歌》的记录到《补洗冤录四则》编纂，我们或者可以读出沈家本先生之所以成为一代学问家的原因吧。

13. 沈家本先生与中国第一部民法典

光绪二十八年（1902年），沈家本先生以刑部右侍郎的身份被任命为修订法律大臣，开始了他为中国法治近代化呕心沥血的十年。

履任修订法律大臣，开始了修订法律的诸项准备。修订法律事关重大，虽然官职不过从二品，在中央政府是个不大的官职。然而因为修订法律大臣的位置重要，便招人妒忌，这在腐败的晚清自不必说。沈家本一边以他丰富的从政经验，应付着多方袭来的攻击、弹劾，一方面着手启动修律的具体事务。

光绪三十年四月初一（1904年5月15日）修订法律馆开馆，着手翻译外国法律、删修《大清律例》。光绪三十一年（1905年）上奏《删除律例内重法折》获准，至此酷刑在中国法律层面上被废除；会同伍廷芳上奏设法律学堂得到清廷赞同，开始筹建；上《议复江都等会奏恤刑狱折》奏准，刑讯制度也在法律层面被废除。光绪三十二年（1906年）上奏《虚拟死罪改为徒流折》《伪造外国银币拟请设立专条折》。上《进程诉讼律拟请先行试办折》提出司法程序建设，并提出设立律师、陪审员。奏上《商律》《破产律》。撰《禁革买卖人口变通旧例议》。修律的进程紧锣密鼓。

因为《大清律例》是中国封建社会最后一部法典，依然是以刑为主的模式，也是最受西方攻击的对象，所以沈家本先生的修律首先从刑律着手。

这一年清廷颁旨"大理院正卿作为正二品，着沈家本补授"。沈家本成为我国具有近代意义的最高法院第一任院长，又开始了中国司法制度的改革。

他组织制定《大理院审判编制法》《高等法院编制法》等，第一次建立了具有近代意义的分级审判制度。

光绪三十三年（1907年）奏进了《酌拟法院编制法缮单呈览折》《刑律草案告成分期缮单呈览并陈修订大旨折》。奏《旗人遣军流徒各罪照民人实行发配折》。特别是上奏的《遵议满汉通行刑律折》获准，满汉异法从此消除，满族人的司法特权从此丧失。《法院编制法》经宪政编查馆核定，明确设立检察厅和检察官。因为强调法院专司审判，反对行政干涉司法，使法部失去审判权，激起法部的强烈反对，与法部发生激烈的权限之争。为平息两个部门的争论，清廷将法部侍郎张仁黼与沈家本对调，沈家本先生又回到了法部。沈家本先生感到了无法承受的压力，奏请辞去修律大臣的职务。但宪政编查馆不以为然，驳回了沈家本的辞呈。67岁的沈家本先生整顿几乎停滞的修订法律馆，一方面继续完成《大清新刑律》的编修，另一方面配合各部组织编纂部门法，与礼部搭档编纂《大清民律》。光绪三十四年（1908年）十月初四沈家本以修律大臣的身份呈递一份奏章，报告了关于聘请日本法学博士志田甲太郎，来协助制定商法，派定已"在京师之日本法学博士冈田朝太郎、小河滋次郎、法学士松冈义正，分任刑法、民法、刑民诉讼法调查事件，以备参考"，同时"派员调查各省民商习惯"，并指出修订民、商之法，既要"酌采各国成法，而不戾中国之礼教民情为宗旨"。

同日又奏明，除声请以各省现任提法使、按察使兼充臣馆谘议官外，选派梁庆桂等47人为各省谘议官，"于法制要端，风俗习惯，各当报告条陈，用备参考"，为制定民法进行全国性调查。

宣统元年（1909年）正月二十六，修订法律大臣沈家本和另一位修订法律大臣俞廉三呈奏了一份已办事宜缮具清单。这份清单除了报告翻译了十数种外国法学经典著作，还报告拟定了一批法律，包括《现行刑律》、《民律·亲属法》总则第二至七章、《民律·承继法》总则之六章等。同时推荐翰林院编修朱汝珍"前赴东南各省，将民俗商情详细调查"。

宣统元年（1909年）十一月二十五，修订法律大臣沈家本、俞廉三又一次上奏，其中报告了关于民法修订事宜："民律、商律、刑事民事诉讼律，条件浩繁，关系至巨，臣等督同馆员，博考详征，务归允当，应俟成书后次第奏进。"又说："将已办事宜缮具清单，恭呈御览，并咨报宪政编查馆查核。"所列清单包括翻译了《德国民法·总则》条文、《德国亲属法》条文、《德国商法·总则》条文、《奥国民法·总则》条文、《奥国亲属法》条文、《瑞士民法·总则》条文、《瑞士亲属法》条文、《法国民法·总则》条文、《法国民法·身份证书》条文、《法国民法·失踪》条文、《法国民法·亲属》条文、日冈松参太郎所著《民法理由·总则物权债权》、日本奥田义人所著《承继法》、《奥国民事诉讼律》、《德国改正民事诉讼法》、《德国破产法》等国外民法类著作近二十种；又报告了已经拟订完成的部分法律条文，包括《现行刑律》、《国籍条例》、《禁烟条例》、《民事诉讼律》自第一百四十条至第三百零二条及其理由注解、《亲属法草案》第三章至第七章、《承继法草案》第二章至第六章、《商法·总则》草案等七种，从中可以看到民商法成为当时的主要工作。并且报告拟订了《调查民事习惯问题》《调查商事习惯问题》的相关文件。可见民法的拟订已经在有条不紊地进行。

宣统二年（1910年）正月二十一日奏折呈报了朱汝珍调查关系商律事宜的成果："上年臣等曾奏派翰林院编修，该编修遍历直隶、江苏、安徽、浙江、湖北、广东等省，博访周咨，究其利病。考察所得，多至数十万言，馆中于各省商情，具知其要。"指出"民事习惯视商事尤为繁杂，立法事巨，何敢稍涉粗疏。臣等共同商酌，拟选派馆员分往各省，将关系民律事宜，详查具报，并分咨各省督抚，饬司暨新设之调查局协助办理。其商事尚有需查之省份，并令考察报告，俟该员等回京后，即责成各省调查局造具表册，随时报馆，庶资考证"。从商事调查更证明民事调查的必要性，申请选派馆员分往各省，调查关系民法律事宜。

宣统三年（1911年）九月，《大清民律草案》编纂告竣。然而十二月二十六日，清帝宣布逊位，大清王朝寿终正寝，其修订的法律，包括《大清新刑律》《大清民律草案》等具有近代意义的法律，随之作废。

当然，与清末修订的所有新型法律一样，《大清民律草案》成为民国初始的立法底本，对之后的中国立法，产生了深远的影响。

当然，《大清民律草案》毕竟是那个时代的产物，其中包含许多中国的传统价值观的内容，如男女平权、家族财产的继承、家庭制度、婚姻制度、未成年人和成年人的监护等，都脱离不了中国的传统价值观，但这并不影响其作为中国历史上第一部民法典的意义。

《大清民律草案》对后世民法立法的意义首先是使中国传统法的以刑代民，民刑合体的法律形式得到了彻底改变；其次是采纳各国通行的民法原则，作为第一部民法典，为后世民事立法开启了先河；再次是引进了西方先进的法学概念，如债权、物权、亲属、继承、契约；最后是民法立法，充分考虑中国特定的国情民风，确定最适合中国风俗习惯的法则，并适应中华社会演进的需要。

总之，沈家本先生主持的清末民法修订，开启了中国民法典立法之先河，给中国人头脑中种下了"民法系关于私法之原则，一切人民均可适用"的概念，使中国人产生了对民法的期盼。

14. "四人共盗一衣"的死刑犯——读沈家本先生《历代治盗刑制考·按》

沈家本先生的律学著作之一《历代治盗刑制考》收录于《读律赘言》，文章仅有四千多字，却对"强盗已行而但得财者，不分首从皆斩"的律文做了彻底的否定。

沈家本先生入主刑部秋审处以后，一次在审阅秋审案卷时，看到一件四人同伙的盗窃案，所得赃物只是一件衣服，当场被擒，亦无反抗情节，但引"强盗已行而但得财者，不分首从皆斩"律条将此四人定为绞监候，报刑部候秋审处决。沈家本先生看后，觉得这地方官简直是草菅人命，四人仅得一件衣服，小偷小摸而已，焉能如此重刑呢！然而因为有"但得财者"的铁律，无奈只能"皆斩"。这个案子对沈家本先生产生了强烈的震撼，使他对"强盗已行而但得财者，不分首从皆斩"这条律文，产生极大的抵触。于是对中国历代治盗刑制做了一番考察，撰写了《历代治盗刑制考》，指出治盗刑制，不分轻重一律处死的规定，不合天理不近人情，应该重新修订。

《历代治盗刑制考·按》首先考证了有清一代这一法律规定的演变。指出《大清律例》中"强盗已行而但得财者，不分首从皆斩"的规定是"前明律文，国朝承用未改者也"。直到康熙五十五年（1716年），康熙皇帝发了道谕旨："凡强盗重案，着大学士会同三法司，将此内造意为首及杀伤人者，于各本案内一、二人正法，余俱照例减等发遣。"使"不分首从皆斩"恶法得到了改善。把"皆斩"改成了"强盗重案"中的"造意为首及杀伤人者"，且只"一、二人正法"。雍正五年（1731年），九卿遵照雍正皇帝的旨意："将盗案内法所难宥，情有可原者分晰具题，大学士会同三法司详议，分别正法及发遣各等因，纂为条例。"把康熙时期的变通，改为正式"条例"。

乾隆二十六年（1761年）经大学士会同刑部讨论，将"伙盗曾经转纠党羽，明火执械，入室搜赃，并行劫已至二次等项，俱拟斩决，不得以情有可原声请，续纂入例"，增加了对要犯宽宥的限制。而到了咸丰年间，太平天国起义，各地农民纷纷响应。"迨至咸丰四年，因盗风日炽，经王、大臣会同刑部议请，盗劫之案仍依本律不分首从皆斩。其中把风接赃之犯，虽未分赃，亦系同恶相济，不准量减。纂定新例遵行。"使治盗之法又回到了"强盗已行而但得财者，不分首从皆斩"的旧法，且增加了"把风接赃之犯，虽未分赃，亦系同恶相济，不准量减"的新规，更加严酷地将"虽未分赃"者也划进了必杀的范围，这一改动竟然延续30余年未变。

《历代治盗刑制考·按》，接着对有清以来治盗之法的演变，作出了评价："窃谓强盗旧律，本视唐宋加严，康熙、雍正年间，列圣法外施仁，网开一面，其宽大之恩，哀矜之念，函夏钦仰，洵盛德也。"赞扬康、雍对治盗之法的修改实在是"盛德也"。并且说，即使是乾隆年间续纂之例，也是

"寓除恶务尽之意,而仍不悖于祥刑本旨"。没有离开"祥刑"基本概念。

但是,自咸丰间改归旧例,表面上看,似乎"犯法者遂无幸逃之网",然而却让具体执法的人,常常因为把那些本不该处死的人判处了死刑而感到深深的叹息。《历代治盗刑制考·按》中写道:"家本承乏西曹,尝见四人共盗一衣,甫离盗所,即被擒获而俱论决者。"他抨击这种现象"此不几与隋开皇时,四人共一榱桷、三人共窃一瓜即付行决者无以异乎?"将咸丰年间的改动,斥之为等同于人所共知的隋文帝开皇时代的峻法。《通典·刑法八》记有隋文帝酷法的事例:"帝意每尚惨急,而奸回不止。又定盗一钱弃市法,闻见不告者坐至死。自此四人共盗一榱桷,三人同窃一瓜,事发即时行决。"这是历史公认的酷法,现在这"不分首从皆斩"和隋文帝是有什么不同呢!

他指出:"在当时金田肇祸,海内沸腾,执法者鉴于姑息之养奸,特用重罚,此固因时制宜之道,然未可遂以为一成而不易也。"即使"在当时金田肇祸,海内沸腾"的时期,不得不用重罚,那也不过是因时制宜的权宜之计,怎么能因袭而一成不变呢?

沈家本先生说:"夫自三代以来,治盗之律,世轻世重。在残酷之朝,至有盗一钱而死者,而慈祥之世,初何尝尽人而诛之,是岂不知凶憝之徒之不可曲贷哉!""慈祥之世"难道不知道"凶憝之徒"是不应该宽宥的吗?不是的。他论证道:"《书》曰'刑期于无刑,民协于中',又曰'咸中有庆',诚以刑也者,必得其中而不可少过焉者也。"

他认为"立法既贵乎平,而用法尤贵乎恕"。所以治盗之法"无可贷者,理之当诛者也,当诛而诛之"。犯罪之人,无可原谅,该处死的处死"是之谓平",就是用法公正;"其情有可原者,情之当宥者也,当宥而宥之,是之谓恕"。情有可原该宽宥的,就要宽宥,就是法度仁爱宽厚。他指出法度宽严相济公正公允,是"合乎天理而顺乎人情"。"老子曰:'民不畏死,奈何以死惧之。若使民常畏死而为奇者,吾得执而杀之,孰敢。'是则法之重也,特治其标而已,焉能清盗之源哉。"如果百姓都畏惧死亡,一有人做坏事就被抓起来杀掉,那还有谁敢胡作非为呢?百姓到了连死都不怕的时候,统治者又怎能用死来威胁他们呢？所以说，实行重法，不过是治标的办法，怎么可能用重法而"清盗之源"呢！沈家本先生进一步论述，说："鲁哀公向宰我（孔子弟子）请教国社活动的用品。宰我说：'周社用的是栗，象征王室要使百姓时刻战栗，就是要用重法，威慑百姓。'孔子听说后深深地责备了宰我。鲁国孟氏聘请阳肤为掌管刑狱的士师，阳肤向他的老师曾子请教。曾子告诉他'上失其道，民散久矣。如得其情，则哀矜而勿喜！'曾子的意思是说：上边的统治者'失其道'，百姓早已没有了道德和法治观念。所以你查案时即使查出了实情，也要抱着同情可怜他们的心，不要沾沾自喜。"接着沈家本先生引用宋人欧阳修《泷冈阡表》的语义说：犯人所犯的是当死之罪，不可能得到宽宥，即使被处死，死者无话可说，执法之人也不会有什么遗憾；即便是经常想着犯罪之人情有可原、可悯之处，给他们一个生存改过的机会，还是免不了错杀了人，更何况世上执法之人恨不得把所有的罪犯都杀了呢。《泷冈阡表》是欧阳修在父亲死后60年所作的墓表，沈家本先生用的这段话，是用欧阳修记述其母之意，回顾乃父的为官之道。

沈家本先生最后总结道："今之用法者，将使民战栗乎？抑有哀矜勿喜者乎？将求其生而不得乎？抑求其生而得乎？"古人如此，当今的执法者将要怎样呢？其实这不是在质问当时的"制法"者吗？

文尾道出了编纂《历代治盗刑制考》的目的："今采集历代治盗刑制，汇录而备考之，都为一册，固仁人君子所当深念者矣。"这不是也在提醒我们今天的执法者吗？如果常怀"哀矜之念"，怎会有那么多的聂树斌、呼格、佘祥林、张玉环呢？无怪乎沈家本先生那么强调执法"贵乎其人"，这"人"不但要懂法，而且要有公心、仁人之心！

15. 读寄簃公关于湖州海岛案的奏章

光绪二十一年（1895年）寄簃公的故乡湖州，发生了一起变相售卖公地建教堂的案件，由于地方官员勾结美国教士，欺诈百姓，酿成民愤，特别是引起一些具有公平买卖意识的乡绅们极度不满，他们不畏凶险、长期坚持、据理抗争，历12年而获妥善解决。光绪三十年（1904年）时任刑部侍郎、修订法律大臣的沈家本先生也为此专门向朝廷进呈奏章。这通奏章，对案件的进展，起了一定作用。读是奏本，我们可以深感这位年逾花甲的老人缜密的思维和流畅的文笔。也读出了沈家本先生国土意识清醒，憎爱情感分明的精神面貌。

光绪三十年六月二十三日（1904年5月8日），这本题为《奏为官吏不谙交涉请饬查究办由》的奏章一开始点明主题："为官吏不谙交涉，贻害地方，请旨饬查究办，以消隐患而儆效尤。"明确进呈奏章的理由，是"为官吏不谙交涉，贻害地方"，而"请旨饬查究办，以消隐患而儆效尤"。然后进入论证，先肯定多数，避免打击一片："近来交涉日繁，全赖地方官体会公法，遵守约章，庶有途辙可循，不至漫无限制。"这里的"交涉"所指就是与外国人的交涉。

然后提出问题："若专以媚外为能，措置偶一失宜，便成案据，辗转援引，为害何可胜言。"指出问题的严重性，在于"措置偶一失宜，便成案据，辗转援引，为害何可胜言"。接着举例为证："即如臣原籍湖州府地方擅卖学校公地一事，有可见其大凡者。"切入湖州海岛案的原委。

其一，将公地"捏作无主荒地"。

"府学基址跨归安县，属天宁、飞英两铺。光绪二十八年四月间，前署归安县知县朱懋清，徇美教士韩明德之请，妄援苏省章程出示，勒限两月，逼民将坐落飞英铺之产卖入教堂，兼将府学内尊经阁、敬一亭暨载在祀典之唐颜真卿、宋曹孝子二祠基地十亩有奇，受教士产价洋四百圆，捏作无主荒地，于二十九年三月间，朦详批准，一并卖给教士。""妄援""勒限""逼民""捏作""朦详"可以说是无所不用其极。

其二，冒名立契、典史作中。

"当逼民出卖之时，归安县典史史悠斌、湖州团防守备柳寿春狼狈为奸，串出莠民倪姓、吴姓、俞姓等，冒充地主，立契盗卖。复因调换颜祠基地，书立笔据，该典史等具有签押作中情事。""作中"即"作中间人"，相当于"担保人"。

其三，两任知县非恶即劣。

"迨署知县丁燮在任时，经职员钮承绎、诸生孙柯、举人章祖申等，先后赴府赴省呈控，由湖州府知府志觐札县履勘，援照府志认明基址，确切无疑。而该署县一味延宕，既不将会勘情形申详，又不将争讼原委向教士婉商。现在洋人将次兴筑，众情惶急，专待挽回等语。臣查此案事阅二年，官经两任，始则勾结欺朦，继则回护延宕。"

简单明了，奏章指出了问题的实质，就是"始则勾结欺朦，继则回护延宕"。抓住"一则曰苏省章程，再则曰无主荒地"这两个借以强行卖地的理由，予以批驳。

其一，关于"苏省章程"。

沈家本先生并未纠结"苏省章程"的内容，直接指出"各省章程或因开辟口岸，或为建筑码头，自拓商场而设"，根本就与外国人在内地购买土地无关，"原非内地所宜妄引"。而且"即使确有此章，有碍国家利益，地方官方且驳正之不暇，乃反从而明揭之，授外人以口实，是诚何心？"本来应该是"驳正之不暇"呢，这两位知县"反从而明揭之，授外人以口实"，置国家利益于不顾，这些人"是诚何心？"强烈的设问，谴责两任知县，同时把"苏省章程"这一借口，彻底否定。

其二，关于"无主荒地"。

沈家本先生首先剔除了"无主荒地"与外国人交易的法律前提："无主荒地之例，约章既无明文，即与教会租地无涉。""约章"泛指大清国与外国人签订的条约，明确指出，这些约章，都没有有关外国人在内地可以随意租购土地的内容。因此混沌影射这些约章就是显怀叵测"致启外人觊觎之心"。觊觎什么？觊觎的就是国家的土地。又何况"学校祠宇，明系公地，竟敢指为无主，是又何心？"再次设问，明指操持这件事的人，就是别有用心。

再深挖操持此事的根由。

指出"无主荒地""苏省章程"两说,始作俑者就是署县丁燮。"上年十月间,美教士又在湖州府城内证通、通济两铺间购买地基,署县丁燮为之出示,亦系援引苏省章程。经刑部主事朱方饴等联衔呈请外务部,咨行浙抚饬查,该署县复以照中国无主荒地例,禀由抚臣咨覆。"可见"是苏省章程,与无主荒地之例,该署县久已视同成例,据以为勒民卖地之符"。对这种欺压百姓贪赃枉法的官员,沈家本先生痛恨至极,因而以相当激烈的语言,斥之以"官相率而媚外,民益激而忿教,失利权,伏祸根,其流弊何所终极"。可以说是危害极大。

分析明了得出结论。

其一指出利害:"臣愚以为,湖州止一郡耳,学校、祠宇止一区耳,似无关于大局。然使各国效尤,无主荒地例既可为美教士援引,即可为各国教士援引;苏省章程既可行之浙省,即可行之各直省,辗转贻害,更不知伊于胡底。"这是一个极其恶劣的开头,贻害深远。

其二考查外法:"臣上年奉命修改律例,遍考各国法律,于外人买地之权无不禁止,诚恐渐次让卖土地,尽成外人产业,于国家之存立,关系甚大。"各国法律规定都不准外国人随意买地,就是防止国家土地流于外国人的产业,对"国家之存立,关系甚大"。

其三考查章约:"又考现行约章,于外人租地建屋,亦有勿许强租硬占,务须各出情愿,及内地永租房屋地基,俟地方官查明地契妥当盖印后,方能建造房屋,是此事本有限制。况公法于学校、祠宇等公产,虽用兵之际,犹应保护,不能强占。"强调自愿、正规、公平交易。

其四推导情理:"况公法于学校祠宇等公产,虽用兵之际犹应保护,不能强占,矧在教士,安有强买之理?设地方官明白开导,晓以利害,教士知系地方公产,亦何肯自损教名而结民怨?"教士知道了要买的地方是公产,怎么会自己捐弃教会名誉而结于怨民呢?

明确了法律依据,捋清了逻辑关系,推导了人情常理。处理意见水到渠成:"乃此案士绅怨愤,赴愬相续,而该地方官尚复不思理处,万一激成教案,咎将谁归?相应请旨饬下浙江抚臣,一面迅派廉干大员驰往湖州,与教士婉商,将此两案妥筹办结;一面将此次违约擅卖公地之地方官,及干预地方公事之典史、守备,按律参办,以儆将来,而杜民教相仇之渐。并请敕下江苏抚臣,将前项章程查明更正,咨部立案,并通行各直省,遍谕官民,无使承讹袭谬,贻害无穷。"

总之,该公平交易的,谈判;胡作非为的官员,处理;类似"苏省章程"的错误内容查明更正。

观点明确、论证精准、结论清晰、言语练达。其实这份奏章,真是一篇很好的论文。据知这份奏章,在湖州海岛案的妥处中发挥了积极作用。

16. 进呈刘锦藻《皇朝续文献通考》与沈家本先生的藏书观

宣统二年二月二十八日（1910年4月7日），沈家本给溥仪皇帝呈上了《京员恭纂书籍有裨掌故敬将原书进呈折》，进呈了同乡刘锦藻编纂的巨著《皇朝续文献通考》。

刘锦藻，1862年生于浙江湖州之南浔，1934年故于上海。是南浔古镇有名的"小莲庄"别墅主人，比邻之"嘉业堂"藏书楼乃其公子刘承干所建。刘锦藻光绪二十年（1894年）甲午科进士及第，授户部主事，改工部都水司行走。曾参与康梁之强学会，戊戌变法失败后回籍，潜心著述、经商。刘氏向有乐善好施之风，光绪二十七年（1901年）刘锦藻出资助赈陕西灾民，依例授四品京堂候补衔。创办学校，资助奖励上进青年进取。湖州海岛交涉，也是刘锦藻与众乡绅一起长期坚持、据理力争，向沈家本详述细情，由沈家本奏告，获得政府支持，达到了妥商的结果。

刘锦藻经商乃子承父业。其父刘墉，于丝绸、盐业、房地产诸业皆有作为，成江南首富之一，可与胡雪岩匹敌。刘锦藻承父业，更进军金融、铁路、航运、电器业成为清末民初著名实业家。刘锦藻性喜书，设"坚匏庵"藏书，于文献尤有其长，著《南浔备志》三卷、《坚匏庵诗文钞》四卷等多种，尤以《皇朝续文献通考》成传世之作。是书初传，刘锦藻登门赠送至枕碧楼。沈家本先生是史学文献之大家，阅读之后，大加赞赏，以为"穷源竟委，搜采颇宏"，是值得推广的上乘之作，文献价值、学识品位极高，因而以修律大臣、刑部右侍郎的身份呈奏推荐之。奏本原文如下：

臣沈家本等跪奏，为京员恭纂书籍有裨掌故，敬将原书进呈，恭折仰祈圣鉴事。

伏按《钦定皇朝文献通考》三百卷，乾隆十二年奉敕撰，凡所纪述，讫乾隆五十年而止。臣近见三品衔候补五品京堂刘锦藻恭纂《皇朝续文献通考》，凡三百二十卷，起乾隆五十一年，讫光绪三十年，穷源竟委，搜采颇宏。该员自序谓"从乾隆五十一年以后，所有内政外交一一釐求，其得失之所在，择要恭录"，详阅原书，尚非虚语。窃维帝王创制显庸有百世不变之大法，诗所谓"不愆不忘，率由旧章"是也。有因时制宜之大用，记所谓"一张一弛，文武之道也"是也。即损益之成迹，窥谟烈之精心，于以知列圣相承变通，尽利固有，非琐琐唐、宋之规矩所可拟议者。该员躬值昌期，从事编纂，体例踵前门类，增广袤，成巨帙，上待宸裁，致力之勤，可备掌故。查近年内阁学士衔前国子监祭酒王先谦、翰林院编修曹元弼均经臣工奏进著作，仰荷先朝优奖，兹谨援照将该员原书三百二十卷，分装六函恭呈乙览。倘蒙纶音训示，足正私家载笔之讹；得邀天语褒嘉，益励下士潜心之业，似于激劝学者不无裨益。谨恭折具陈，伏乞皇上圣鉴。谨奏。

从沈家本奏本文中，可知《皇朝续文献通考》的编纂，是接续《钦定皇朝文献通考》。《钦定皇朝文献通考》是清代张廷玉等奉敕编撰的典制文献，记载了上起清朝天命元年（1616年），下讫乾隆五十年（1785年）这一时期的典章制度。《钦定皇朝文献通考》是一部奉敕编撰的官书。官书，因人力、物力、财力均由国家调配，编纂质量自然很好。而《皇朝续文献通考》则是刘锦藻的私撰，是凭一己之力完成了本应由皇朝敕撰的巨大工程，且时跨乾隆五十一年（1786年）至光绪三十年（1904年）之久，凡三百二十卷之巨，内容穷源竟委，搜采颇宏，实为难能可贵。沈家本赞扬《皇朝续文献通考》："损益之成迹，窥谟烈之精心，于以知列圣相承变通，尽利固有，非琐琐唐、宋之规矩所可拟议者。该员躬值昌期，从事编纂，体例踵前门类，增广袤，成巨帙，上待宸裁，致力之勤，可备掌故。"沈家本也说明了进呈的另一目的，就是这部私撰巨著，得到皇家的肯定、皇帝的表彰，以此"激劝学者"。

经沈家本的推荐，《皇朝续文献通考》受到溥仪皇帝的表彰，并赏刘锦藻内阁侍读学士衔。《皇朝续文献通考》也成为中国书史中一个官书私撰的特例。

在修律百忙之中，沈家本先生耗时费力呈章进奏并非心血来潮。虽与刘锦藻有同乡之谊，更是因为沈家本先生对书的爱好，不想让这样一部极有价值的鸿篇巨制被埋没，也是他宏达藏书观使然。沈家本先生在他晚年编辑整理的《枕碧楼丛书》的《自序》中曾明白阐述了对藏书的看法，他认为："夫书之用，可以考古制，征故事，决群疑。其为一家之言，则古人之微言大义时亦存焉。"书的用途在于可以考证古代的典章制度；求证古代的经验；解决许多现实的疑问。虽然只是一家之言，但古人精微的道理和经验是有现实意义的。而且"发潜阐幽，后人责也"。他说："藏书之家有二便焉。"其一便："举藏本之精要者，叙厥源流，编成目录，风行于世。好学之士，得就目录中择其所必用者，乞代移写，不惮烦渎，力任钞胥，由是一家之书可变而为数家之书，且可为数十百家之书，流传遂广，则此书不第为世知，并为世用矣。"其二便："传写固佳，刊刻尤善，其为宏编巨帙，集赀固难。若数卷之书以至十数卷之书，算字无多，勾工尚易。一付剞劂，则孤者不孤，秘者不秘，以一人好书之心，推之天下人好书之心，其心至公，其事斯溥，寻常之深藏固祕而等于无用者，如是则皆有用矣。"他总结说："夫私诸一人，不若公诸天下人，此理之显然者也。"

"其心至公,其事斯溥",这就是沈家本藏书观的核心。他不仅以至公之心支持修律,且为中华民族燃起了法治近代化的溥溥星火。"至公之心"是他待世的准则,待书更是如此。编撰《枕碧楼丛书》如此,进呈《皇朝续文献通考》也是如此。

补充一句,《皇朝文献通考》和《皇朝续文献通考》二书,清逊以后,学界一般称之为《清文献通考》和《清续文献通考》。

17. 沈家本先生进呈薛尚书遗书折

在所见沈家本先生奏章中,有两件是为进呈他人著述而撰写的。一件是进呈刘锦藻《皇朝续文献通考》,另一件就是进程已故刑部尚书薛允升的《读例存疑》。

薛允升(1820—1901年),字克猷,号云阶,陕西西安人。咸丰六年(1856年)进士,授刑部主事、郎中。历任山西按察使、山东布政使、署漕运总督。光绪六年(1880年)为刑部右侍郎,历礼、兵、工三部。光绪十九年(1893年)授刑部尚书,光绪二十四年(1898年)以病辞归西安。光绪二十六年(1900年)慈禧太后和光绪帝逃至西安,薛前往谒见,被授予刑部侍郎,兼理陕西赈济事。不久,因刑部尚书赵舒翘被赐死,清廷复任命薛为刑部尚书,薛允升谢辞不准。光绪二十七年(1901年),慈禧太后与光绪帝回京,薛随驾至河南,因病卒于开封,时年81岁。

薛允升的主要著作有《读例存疑》《汉律辑存》《唐明律合编》《薛大司寇遗集》。

薛允升是晚清著名律学大家,又是一位出名的廉直大臣。正是律学研究的同好与为人的廉直,与沈家本十分投缘,沈家本先生对薛允升更是十分敬仰钦佩,以师侍之,关系益近,成为忘年之交。

从上文可知,沈家本先生与薛允升在刑部有两次交结。一次是光绪六年

（1880年）薛允升回任刑部侍郎，成为沈家本先生的顶头上司。当时沈家本虽然还在为会试苦读，但经过十多年的历练，已经是刑部员司中的佼佼者。沈家本先生作文受到潘祖荫尚书赞赏，也就是这个时期。薛允升也十分赏识沈家本对律例的考据研究与做事严谨、为人正直。沈家本唯一一次随扈东陵（意思是跟随皇帝出巡，到东陵朝拜，以解决临时告状或闯闹仪仗的犯罪），就是薛堂指派。虽然薛允升调离刑部，却并不影响他们之间的学术切磋交流。光绪九年（1883年）沈家本先生进士得中，却仍受命在刑部任职，在刑部虽已是得力干员，但还是得继续接受每年的京察。光绪十九年（1893年）薛允升再回刑部任尚书，这一年沈家本获京察一等，放了天津知府。这第二次薛、沈的刑部交结只有短短的几个月。

光绪二十七年（1901年）在保定被八国联军羁押的沈家本获释，抵达西安，觐见两宫述职，被免去山西按察使，受命以三四品京堂候补。其间，沈家本先生多次到薛宅探望，并切磋律例之学与薛书整理编纂之事。两宫回銮京师，沈家本被派任光禄寺卿，为銮仪先行开路，彼时曾到薛宅辞行。在与被重新起用为刑部尚书的薛允升在开封相遇时，还商定到京后再行敲定《读例存疑》等书稿。沈家本先生在《读例存疑序》中这样记述："辛丑春仲，家本述职长安时，司寇在里，复长秋官……迨銮舆狩返，家本奉命先归，司寇初有乞休之意，故濒行谆谆以所著书为托。季秋遇于大梁（即开封），言将扈跸同行，约于京邸商榷此事。"序中又说："家本行至樊舆（河北清苑东北御城），遽得司寇骑箕之耗，京邸商榷之约竟不能偿矣。"沈家本先生这次与薛允升的匆匆一见，竟成永诀。对薛允升的逝去，沈家本先生十分悲痛，在他的《到京杂诗》中，以"惨扶丹旐恸归来，寒酹忠魂酒一杯。荒寺孰携磨镜具，萧萧风助白杨哀"的七言绝句，表达了内心的哀思。

回京以后，已经是刑部侍郎的沈家本又被任命为修订法律大臣，他与部内同人一起整理薛允升遗稿。他认为《读例存疑》对重修《大清律例》有重要参考价值，所以亲自校雠并呈奏建议列为删削旧例的主要蓝本。序中这样记录："家本为之校雠一过，秋署同僚复议，另缮清本进呈御览。奉旨发交律例馆。今方奏明修改律例，一笔一削，将奉此编为准绳，庶几轻重密疏罔弗当。而向之抵牾而岐异者，咸颗若画一，无复有疑义之存，司谳者胥得所遵守焉。"其中"另缮清本进呈御览，奉旨发交律例馆"一语，正说明奏进《读例存疑》一书并获发交律例馆为主要参考的事实。

这通奏章抄录如下，以供读者参考、品玩：

刑部谨奏。为已故大员潜心律学，著有成书，据情代为进呈御览，并请旨饬交修例馆，以备采择，恭折仰祈圣览事。据臣部郎中齐普、松武、饶昌龄、武瀛、恩开、耒秀、武玉润、张西园、罗维垣、戈炳琦、杨履晋、王廷铨，员外郎段书云、曾鉴、魏联奎、郭昭、连培型、史履晋，主事许世英、萧之葆、周绍昌等联名呈称："名法为专门之学，始于管子而盛于申、韩，自汉、唐以来，代有专家，沿及国朝，相承弗替。如原任刑部尚书薛允升，律学深邃，固所谓今之名法专家。该故尚书耄而好学，博览群书，谙习掌故，研究功令之学，融会贯通，久为中外推服，自部属荐升倾贰，前后官刑部垂四十年。退食余暇，积生平之学问心得，著有《读例存疑》共五十四卷，《汉律辑存》六卷，《唐明律合编》四十卷，《服制备考》四卷，具征实学。而诸书之中，尤以《读例存疑》一书最为切要，于刑政大有关系。其书大旨以条例不外随时酌中，因事制宜之义。凡例之彼此抵牾，前后歧义，或应增应减，或畸重畸轻，或分析之未明，或罪名之杂出者，俱一一疏正而会通，博引前人之说，参以持平之论，考厥源流，期归画一，诚讵制也。齐普、松武等旧在属官，凤聆绪论，抚读遗编，不忍听其湮没，谨择要先将《读例存疑》一书，就原稿悉心校对，缮写成帙，仰恳代为进呈御览，以彰实学"等语。

臣等伏查该故尚书薛允升，久官刑曹，究心法律，耄而好学，著书等身，比之古来名法专家有过之而无不及也者。钦奉谕旨，有"治狱廉平"之褒，是其精于律学，久在圣明洞鉴之中。该故尚书生前所著名书，具有精意，均属可传。兹据该郎中等择要先将《读例存疑》一书共五十四卷缮写成帙，合词吁请代为进呈。臣等逐卷查阅，见其择精语详，洵属有裨刑政，未便听其湮没。

谨将原书进呈御览。现在臣部钦遵谕旨，开馆纂修条例，并请旨饬交律例馆，以备采择，庶编辑新例得所依据。如蒙俞允，臣部即当钦遵办理。所有臣等，据情代为进呈书籍，并请旨饬交修例馆以备采择各缘由，理合恭折具奏，伏乞皇太后、皇上圣鉴。谨奏。光绪二十九年十一月二十九日奏。

奉旨依议，钦此。

奏章说明了整理的情况，这部书的内容、价值以及将这部书作为修订《大清律例》主要参考的请求。末尾的"奉旨依议"，说明已经获准。

奏章文字近于白话，无须赘释。

18. 有关法律学堂的几件奏章

光绪三十一年三月（1905年4月），修订法律大臣伍廷芳、沈家本奏请设立法律学堂，得到了清廷的支持。经学部批准，历半年的准备，于光绪三十二年（1906年）九月十二开学。这是中国历史上第一所由中央开办的进行法学教育的专门学校，这所学校先后毕业学员一千多名。其大多数毕业生，都成为日后数十年中华大地上的司法业务骨干，为中国的法治发挥了重要作用。

回顾一下沈家本先生为法律学堂事所撰写的几份奏章，也会有不少历史的甘甜和艰难的厚重回味。

第一份奏章自然是《奏请专设法律学堂折》。当时伍廷芳还在修订法律大臣任上，故这份奏章是和伍廷芳联名奏进的。全题是《修订法律大臣伍沈会奏请专设法律学堂折》，进呈于光绪三十一年（1905年）三月二十日。这份奏章对法律学堂的设立是至关重要的。奏章首先说明设立法律学堂的背景：一是"深虑新律既定，各省未豫储用律之才，则徒法不能自行，终属无补"，并指出，现实许多案件都是因为"地方官不谙外国法律，以致办理失宜，酿酿成要案"。这是与"弭无形之患，伸自主之权，利害所关"的大事。二是"将来铁轨四达，虽腹地奥区，无异通商口岸。一切新政，如路、矿、商标、税务等事，办法稍歧，诘难立至，无一不赖有法律以维持之"。要依法律维持，就必须有懂法律之人。三是现在修律，就是为了"查照通商条约、议收治外法权"。基于以上原因，所以"应广储裁判人材，以备应用"。

继而说明当下法律人才培养的现状："学务大臣奏定学堂章程内，列有政法科大学，然须预备科及各省高等学堂毕业学生升入。现在预科甫设，计专科之成为期尚远，进士、仕学等馆，其取义在明澈中外大局，于各项政事皆能知其大要"，但不能解决修订新律需要的法律人才；"法律仅属普通科学之一，断难深造出洋"，派人出洋留学也不太可能；"游学毕业法科者，虽不乏人，而未谙中国情形，亦多扞格"，已经留学习法的人，又不熟悉中国实际，不能马上派用。

接着提出了需要的法律人才的标准，其实也就是未来法律学堂的培养目标："为学之道，贵具本原。各国法律之得失，既当研厥精微，互相比较，而于本国法制沿革以及风俗习惯，尤当融会贯通，心知其意。"而且必须是"两汉经师，多娴律令，唐、宋取士，皆有明法一科。在古人，为援经饬治之征符"。也就是既要懂得西法，又必须了解中法，且"为内政外交之枢纽，将欲强国利民，推行无阻"。这样的人才只能是"非专设学堂、多出人材不可"。而且列举日本举办法律学堂的成效："日本变法之初，设速成司法学校，令官绅每日入校数时，专习欧、美司法、行政之学，昔年在校学员，现居显秩者颇不乏人。"因此我们也可以"略仿其意，在京师设一法律学堂，考取各部属员，在堂肄习毕业后，派往各省，为佐理新政、分治地方之用"。

道理讲得清楚明白，下面就报告办学堂的思路。首先是管理："开办之始，暂由臣等经理，俟新律告竣，再行请旨派员，专司其事。"按清朝的规矩，办学是学部的事，这里提出"暂由臣等经理"，可以看出两重意思，一是开办之初避免给学部造成不必要的麻烦，我们把学堂办好，再交给学部一所现成的学校。这是防止学部推脱不赞成办学。再有一个不便说出的原因，就是教职员的聘用和招生的质量把关。清廷腐败路人皆知，如果自己不把握教职员聘用和招生之权，就难以保证教学质量，无法达到办学的初衷。所以初办一定要亲手把握，这是无法明言的。由此可见，在撰写之初，两位修律大臣，是经过了怎样的深思熟虑。

接下来，就是报告具体办学的三件事。

一是定课程、学制："主课为法律原理学、大清律例要义、中国历代刑律、中国古今历代法制考、东西各国法制比较、各国宪法、各国民法及民事诉讼法、各国刑法及刑事诉讼法、各国商法、交涉法、泰西各国法，其补助课为各国行政机关学、全国人民财用学、国家财政学。"学制"三年毕业。另立速成科，习刑律、诉讼、裁判等法，限一年半毕业"。

二是经费问题："常年经费如堂舍租金、教习薪水暨购买书籍、器具、饮食、杂用等项，力求撙节，每年约需银四万两。值此库储支绌，不敢请拨部款，应由各省督抚分筹拨济，大省约解三千两，中小省约解二千两，便可集事。"沈家本想出了一个由各省集资的办法，理由是"此项毕业学员，日后专为各省办事，现在育才之费仰及群力，于义亦合"。只请求户部拨开办费三万两。

三是毕业生的任用："一曰广任用。近日仕途猥杂，各省候补人员，文理未通者指不胜屈。虽有课吏馆之设，而督抚事繁，未能躬亲督察，几至有名无实，遇有要政，本省无可用之人，不得不调诸他省。在平日已有乏才之患，将来新律颁行，需才更亟，非多得晓律意者，不能行之无弊。应将学律各员于毕业后，请简派大臣详加考验，分别等差，其列优等者交部带领引见，按照原官品级，以道、府、直隶州知州、知县等官，请旨录用。庶几学适于用，用其所学，于时政殊有裨益。"最后说明这三个方面是"仅举其大概。如蒙俞允，再由臣等详拟章程，恭候钦定"。

这份奏章获得了学部的首肯，并得到了钦定批准，沈家本、伍廷芳也被任命为法律学堂管理大臣。于是沈家本立刻追加附片要求各省开办法律仕学速成科。

这份附片的题目是《修订法律大臣伍沈奏请于各省课吏馆内专设仕学速成科片》，片中指出，各省冗员甚多，真正实行新政，能够用上的人才奇缺。派人出洋留学资费甚多，且远水不解近渴。为此拟"请在各省已办之课吏馆内，添造讲堂，专设仕学速成科，自候补道府以至佐杂，纪年在四十以内者，均令入馆肄业，本地绅士亦准附学听讲课程"。"定六个月为一学期，三学期毕业，毕业考试后，由督抚将学员职名、考试分数，造册咨送京师政务处、学务处、刑部以备察核。""选派明习法律人员及外国游学毕业者充当教员，分门讲授。"这样不仅为地方培养了急需人才，也是对当地"导以实行之学，则固陋之习可除"，既培养了急需人才，又有利于改变地方不能依法办事的陋习。这个附片也得到了批准，并且发文全国，有些省份施行得力效果颇佳，尤其是沿海地区，迅速培养了一批可用人才。

中国历史上第一所专习法律的学校"京师法律学堂"在沈家本、伍廷芳主持下，经教务提调曹汝霖、董康，文案提调许受衡、王仪通，庶务提调周绍昌及诸多教员的共同努力下，第一期学员经过三年的学习，顺利毕业。

伍廷芳于光绪三十三年（1907年）已经调任驻美公使，于是沈家本先生为学员毕业考核，单独给朝廷上了一份题为《奏为法律学堂学员毕业届期应请考验由》的奏章。

这份奏章首先说明，原来承诺学校办成后交学部管理，现在学部已经奏呈获准，仍由刑部管理，所以沈家本以管理法律学堂事务大臣、法部右侍郎身份启奏。这是对并非刑部把持学校管理权的表白。因为当时正有人参核沈家本把持刑部大权，这一表白，也是对这些参核的一点回答。奏呈的事务主要是学员已经完成三年学业，请求派员考核并确定毕业分配与奖励办法。同时还进呈了一份请求对在法律学堂表现突出的监狱专修科教习日本法学博士小河滋次郎予以奖励的奏章。小河滋次郎因而获得了清王朝三品顶戴的奖励。

回顾这几份奏章，可以让我们感受到清王朝晚期的新政与改革，在新旧思维、新旧势力的博弈下，再加上贪腐成灾的大环境，是何等的艰难。沈家本先生以其大无畏的精神，老到的政治经验，办成一点于国于民有利的事情，又是何等的艰辛。

在今天看来，这不正是沈家本先生奉送给中国历史的一份厚重礼物吗？

19. 沈家本考刺字之一

中国古代，在人的体肤上刺字是"刑"，称为"黥刑"或"墨刑"。到了现代同样在人的体肤上刺刻，名称改成了"刺青"或"文身"。颜色也不再只是黑色，变成以青色为主加上五颜六色，再也不是法律上的惩罚。

电视剧《海神娘娘》描写了民国年间，六个花季少女被刺上了象征海神娘娘的刺青，在她们身上留下了给海神为妻的标志，终身不得出嫁，使她们从小就背负了沉重的诅咒。这几个女孩，为了生存、为了爱情，与迷信、愚昧的社会作了殊死的抗争，最终走向光明。再早还有一部电影，名叫《刺青》，也是一个爱情故事。当然在许多影片中，也有黑老大浑身刺青以示彪悍。现在大街上也常见到文身店，光顾者是为了美、为了酷，或者为了标示强悍，当然也有人是为了纪念爱情，总之这种刻画体肤的古代刑，已经完全失去原来的意义。或者，这与在中国人的心目中路人皆知岳母在岳飞背上刻下"尽忠报国"四个大字的故事有关。

不过这种不是刑罚的刺青或文身，中国古代早已有之。《史记》《战国策》中就有太伯、仲雍文身断发以融入当地民众的记载，那是一种身份的标志。在中国、在世界各地从古至今，刺青、文身的发展有着不同地域、不同民族、不同时代的特征和表现意义，这是一个专门的学问，或者说也是一种文化表象，笔者无力探讨，故不敢多赘。

"刺字"作为一种刑罚，起自先秦，作为一种残酷的肉刑，终止于晚清。是沈家本先生光绪三十一年（1905年）上奏《删除律例内重法折》获准，刺字之刑才在中国的历史上彻底消灭。

沈家本先生的第一部刊刻发表的法学著作就是光绪十二年（1886年）成

书的《刺字集》，对有清一代刺字之刑做了一番归纳整理，以拨正刺字之刑实施之乱象。又在《历代刑法考》中，对刺字之刑的起源、发展进行了一番考证。

如今了解一下这一刑制的起源、演变，也是很有趣的。

沈家本先生在《刺字集》自序中指出："刺字，古墨辟遗意也。墨，一名黥。"这就是说，刺字，就是古代的"墨辟"，又称"黥"刑。

《历代刑法考·刑法分考七·墨》对中国墨刑的由来进行了一番考察。从这里，我们可知最早在《周易》中就有"其人天且劓"的记录，《经典释文》一书中解释说："天，剠也。"天就是剠，凿其额就是天。"其人天且劓"就是说这个人的额上被凿刻了印记，鼻子也被削去。沈家本先生用李鼎祚的《周易集解》中虞翻曰"黥额为天"的解释，说明这个"天"就是"黥额"。这里"天"尚不是刑罚，而是奴隶的标志。而沈家本先生说"墨，一名黥。《说文》：'黥，墨刑在面也。'"也就是说墨刑是刺在脸面上的。《书·舜典》最早记录了墨刑，是五刑中的最轻刑。那时的五刑是指墨、劓、剕、宫、大辟。墨刑是在脸上刺字并涂墨，留以痕迹；劓刑就是割鼻；剕刑是把脚砍掉；宫刑则是阉割男子的生殖器，毁坏女子的生殖机能；大辟就是死刑。历史上记载较早遭受过墨刑的人，是楚汉相争时的名将英布，他是秦朝受了墨刑的罪人，因此英布又被称为黥布。

沈家本先生选录了《尚书·伊训》的原话："制官刑，儆于有位。曰：'敢有恒舞于宫，酣歌于室，时谓巫风；敢有殉于货色、恒于游畋，时谓淫风；敢有侮圣言、逆忠直、远耆德、比顽童，时谓乱风。惟兹三风十愆，卿士有一于身，家必丧；邦君有一于身，国必亡。臣下不匡，其刑墨，具训于蒙士。'《传》：'墨刑，凿其额，涅以墨。'《疏》：'言十愆有一，则亡国丧家。邦君、卿士虑其丧亡之故，则宜以争臣自匡正。犯颜而谏，臣之所难，故设不谏之刑，以励臣下。故言臣不正君则服墨刑。墨刑，五刑之轻者，司刑所谓"墨罪五百"者也。'"指出"言汤制官法，以儆戒官""殉，求也，昧求财货美色，常游戏畋猎，是淫过之风俗"。可见当时的墨刑，主要是为了正官风而使用的一种最轻的刑罚。对巫风、淫风、乱风"三风",卿士有一于身,家必丧;邦君有一于身,国必亡。臣子如果不能匡正君王之过,就要处以刑墨。可见对朝政之风气,管理之严格。到了秦朝就开始滥用。沈家本先生举《秦始皇纪》为证:"三十四年,丞相李斯请烧诗、书百家语,有敢偶语诗、书者弃市;以古非今者族;吏见知不举与同罪。令下三十日不烧,黥为城旦。制曰:'可。'"可见秦李斯焚书之严厉,且"令下三十日不烧,黥为城旦",用刑可谓滥也。汉文帝注重慎刑,主张去除肉刑。《汉书·文帝纪》:"十三年,除肉刑法。"《汉书·刑法志》:"当黥者,髡钳为城旦舂。"剃去头发称髡,以铁圈束颈称钳。汉文帝废除肉刑时,以髡钳城旦舂代替黥刑。髡刑是如何剃头,史书没有具体记载,但"身体发肤受之父母"是天经地义的,剃头已经是很不体面的处罚了。不像现代剃光头、把头发剃成稀奇古怪的图形,还是一种时髦。"钳"是不是演化成现代的项圈,倒是未曾考证过。"城旦舂",是历史悠久的两种刑罚。"城旦"是男人犯罪罚以修筑城墙之类的劳作,"舂"则是女人犯罪罚以为官家舂米,这是因为妇人不宜承担修城墙的强体力劳动,看来古代也是男女有别的。

汉文帝时已经去除了刺字,但在《汉书·匈奴传》中却有这样的记载:"汉使王乌等窥匈奴。匈奴法,汉使不去节,不以墨黥其面,不得入穹庐。王乌,北地人,习胡俗,去其节,黥面入庐。单于爱之,阳许曰:'吾为遣其太子入质于汉,以求和亲。'"沈家本先生解释说:"汉使以墨黥面,疑只是以墨涂面而已,非真以刀刻其面也。"虽只是个推断,但这个推断解释了匈奴"黥面入庐"之法,并非要接受黥刑而后才能入见。

可见汉文帝去除肉刑,还包括去除墨刑——刺字之刑。

20. 沈家本考刺字之二

上文说汉文帝除肉刑,已经去除了刺字之刑。而《后汉书·朱穆传》却有个"臣愿黥首系趾，代穆校作"的记载，有学者就此认为东汉时又用上了黥刑。朱穆是东汉一位为人耿直不畏强权大臣。东汉桓帝时，有个叫赵忠的宦官深得桓帝宠信。他父亲死了，回到原籍埋葬时大办丧事，为了显示富贵、权势，使用了许多玉饰、玉匣、偶人等陪葬品，违反了当时有关丧仪规定，百姓十分不满，而地方官碍于赵忠的权势，睁一眼闭一眼，不予理会。朱穆听到这件事，就去调查验证。当地官吏害怕朱穆严查，于是挖坟开棺，取出随葬品，而且收捕了宦官赵忠的家属。皇帝得知此事大怒，下诏把朱穆押至廷尉，判令惩罚朱穆到左校（古代掌管制作的衙署）服劳役。刘陶等几千名太学书生，向朝廷上书。述说了朱穆所作所为都是"竭心怀忧，为上深计"，并表示"臣愿黥首系趾，代穆校作"。意思是说：朱穆所为是心怀深深的忧虑，是为了皇上的长远打算。他是不应该受到处罚的，若是皇上不肯放过他，我们宁愿受黥首和戒指之刑，代替朱穆去左校服劳役，换回朱穆。皇上看了这情真意切的奏章，就赦免了朱穆。沈家本先生指出，这并不是说东汉时期还有黥刑，而是"此太学书生刘陶等上书讼穆语，殆设言之辞，非尔时尚有黥首之刑"，是为朱穆辩护用的假设言辞，并非当时尚有"黥首之刑"。

到西晋时重新设置了刺字之刑，沈家本先生以《晋令》"奴婢亡，加铜青若墨，黥两眼后。再亡，黥两颊上。三亡，横黥目下。皆长一寸五分，广五分"为证，并指出《酉阳杂俎》卷八、《御览》卷六百四十八都有同样的记载。《晋令》就是西晋法令。晋武帝司马炎于泰始三年（267年）修成《晋律》，又将因时之需设置的临时法令、法规等条款，作为"令"编纂颁布为《晋令》，得共四十卷。《晋令》规定的黥墨之行刑，如上文所说，有了很具体的规定。

历朝历代，对黥刑的实施各有不同，时轻时重，皆由统治者据其统治思维和秩序的需要而定。当朝恶法黥者必多；朝廷慎法，黥者自少。

如南朝时期的宋，尤其是明帝时期重刑严酷，沈家本先生考录《南史·宋·明帝纪》的一段记载："泰始四年（458年），诏定黥刖之制。有司奏：自今凡劫窃执官仗、拒战逻司、攻剽亭寺及伤害吏人，并监司将吏自为劫，皆不限人数，悉依旧制斩刑。若遇赦，黥及两颊'劫'字，断去两脚筋，徙付交梁宁州。五人以下止相逼夺者，亦依黥作'劫'字，断去两脚筋，徙付远州。若遇赦，原断徒犹黥面，依旧补冶士。家口应及坐，悉依旧结谪。及帝崩，其例乃寝。"可谓相当严厉，所以明帝驾崩以后，这些规定就搁置停用了。

沈家本先生对五代以后的宋、辽、金、元、明历朝的黥制尤为重视，都有考察。

在《宋史·刑法志》中，有关黥墨的记载，沈家本先生节选了十三条之多。如"凡犯盗，刺环于耳后。徒、流，方；杖，圆。三犯杖，移于面。径不过五分"。说明宋时刺字之刑分为方、圆、面三等，而且规定"径不过五分"。

"端拱二年（989年，端拱，宋太宗的第三个年号），旧制僮仆有犯，得私黥其面。帝谓：'僮使受佣，本良民也。'诏：'盗主财者，杖脊，黥面配牢城，勿私黥之。'"旧制规定，富人家的童仆，只要犯了家规，主人家可以"私黥其面"。端拱二年太宗皇帝得知这个规定，良心发现，就说："这些童仆，本来就是良民，不能犯点错误，就私自实施黥面之刑，今后除了'盗主财者，杖脊，黥面配牢城'，不得再'私黥之'。"

"元丰元年（1078年，宋神宗年号），青州民王赟父为人殴死，赟幼，未能复雠。及冠，刺雠，断支首祭父墓，自首。论当斩。帝以杀雠祭父，又自归罪，其情可矜，诏贷死，刺配邻州。"这时刺字，又成了死罪减刑的替代之刑。

"淳熙八年（1181年，淳熙南宋孝宗年号）诏：自今强盗抵死特贷命之人，并于额上刺'强盗'二字。余字分刺两颊。"沈家本先生指出"今刺'强盗'当自此始"。就是清代强盗面刺"强盗"二字，是因袭南宋孝宗淳熙八年这份诏书的规定。沈家本先生节选了淳熙十一年（1184年），校书郎罗点的长篇议论，概述了南宋黥刺之刑由简至繁的历史过程，和他对消减黥刺的建议和理由。罗点认为"使刺面之法专处情犯凶蠹，而其他偶丽于罪，皆得全其面目，知有所顾藉，可以自新"，就可以达到"省黥徒，锁奸党，诚天下之切务"的目的。

辽、金时代虽也有刺刑，但使用较少。元代，仍实行黥刺之刑，但常常对蒙古人免予实行，而且不断增设一些对特定罪犯的"免刺"条令。沈家本先生生节录《元史·刑法志》："其蒙古人有犯，及妇人犯者，不在刺字之例。""诸工匠已关出库物料，成造及额余外，不曾还官，因盗出局者，断罪，免刺。""诸年饥民穷，见物而盗，计赃断罪，免刺配。""诸幼小为盗，事发长大，以幼小论。未老疾为盗，事发老疾，以老疾论。其所当罪，听赎，仍免刺配。诸犯罪亦如之。""诸挟雠放火，随时扑灭，不曾延燎者，比强盗不曾伤人不得财，杖七十七，徒一年半，免刺。"以见元代减少黥刺之刑实施之一斑。

《大明律》是《大清律例》的主要蓝本，沈家本先生对明律有关刺字之刑的考察尤为重视。在《历代刑法考·刑法分考七·墨》中占了很大篇幅。沈家本先生首先摘录了《明史·刑法志》的有关记载："正统八年（1643年，明英宗年号），大理寺言：'律载：窃盗初犯刺右臂，再犯刺左臂，三犯绞。今窃盗遇赦再犯者，咸坐以初犯，或仍刺右臂，或不刺。请定为例。'章下三法司议，刺右遇赦，再犯者刺左。刺左遇赦又犯者不刺，立案。赦后三犯者绞。帝曰：'窃盗已刺，遇赦再犯者依常例拟，不论赦，仍通具前后所犯以闻。'"这是明代关于窃盗刺字对《大明律》的变更。明太祖朱元璋洪武三十年（1397年），《御制大明律序》中，已明确规定"合黥刺者，除逆党家属并律该载外，其余有犯俱不黥刺"。

《大明律》中有关黥墨刺字执行的规定有："凡称与同罪者，止坐其罪，不在刺字、绞斩之限。准盗论，免刺字；以盗论，刺字。""凡白昼抢夺人财物者，并于右小臂膊上刺'抢夺'二字。纂注：'其抢夺再犯者，照例于右臂膊重刺。'""凡窃盗已行而不得财，免刺；但得财者，初犯并于右小臂膊上刺'窃盗'二字，再犯刺左小臂膊，三犯者绞。以曾经刺字为坐，掏摸者罪同，若军人为盗免刺。""凡盗田野谷麦、菜果及无人看守器物者，免刺。"

"凡各居亲属相盗财物者，并免刺。其同居奴婢、雇工人，盗家长财物及自相盗者，免刺。""凡恐吓取人财物者，免刺。""凡用计诈欺官私以取财物者，免刺。若冒认及诓赚局骗拐带人财物者，免刺。""凡发掘坟冢盗取器物砖石者，免刺。""其知人强窃后而分赃者，免刺。""凡盗贼曾经刺字，若有起除原刺字样者，补刺。"可见明代有关刺字之刑，已经很少用了。

所以，沈家本在《历代刑法考·刑法分考七·墨》最后的按语中写道："观于《御制序文》，是明祖于刺字一端亦极慎重，不轻刺也。律内该载者，亦止抢夺、窃盗两项。"但是沈家本又提出："逆党家属，律无明文，不知刺何字样。殆亦临时决定，并非一概刺字欤？"这个问题，在《大明律》是不明确的。

沈家本先生光绪十二年（1886年），辑纂、刊刻的《刺字集》五卷，是他最早的律学著作。是书考证、收集了有清一代"刺字"之刑的史料文献。其目的是"以备官司援引"，纯粹是实用工具书。在这段按语中，他说：在《历代刑法考·刑法分考七·墨》"汇辑自古刑法有关刺字者，非徒考厥源流，亦借以究其得失"，而是对这一刑罚的研究。所以他说："今刺字已奏准删除，《刺字集》一书已同故纸，惟此卷尚可备考古者之参稽，因编入《历代刑法考》内。"从实用的角度，的确如其所言"已成故纸"。但如今却是我们研究清代刺字之刑的宝贵文献。

顺便说一句，这段按语的落款"宣统元年三月，家本记"是一个《历代刑法考》成书年代的旁证，至少说明，1909年年初，这个时候《历代刑法考》尚在编纂中。"惟此卷尚可备考古者之参稽，因编入《历代刑法考》内"一句，也可见编纂《历代刑法考》之目的。

四

品读寄簃公的诗情书意
（二）

品德养成的道德情中意

(二)

1. 从《妇女实发条例汇说》的《序》和《尾按》说起

　　沈家本《妇女实发条例汇说》的《序》和《尾按》可以给我们许多有趣的信息。

　　《妇女实发条例汇说》是沈家本先生得中进士第二年，也就是光绪十年（1884年）编订的，只是没有刊刻发行而已，比他的第一本刊印的法学著作《刺字集》早了两年。《妇女实发条例汇说》直到1907年冬，才付梓刊印。这时《删除律例内重法折》已经获准实行，书中所集大部分条款，已被删除。如果作为办案参考"甄其异同以考其得失，庶可得律例之原本而观其通欤"（《尾按》）。已经意义不大，之所以还要刊刻出版，正如沈家本所说："余补辑此编，藏弆箧衍未以示人，今岁出校订之，将付手民，以备考证之助。"（《尾按》）是作为文献备考而刊印的。

　　《妇女实发条例汇说》的刊刻，沈家本也是为了完成自己弘扬薛允升先生的学术成就的心愿，所以他在《序》中说："是编虽非公精意所存，然亦一代之典章所系，不可忽也。余故序而刊之，庶余心憾可以少释。"这个"公"即指薛允升。几句话倾吐了对薛允升学识成果的敬重，也表达了对薛大司寇的深厚情谊。可见，在沈家本眼中《妇女实发条例汇说》是薛允升的著作。从《序》的行文中，我们也可看出这个意思。《序》中指出："大司寇长安薛公自释褐即为理官，讲求法家之学，生平精力毕瘁此事。所著有《汉律辑存》《唐明律合刻》《服制备考》《读律存疑》诸书。若是编则仅有同官传钞之本，盖非公所甚注意者。"薛允升自从脱去平民服装就做了理官（管理讼狱的官员，即司法官员），倾毕生精力"讲求法家之学"，著有《汉律辑存》《唐明律合刻》《服制备考》《读律存疑》诸书。而"若是编则仅有同官传钞之本，盖非公所甚注意者"，说明《妇女实发条例汇说》不是薛允升十分注意的著作，所以只有"同官传钞之本"。从这个角度看《妇女实发条例汇说》就应该是薛允升的著作。但从内容看，在所收所有条目之后，沈家本先生都作了中肯的按，也不能不说是沈家本的成果，所以沈家本在《尾按》中说"余补辑此编"，其意有二，一是自己做了"补辑"的工作，二是自己"补辑"的是"此编"，而"此编"是薛大司寇的作品。因此我以为《妇女实发条例汇说》的作者，应该就是沈家本《妇女实发条例汇说》手稿《序》后正文题目之下注明的"长安薛允升撰归安沈家本参订"。

《妇女实发条例汇说·序》中特别强调对法家之学的传承。文章的开头就提出了"班孟坚言：'法家者流，出于理官。'故身任理官者，始讲求法家之学，习使然也"。班孟坚即《汉书》的作者班固。《汉书·艺文志·诸子略》有"法家者流，盖出于理官。信赏必罚，以辅礼制"的评论。法家都是理官出身的。他们用确定奖励的一定奖励，确定惩罚的必定惩罚的铁律，来辅助礼制的实施。因此沈家本说："故身任理官者，始讲求法家之学，习使然也。"做了理官的人就会讲求法家之学，这是职务的需要，也是习惯使然。理官就是主管诉讼、监狱的官员。"狱"历史上是指审理案件、监狱管理等司法事务，并非专指监狱。"理官"亦称"大理"或"理"。《春秋·元命包》："尧得皋陶，聘为大理。"夏、西周、晋皆称司法官为"大理"。秦朝司法官改称"廷尉"。汉景帝时最高司法官复称"大理"。明、清沿其制，至清末官制改革，大理寺改为大理院，为最高司法审判机关，秩级升为正二品，相当于今之最高法院，沈家本即第一任大理院正卿，也就相当于中国第一任最高法院院长。作为司法官员，重视法学自然是理所当然的，但沈家本认为注重法学，并不只是"理官"的责任。

在《序》中沈家本批评《四库全书》："四库书浩如烟海，稗官、小说悉入搜罗，独法家之言所录者寥寥可数。"他质问："岂世皆鄙弃斯学，竟无人讨论而著述欤？"他指出，并非无人讨论而著述，而是"抑有讨论著述之书，世无人为之表彰，遂湮没而不传欤"。其实就是在抨击《四库全书》的编纂者不重视法家著作的收集。正因如此，他于光绪二十九年（1903年）向皇室奏进了薛允升的遗作《读例存疑》。

《序》文中沈家本先生这样说："甲辰岁，叙雪同人为公刊《读律存疑》，余实任编纂之役，已行于世。其时醵资之事，段少沧观察任之；校雠之事，许俊人金事任之。"甲辰岁，即1904年。"叙雪同人"即叙雪堂同人，叙雪即叙案昭雪，也就是司法审判；叙雪堂，即指刑部。这里是说刑部同人为薛允升刊刻《读例存疑》。这是沈家本先生向朝廷奏进推荐，经朝廷批准以后的事。他具体说明了自己"任编纂之役"，段少沧负责"醵资之事"，即筹集资金的事，许俊人负责"校雠之事"，即刊刻的校对。

继而沈家本说："凡此诸人之不惜心力以董其成者，岂独有私于公哉？良以法家者言，非浅学所能道。世间传述之书，既不多觏。若此鸿篇巨帙，其饷遗我后人者，固非独为一人一家之事，而实于政治大有关系者也。"强调了《读律存疑》出版刊行的重要。与《读律存疑》相比，《妇女实发条例汇说》是一本小书，而且内容也失去了现实意义，但沈家本先生说："崔伯渊有言：'尝肉一脔，识镬中之味。'此系一脔也。"（《序》）崔伯渊即崔浩，清河郡东武城县人（今武城县隶属山东省德州市），是南北朝时期北魏著名的政治家、军事谋略家。一次魏世祖召开御前会议，召集崔浩等群臣讨论国事，大家议论不休。崔浩说，研究事情要抓典型，就如同"见瓶水之冻，知天下之寒；尝肉一脔，识镬中之味。物有其类，可推而得也"。听此言，众大臣的议论逐渐集中起来。《妇女实发条例汇说》就像尝过锅中的一小片肉，可以从中了解律学的真谛。

在《尾按》中沈家本先生叙述了妇女实发刑制的发展："妇女犯罪与男子殊，流戍道远，孑身难于长行。五徒较轻亦苦于不能任役，是以汉有顾山之制，唐有留住之条，明则徒流俱听收赎，皆所以宽妇女示矜恤也。国朝承用明制，妇女徒流准赎，故以流三千里人犯仅赎银一两三钱七分五厘，为数过微，不足以示惩戒，于是遇有情节较重者，军、流、遣罪改为发遣为奴，不准收赎。乾隆以后，实发款目日益加多，盖于矜恤之中参以惩戒之意，因时制宜，亦有不得已者。"给我们提示了不少历史知识，作为法律史文献，也是沈家本先生的一番心血。

从《妇女实发条例汇说》的《序》和《尾按》不难看出沈家本先生的心思，这就是：他要强调法学文献传承的重要性；法律不仅是法官们的事，它是关乎政治的大事。

2. 读寄簃公《禁酒考》

中国人的祖先，很早就发明了酿酒，酒文化源远流长，因而历史上有关酒禁的法律也出现得很早，沈家本先生《历代刑法考·酒禁考》对此作了较全面的考察。

《历代刑法考酒禁考》考证，中国最早的禁酒令是《周书·酒诰》，发布于西周统治者周公旦在推翻商代的统治之后。周公封小弟康叔为卫君，令其驻守殷商故地，管理那里的遗民。他告诫年轻的康叔：商朝之所以灭亡，是由于纣王酗于酒、淫于妇，以至于朝纲混乱，造成诸侯举义，推翻了殷商王朝。因此他为康叔制定《酒诰》作为管理殷民的法律。沈家本用纣的同母庶兄微子启的自述："我祖底遂陈于上，我用沈酗于酒，用乱败厥德于下。"意思是说：我们的先祖成汤制定了常法在先，而纣王沉醉在酒中，因淫乱而败坏成汤的美德在后。证明"纣之失德，悉由于酒"。所以周公旦制作《酒诰》以杜绝酗酒败德。微子，即微子启。微或作魏，"启"或避汉景帝刘启讳，后世又称殷公。商朝帝乙之长子，与纣是同母庶兄，名启。出生时，其母尚未立为正妃，故曰庶出，不得承嗣。封于微地，即今山西潞城东北。因见商政权将亡，数谏纣王不听，只好离开。周武王伐纣，他持商王室宗庙礼器，前往武王军门，袒露身体自己反缚来投降，武王释之，并复其位。武王灭商后，分割殷商帝京之地为三部分，设三监治理。武庚（商纣王之子）挑唆三监作乱，欲恢复商治。周公东征，诛杀了武庚，平定三监之乱，以微子启代替武庚奉守商人的故地和百姓，封于宋（即今河南商丘，为宋国第一代国君）。沈家本又引《殷本纪》"纣大聚乐，戏于沙丘，以酒为池，县肉为林，使男女裸相逐其间，为长夜之饮"为例说明纣的荒淫。商纣王举行大型聚会，在沙丘（地名，位于今天河北省邢台市广宗县城西北角大平台村，老漳河岸边，现建有沙丘平台遗址公园）做游戏，挖一个大池子，注满了酒，又像树林一样悬挂烤肉，命令裸身男女在酒池、肉林中追逐嬉戏，陪着纣王长夜饮酒作乐。甚至"纣为酒池，回船糟丘而牛饮者三千余人"，也是说明商纣"酗于酒"的乱象，以证明制作《酒诰》就是因为要提高对殷商亡国原因的警惕。《酒诰》规定，重要典礼时才允许喝酒，有群饮者就抓起来，酗酒者就杀掉。对于这样严格的规定，后世也有不同的看法，有的说："罪有大小，不可一皆尽杀。"也有人议论说："凡民夜相过者辄杀之，可乎？"沈家本评论说："《酒诰》一篇，始终以酒为戒，不及他事。当时酗酒之风，必有不可以常理论者，故特用重典，非经常之法也。"又指出："《诰》文曰'群饮'，《汉律》'三人已上'当即本此。如不及三人者，不用此重典矣。"他肯定孔安国"又惟殷家蹈恶，俗诸臣。惟众官化纣日久，乃沉湎于酒，勿用法杀之。以其渐染恶俗，故必三申法令，且惟教之"。商朝各级官员"化纣日久"，长期受纣王的影响"沉湎于酒"只有用重罚，才能达到教育的目的。

由此沈家本认为《酒诰》是"以殷之诸臣，惟工积染深而受化浅，故不遽杀之，而必先教之。教之而不从，则同于杀。是其用法，固未尝偏于轻重也"。并非周代用法偏于重罚。他引用《周礼·秋官·萍氏》"苛察沽买过多及非时者"是"使民节用酒也"，所以"萍氏所掌，但有禁令而无罪名。其罪名必有常法，非若《酒诰》之所言，概用重典也"。[①]

---

① 萍氏，周代官名，掌水禁、酒禁等事。

历史上，统治者对酒，并非一概禁之。沈家本举《史记·文纪》的记载"赐民爵一级，女子百户牛酒，酺五日"为例，说明统治者有时在重大庆典时会主动赐酒给百姓。汉文帝登基，发布大赦令，同时也"赐民爵一级，女子百户牛酒，酺五日"。为庆祝登基，不仅大赦，还要给百姓"赐爵"、给女子赐"百户"和"牛酒"。而且可以"酺五日"。"百户"，古代的基层管理官员，类似现在的"居民委员会主任"。不过皇上所赐的"爵""百里"都只是荣誉，或说是一种身份，并非实职罢了。不但赐给了荣誉身份，还赐予牛与酒，而且可以"酺五日"。"酺"，沈家本在文中做了不少训释：师古曰"酺之为言布也，服音是也。字或作脯，音义同"（颜师古，581—645 年，名籀，字师古。雍州万年，今陕西省西安市人，祖籍琅琊，今山东省临沂市，经学家、训诂学家、历史学家）。宋祁曰："'酺'，南本、浙本并作酺。"（宋祁，998—1061 年，字子京。祖籍安州安陆，今湖北省安陆市，北宋官员、著名文学家、史学家、词人。）《礼器》注："合钱饮酒为醵。"这就是说，文帝登基之礼，既大赦囚犯，又向平民赐爵、赐百户，还发给牛肉与酒，更可以狂饮五日，应该是相当隆重的庆典。由此可见国家并非一律禁止"群酒"。所以《礼器》注："合钱饮酒为醵。王居明堂之礼，仲秋乃命。"到了王居明堂之礼就简单地下令举行"国醵"，就是大家凑钱喝酒，庆祝"王居明堂之礼"。"王居明堂之礼"是指古代君王的一种祭祀之礼，离开宫闱到五十里的郊外祭祀，如春季的祈雨、出疫（祈祷瘟疫离开）等。经过一系列的训释，沈家本先生认为：据郑氏注，因祭酺而饮酒，遂名饮酒为酺，非别一义，王居明堂礼之国醵殆一事也。也就是说："酺"就是饮酒。《酒诰》就是一个关于酒禁的诰文，"王居明堂礼之国醵"是另一事。分出了"法"与"非法"的区别。

沈家本指出："《汉律》三人已上无故群饮，罚金四两。律言三人已上，则不及三人者不用此律。'群饮'之目，当本于周法，特轻重悬殊耳。"

禁酒也不完全是防止酗酒乱政，常常也有各种不同的原因。《汉书·景纪》："中三年（前 147 年），夏旱，禁酤酒。后元年，大酺五日，民得酤酒。"颜注："酤谓卖酒也。"沈家本指出"先因旱禁酤"，所以"凡四年弛之"。既然是因旱灾禁酤，旱情缓解，禁令自然也就"弛之"了。因旱而禁，旱解即弛，也是一种行政行为，而非正式颁布的法令。可见古代酒禁也并非常态，否则，中华酒文化也不可能那么丰富了。沈家本先生举例说："《诗·伐木》云：'无酒酤我。'《论语·乡党》：'沽酒不食。'知古不禁酤，但饮非其时，则禁之耳。"

《武纪》："天汉三年（前98年，汉武帝年号），初榷酒酤。"官府控制酒的生产和销售，独占酒利，不许私人酿造售卖。这是国家实行酒业专卖、垄断酒业产销的开始。因遭人反对，武帝死后，始元六年（前81年）改征税。沈家本说："税酒自此始，特变民酤为官酤，而于旧律之禁令无涉也。"说明当权者关于酒的管理，已从"酒禁"演化为"酒税"，而且成为国家的财政收入。"税酒"，这里的"税"是名词用如动词，税酒，就是收取酒税。沈家本先生摘取《汉书·食货志》的话："昭帝即位6年（前81年），诏郡国举贤良文学之士，问以民所疾苦，教化之要。皆对愿罢盐铁酒榷均输官，毋与天下争利，视以俭节，然后教化可兴。弘羊难以为此国家大业，所以制四夷、安边足用之本，不可废也。乃与丞相千秋共奏罢酒酤。"汉昭帝6岁登基，大将军霍光专权，于原始六年召集"贤良文学之士，问以民所疾苦，教化之要"。大家一致要求取消盐铁酒的专卖，不要与民争利。桑弘羊认为盐铁酒的税收，关系"国家大业，所以制四夷、安边足用之本，不可废也"。考虑民众的要求，桑弘羊与丞相田千秋决定，只"共奏罢酒酤"而盐铁之榷不减。只取消了酒的专卖，而盐铁专卖不能减除。

对此沈家本先生以按语评论说："罢酒酤而不罢盐铁者，盐铁利大而酒酤利小也。"又说："汉安二年（144年，汉安，东汉顺帝刘保的第四个年号）《纪》不言水旱，而与减百官奉、贷王侯国租同书，其为年岁不登，国用不足亦可知。"虽然没有说是因为水旱之灾，但把恢复酒酤，与减少官俸和向王侯借贷放在一说，一定是因"年岁不登，国用不足"而复行"酒酤"。东汉酒禁相当严厉，因此还兴出一场"酒党"之狱。

沈家本摘《后汉书·桓荣丁鸿列传》，讲了一则故事。东汉桓帝时一个叫曹节的宦官，长期把持朝政。曹节的女婿冯方经常招人共饮聚会。尚书郎桓彬心志高尚，与朝中的良臣左丞刘歆、右丞杜希志趣同好，关系密切，不肯去参与冯方的酒肉聚会。冯方十分妒恨桓彬这些人，于是上奏章污蔑他们是在一起群饮乱政的"酒党"。曹节以皇帝的名义，把这封奏章批给尚书令刘猛。为人正直的刘猛，很喜欢桓彬等几位的为人，就把奏章压下，不予处理。曹节大怒，弹劾刘猛与桓彬等人结党营私，把几个人打入监狱。刘猛官高位重，正气凛然不畏权势，曹节无法处理，关了十几天把刘猛放了，然而桓彬却被关押死于狱中。

沈家本以按评论说："'酒党'之目，为曹节诬奏，然可以见东汉之世，酒禁犹严也。"由此可见，到东汉时期"酒税"与"酒禁"是并行的，且很严厉。

酒禁之律，因时而用，三国《蜀志·简雍传》记录了"时天旱禁酒酿者"法令，有的"刑吏于人家索得酿具"，审理的官员准备把酿具的主人与酿酒的人处以同罪。简雍听说这事以为不妥，就乘陪同刘备游观时，见一男女同行，就指着这对男女，对刘备说："这两个人打算行淫乱违法之事，为什么不把他们抓起来？"刘备说："卿何以知之？"简雍回答说："这两人有男女身上行淫的设备，和家有酿具的人是一样的啊。"刘备听了大笑，意识到不妥之处，于是下令不再对仅仅家有酿具的人治罪。沈家本按："此虽滑稽之事，然可见因旱而禁酤，当时之常制也。"到了北魏也还是常兴酒禁。《魏书·刑罚志》有："高宗太安四年，始设酒禁。是时年谷屡丰，士民多因酒致酗讼，或议主政。帝恶其若此，故一切禁之，酿、沽、饮皆斩之。吉凶宾亲，则开禁有日程。显祖即位，开酒禁。"

北魏是鲜卑族的政权，是崛起的古代游牧民族，应该是不会禁酒的。但是因为"是时年谷屡丰，士民多因酒致酗讼，或议主政"引起文成帝拓跋濬的厌恶，高宗太安四年（458年），就"一切禁之，酿、沽、饮皆斩之"。只有在办吉凶礼宾时，才能按规定日程开禁。这一酒禁，可以说是相当严格。

连年丰收，百姓有钱了，就买酒畅饮，喝多了就吵架、打官司。更可恶的是，酒喝高了胆子大了，就议论国事、议论王室长短，于是文成帝拓跋濬就下了一道严厉的禁酒令。不过以笔者之见，其实"士民多因酒致酗讼"对皇帝又有何干，最主要的是"或议主政"，就是"妄议国事"，这还了得，才是"禁"的核心原因。不过这一酒禁，仅仅过了七年，到显祖献文帝拓跋弘继位后就开禁了。

沈家本先生考酒禁的历史资料，只到北魏显祖献文帝拓跋弘继位。也就是说，之后历代很少再设酒禁。至于酒税，并非《酒禁考》的涵盖范围，除历史上酒禁转化至酒税的历史现象外，也就无须涉及。

《酒禁考》汇集了有关酒禁的历史文献，也对酒禁的历史现象作了评价和考释。其中有许多关于字的训释，给我们很多启示，只是这些训释的文字相对枯燥，笔者就不赘言了。

3. 读《雪堂公牍》之一

《雪堂公牍》在《沈寄簃先生遗书》目录中，列为"未刻书"，也就是说《雪堂公牍》没有刻版收入《沈寄簃先生遗书》正文中。《雪堂公牍》手稿于1962年与沈家本先生其他手稿一起捐赠于中国科学院法学研究所，之后转移至中国社科院法学研究所。1996年收入《沈家本未刻书集纂》，后又收入2010年出版的《沈家本全集》第二卷。

公牍，古代公文文体。章太炎先生在《文学论略》中指出："以比类知源为要者，典章是也；以便俗致用为要者，公牍是也。"民国临时政府时期担任过北京女子师范大学校长的姚华在《论文后编·源流》中说："无韵之作随其所志，各自成名，公牍私著，两别而已。公牍变于《尚书》，私著畅于诸子。"所以公牍就是公文。雪堂就是叙雪堂，是清代刑部的代称，也是刑部官员的自诩，言外之意，就是刑部是叙雪鸣冤之地。雪堂公牍，自然就是刑部公文。

《雪堂公牍》收集了沈家本先生在刑部任奉天司主稿兼秋审处坐办时期办理的无数案件中，自以为最具典型意义的九起案件的驳议。时间跨度在光绪十四年（1888年）九月至光绪十八年（1892年）十二月。

其中涉及妇女的案件有五起，旗民、新疆、京控、刁徒吓诈案各一件。

按照《雪堂公牍》自身的顺序，第一起涉及妇女的案件是光绪十五年（1889年）十二月的"子妇过失杀姑"案。这起案件，沈家本经过充分论证，成功将"过失杀姑"的邵刘氏，从已经"奉旨：刘氏着即处绞"的险境救下，得免一死。

光绪十五年（1889年）十二月沈家本上了一份奏章，为这名命犯辨明事实改为"绞监候"。绞监候，《大清律例》死刑分绞、斩。绞刑，因留全尸而轻于斩。监候，就是监禁等待来年秋审时再审。一般到次年秋审时，都会改缓，就相当于免除了死刑，遇到赦宥机缘，就会被赦。

山东巡抚张曜题本：邵刘氏误毒纪氏身死一案，将邵刘氏依"'子妇过失杀夫之母者绞例'拟绞立决，声明该氏情有可原"。案子报到刑部，按规定，刑部会同都察院、大理寺共同核议，认为情节与夹签之例相符，于是照例夹签请旨，于十二月十七日题奏。十九日就收到谕旨："刘氏着即处绞，余依议。""夹签"，古代司法文书名。一般用于向上行文中，是清代刑部本章内的附件。各省送到刑部的题本，巡抚可以将自己的意见写成"夹签"附于文本；刑部题本内，亦可将有关律例适用、情节真伪、定罪轻重等意见，另撰"夹签"随本声明，请旨定夺。皇上御览批示，发下谕旨，按常规，既然皇帝谕旨已下，就算定案了，刑部即应依旨执行。刑部收到批复的文本后，如果发现仍有不妥，就要再次上奏，说明，并提出自己认为正确的处理意见。沈家本的这本奏章，就是发现其中不妥而重新题奏，经皇上批复谕旨改正的奏本。

奏本中写道："臣等查，子妇过失杀翁姑之案，律应拟流，道光年间虽定有绞决之例，而仍准夹签改拟绞候，秋审时向俱免勾，历经遵照办理在案。"先说明了历史背景，也就是这起案件改判的法律依据。再说明案情：

"邵刘氏误将毒米煎汤，与嗣姑邵纪氏饮用，致毒发，越日殒命。核其情节，实系耳目所不及，思虑所不到。"明确了"耳目所不及，思虑所不到"之误。最后提出"将刘氏改为绞监候"的建议。这个建议得到了"邵刘氏着改为绞监候"的谕旨，使刘氏得保性命。

第二起涉及妇女的案件是奉天司的"致毙奸霸伊妻并强拉抵欠之人"案。沈家本针对题本所述，明确指出"承审之员并不详细推究致死确情，率据含混供词，遽照斗杀定拟。案情既未确凿，引断亦未允协"，并作出"应令该督等再行提犯严鞫，务得确情，详核例案，妥拟具题"的驳议。

第三起是"聚众抢夺妇女首犯闻拏投首从犯于抢出后帮同拥护"案。光绪十四年（1888年）十二月奉天府尹题呈："董振得纠邀刘大等强抢吕张氏已成，刘大等拒伤氏翁吕得富身死，董振得闻拏投首一案。"针对此案，沈家本作出了"应令该督等再行提犯研鞫，并严拏逃犯刘大等，务获质讯明确，妥拟具题，到日再议"的驳论。语言之所以严厉，是因为案情恶劣，府尹办理粗糙，情节漏洞百出。所以沈家本先生在驳文开头点明了他对该案的看法："审理聚众抢夺妇女拒捕杀人之案，必须严究首伙、下手致死确情，按例惩办，不得任凭案犯狡避供词，将重情曲为诿卸。其帮同抢夺之犯尤不得率行量减，致滋轻纵。"继而根据呈报简述案情："董振得因吕得富之媳系张自永之女，先经伊母说给该犯为妻，向张自永议允。董振得旋即外出，未经央媒行聘。嗣张自永因事隔数年并无信息，将张氏凭媒许于吕得富之子吕长广为婚。董振得回归，查知气愤，即以张自永赖婚另许等词赴厅捏控。经该厅讯明董振得并无媒证婚书，将张氏断归吕长广为婚完案。吕长广即将张氏迎娶过门。董振得起意强抢，邀允表兄刘大及李士发相帮，并央允张进学，俟抢出张氏后在其家寄住数日。刘大向胞弟刘二告知前情，邀同帮抢，刘二不允，刘大以刘二毫无戚谊之情向斥，刘二亦即允从。刘大复添邀于姓，与刘二、李士发先后夜至董振得家会齐。同伙五人，分持枪械起身。刘二心生畏惧，行走落后。更余时，董振得等至吕得富家门首，尚未关门，即与刘大等一齐拥进院内。吕得富、吕长广闻声出屋喊捕，因人众势猛，拦挡不住，董振得乘势入室将张氏抢抱出院。张氏哭骂挣扎，被董振得吓禁声张。吕长广赶上，用刀砍伤董振得右肩胛，于姓趋护，董振得负痛抱张氏至大门外，与刘二撞遇。董振得因被砍伤，邀同刘二帮拥张氏逃走。刘大、李士发被吕得富戳殴，各用枪刀拒捕，将吕得富放砍致伤。因枪上火星遗在草堆，以致火起，延烧房屋，追向董振得等告知，各散。时吕长广向董振得追赶，闻枪声折回，见吕得富业已受伤卧地。房屋霎时火起，当经邻佑等趋至帮同将火救灭。吕得富越日殒命，报验差缉。董振得同刘二将张氏拥至张进学家藏匿，次日刘二回归。董振得闻拏，带同张氏投首。"之后，驳文摘要了奉天府审理的结论："该督等以董振得纠邀逸犯刘大等强抢张氏已成，惟刘大等拒捕杀人之际，该犯已先逃逸，并未在场，后闻拏投首，尚有悔悟之心，张氏亦未被奸污，将董振得比依未伤人之首盗闻拏投首例拟军；刘二听从帮抢，畏惧落后，仅于董振得抢出张氏后拥护同逃，并未入室同抢，于伙抢妇女已成为从绞罪上量减拟流。并称董振得据供拒捕杀人并未在场，质之尸子吕长广，供亦相同，毋虞避就，无庸监候待质等因具题。"

针对这一处理结论，沈家本首先确认这起案件的性质是"该犯董振得纠邀逸犯刘大等同伙五人，分持火枪等械，强抢张氏已成，拒伤氏翁吕得富身死并遗火延烧房屋，情形极为凶暴"的案件。然后指出奉天府叙述情节漏洞：一是"当该犯等闯门进院之时，吕得富父子出屋喊拏，若非该犯喝令拒捕，何以伙犯不约而同，刀枪并举，立将吕得富致毙"。二是"吕得富身受各伤均系逸犯刘大、李士发二人下手，该犯业已先逃，并无在场帮殴情事"，是"为饰词推卸已属显然"。三是"该犯起意在于抢人，因虑一人难敌，始邀众人帮抢，乃谓临抢之时仅止该犯一人入室，伙犯均未相帮，于姓之赶拢帮护，系在院内，刘二之帮拥张氏，系在门外，种种情节，皆难凭信"。并提出了："尸子吕长广在场目击，则时当昏夜，仓猝之间，人众势猛，该犯之曾否喝令，亦未必能听闻，即何人入室，何人拒捕，亦未必能细认，岂得遽以串捏之词曲为宽解""刘二一犯，听从同往，如果有畏惧之心，则当同行落后之时，自必乘空逃避，何以仍至吕得富门首，董振得将张氏抢出之后，又何以仍敢帮同拥护至张进学家藏匿，次日始行回归。是无论该犯曾否入室，或本系在外看人，既就现供情形而论，既经听从拥护抢出之妇，既属帮同架拉，迥非被逼勉从及畏惧不行者"的疑问，质疑"妇之翁惨遭非命，竟无一人实抵，何以伸冤愤而惩凶暴"。

沈家本先生指责"承审之员于此等伙抢妇女已成，拒毙捕人重案，并不认真推究，率凭狡避供词，将拒捕杀人重情皆诿诸在逃之犯，并将同谋抢夺、帮同拥护藏匿之犯，谓系并未入室同抢，遽行量减拟流，致本案情既未确凿，罪名出入攸关"。据此，作出"应令该督等再行提犯研鞫，并严拏逃犯刘大等，务获质讯明确，妥拟具题，到日再议"，退回重审的决定。

4. 读《雪堂公牍》之二

第四起涉及妇女案件是奉天司收到的咨询案，题目是"营兵缉拏罪犯放枪误杀旁人并踏伤幼女身死"案。

光绪十四年（1888年）十二月奉天督抚发来咨询文案，咨询"营兵孙平等追拏逸犯王正显，误伤民人刘延会、刘延文各身死，并谭泳升踏伤幼女刘小丫头抽风身死一案"。

沈家本在复议中，首先指出了审理过失杀人的原则："审理过失杀人之案，必系例准比律科断，及实系耳目所不及，思虑所不到者，方可援照定拟。"

"例准比律"，清法规以律为主，律外有例、诰、令、条例、则例、会典等法律形式。例，是以奏准的案例来补充律文的不足。因为时代的发展，律不尽者著于例，清代创制了一系列比附范例作为审判时所遵循的先例。清代律例合编，例附于律，但有例者，即比同于律，律、例具有同等法律效力。沈家本在这里强调了"必系例准比律科断"和"实系耳目所不及，思虑所不到者"两条原则。认为"若核其情节与例意稍有未符，即未便率行牵引"。

何况案关惨毙一家三命,"岂得遽议比律收赎,致滋轻纵"。

复议根据咨文摘要了案情:"此案,孙平、宋金起、谭泳升均充营兵,该营哨长刘贯均奉札访拏苏泳顺聚众枪毙多命案内逃犯王正显等送部审办。旋经访得王正显回家藏匿,即令孙平、宋金起、谭泳升、曹泳庆、田永胜同去堵拏。分携枪刀,乘夜起身,天将明时行至王正显家。撞门进屋,搜查无获。因见后门开启,知已脱逃,即跟踪追捕。王正显在前狂奔,刘贯均带领孙平等尾追至刘庆苓家墙外,询知有一人跳入墙内,刘贯均亦即越墙而进,孙平等由大门拥进。王正显拒捕,将刘贯均殴伤倒地。孙平、宋金起瞥见情急,各用洋枪向王正显施放。讵王正显乘间逃逸,将刘延会、延文误放伤倒地身死。维时谭泳升因王正显倏忽不见,疑其在屋藏躲,进去搜查。刘姓妇女惊慌出屋,将刘延会幼女刘小丫头掉在地上,谭泳升直前闯入,并未留神,以致踏伤刘小丫头左腿。经哨官杨瑞泳踵至,询悉前情,尸叔刘庆苓报验,刘小丫头亦即抽风殒命"。列出奉天督抚所咨:"例无兵丁捕拏罪犯误毙无干之人作何治罪明文"。只有"过失杀耳目所不及、思虑所不到之律注相符"。因而"将孙平、宋金起、谭泳升均依过失杀人准斗杀罪收赎"。

沈家本先生撰写复议,首先解释法律规定:"捕役拏贼格斗致毙无干,照过失杀收赎之例,系指贼人不服拘拏,持仗拒捕,捕者与之格斗,因而误毙旁人者而言。盖捕役拏贼格斗,情势危急,如将贼格杀,律得勿论;致不幸而误毙无干,例亦原其危急之情,准照过失杀收赎。是收赎之法即从勿论律中权衡而出,例意似宽实严。若并非与贼格斗,则致毙贼人尚应照擅杀以斗杀论律拟绞,断无误毙无干反得照过失杀收赎之理。"然后分析案情提出来一系列问题:"孙平等以营兵访拏命案逸犯,与捕役拏贼既不相同,王正显又未向该犯等拒捕,毫无格斗。""照过失杀律收赎,显与定例不符。""且详核案情,刘庆苓家仅止草屋五间,土筑院墙,木栅为门,并非重门复壁、易于藏奸者可比。王正显一人逃入院内,该犯孙平等共有五人,各持器械,既经跟追踵至,自不难立时拏获。乃当拥进大门之时,刘贯均虽已受伤倒地,王正显尚未逃走,何以并不赶拢帮护,协力擒拏,遽用洋枪施放,致王正显仍逃避无踪,而无干之刘延文、刘延会兄弟二人反被击伤惨毙。况其时该犯等已堵住大门,王正显果从何处逃逸,何以倏然不见,踪迹如此之飘忽,何无一人跟踪追赶,反朝向屋内搜寻。种种含混支离,难保非该犯等借名滋扰,与刘延文等互相斗殴,击毙其命,事后捏词狡饰,希图免罪。""苏泳顺一案原奏供招,当时到案各犯俱未供有王正显之名,则王正显是否苏泳顺案内逸犯,初无根据,何以该督等原咨遽认王正显系奏明奉准部覆缉拏之犯。在王正显之应拏与否既涉含混,则该犯等倚势妄拏,致一家兄弟二命无辜惨死,其罪更无可逭。谭泳升一犯,与孙平等一同进门,其时天色已明,王正显之乘间逃逸,岂得诿为未见,何以复疑在屋躲避,闯入搜拏。"又指出:"刘小丫头之掉在地上,必有啼哭之声,岂竟毫无听闻,何以并不留神,将其踏伤,抽风毙命。""与耳目所不及,思虑所不到者大相径庭。"明确判断"该犯等之倚势行凶,已可概见"。

最后得出结论:"承审之员于此等致毙一家三命重案,并不详细推究致死确情,率凭狡避供词,均照过失杀律含混定拟,殊不足以成信谳。案情既未确凿,引断亦未允协,罪名出入攸关,本部碍难率覆。应令该督等再行提犯,严鞫确情,详核例案,妥拟报部,到日再议可也。"

第五起涉及妇女案件是盛京刑部光绪十六年(1890年)二月提呈的一起因调奸引起的杀人案。沈家本先生自拟文题是"调奸罪人事后戳毙本妇有服亲属",意思是:犯有调奸罪的人,事后戳死了被调奸的妇女的有服亲属。这里强调"有服",是因为在《大清律例》中伤害有服亲属与无服亲属,法律责任是不同的。"服"指的是"丧服",亲属关系越近,服丧时的丧服越重;亲属关系越远,服丧时的丧服越轻,以至远至"无服"。服制关系越近,承当的法律责任与义务也越重。所以在厘定罪情时,有服或无服就有重要的参考价值。呈文的主题是"英甸起戳伤王普云身死一案"。沈家本先生在阅读案卷以后,首先提出此类案件的审理原则:"审理人命案件,必须严究起衅致死确情。况案关罪人拒杀捕人,情罪綦重,尤应详细推鞫,果系供勘符合,方可按律科断,不得率据含混供词,遽行定谳,致案情与律意不符。"

然后根据呈报，对案件进行梳理：第一，厘清主要涉案人物关系："英甸起与王普云向本无嫌，马伍氏系王普云之母王伍氏胞妹。"第二，摘出案发缘由："英甸起至马伍氏家，见马独处，即向调奸，马伍氏嚷骂，英甸起走回。以后屡向调戏，马伍氏总未允从，旋至王伍氏家躲避。王普云闻知前情，因此挟嫌。"第三，简述案发过程："嗣英甸起有马匹欲卖，九月十八，王普云信知英甸起将马牵至其家瞧看，硬说不好，令伊牵回。英甸起分辩，王普云乘英甸起不防，用洋枪放伤偏右等处倒地，复用枪筒尖刀殴戳伤左手腕等处，并牵骂伊祖先，仍欲砍戳。英甸起情急，挣扎起身，拔刀向王普云吓戳，致伤其胸膛倒地，移时殒命。"结果是王普云被扎死，曾调奸马伍氏未遂的英甸起被捕，"获犯报验，审供不讳"。

奉天督抚呈报的结论是："以英甸起屡向马伍氏调奸未成，本属罪人。马伍氏系王普云姨母，服属小功，例许捉奸。王普云听闻挟忿，假称买马，将英甸起诓至，用洋枪等械放殴至伤，英甸起用刀戳伤王普云身死。将英甸起依罪人拒捕杀所捕人律拟斩监候。"

在奏文中，沈家本先生对案件作了分析。首先肯定了原呈文引用的法律规定"英甸起调奸马伍氏未成，实属罪人，王普云为马伍氏两姨外甥，系有服亲属，例许捉奸"本身是没问题的。然后根据案情，指出其法律的适用不当。一是"如果王普云激于义忿，起意捕拏，致被英甸起戳伤毙命，固应将英甸起照罪人拒捕杀人律定拟"。二是"王普云于英甸起屡向马伍氏调奸既已听闻，何以并未立时往找英甸起不依，迨事隔多日，忽以英甸起欲卖马，信知英甸起牵往瞧看。即谓系假称买马诓至家中，则一经与之见面，自必忿不可遏，非立时殴詈交加，亦当正言理斥。何以调奸之事始终无一言提及，但称马匹不好，令伊牵回，致相口角"。三是"尸属人等供内于王普云买马缘由俱未声叙明晰，是当场致死情形，据案犯供招系买马争闹起衅，与调奸情事无涉，而看语内所称假称买马将英甸起诓至等词，只系凭空臆度，并无确切证据"。案件审理，存在这样的问题，所以沈家本认为"岂足以成信谳"。信谳，就是法律适用准确、证据确凿无疑的判决。此案沈家本给出的结论就是"供勘既涉歧异，罪名出入攸关"，因此"臣部碍难率覆。应令该督等再行提集犯证，严讯致死确情，究系因何起衅，取具详细供词，妥拟具题，到日再议"。

从以上五个案例可以看出，沈家本先生在其审判实践中，极重案件的情理与证据，反对率凭供词，特别重视案件过程中的细节，从中提炼罪与非罪核心要点；严格准确地适用法律，以保证不因适用法律不当造成宽纵或严苛。在刑讯合法的时代，强调反对率凭供词、强调情理与证据、强调办"信谳"是十分难能可贵的。这恐怕也是后来在修律中，坚决废除刑讯的动因之一。

5. 读《雪堂公牍》之三

在清律中旗民与汉民的法律待遇是不平等的，直到清末修律，沈家本先生奏请《旗人遣军流徒各罪照民人实行发配折》《遵议满汉通行刑律折》获准，满汉之间的不平等法律待遇才得以消除。光绪十八年（1892年）十二月沈家本先生奏上了关于旗民诉讼案件管辖问题的奏文，是有自己的独到见解的。选入《雪堂公牍》也是重申其减少旗民特权之意图。题目定为《旗民词讼须罪在徒流以上方准送部审办》已经点名了奏文的主题。

所以开宗明义直接就说"为旗民词讼必须罪在徒流以上，方准送部审办，谨申明定例，恭折奏祈圣鉴事"，然后再陈明理由。先是引用嘉庆十八年（1813年）四月二十四日皇帝谕旨："御史夏修恕奏请清厘刑狱，以省拖累一折，所奏泺合事宜。国家明刑弼教，意本期于无刑，有罪者不容轻纵，无罪者尤不可株累。刑部虽总理谳狱，然案情轻重，罪名大小，办理自有等差。近日五城及步军统领衙门于寻常讼案，罪止杖笞以下者，往往不察事理，概以送部了事，以致刑部现审之案日积日多，不能速为断结。迨至逐案审理，其事甚细，而到案之人久羁缧绁，隶徒中饱，赀产荡然。又或查拏案犯，不辨真伪，辄请交部严鞫，及讯明无辜被累，而正犯转得远扬。纷纷株系，桎梏相望，皆足上干天和。着刑部详查定例，并酌定条款。凡轻罪细故，可由五城及步军统领衙门审结者，俱令自行拟结。其应送部而不送部，固当照例参处。如不应送部而率意送部者，刑部将原案驳回，并将该衙门参奏请旨。"

根据嘉庆皇帝指示，当时的刑部奏定："嗣后，五城及步军统领衙门审理案件，如户婚、田土、钱债细事，并拏获窃盗、斗殴、赌博及一切寻常讼案，审明罪止枷杖笞责者，照例自行完结。其旗民词讼，各该衙门均先详审确情，如应得罪名在徒流以上者，方准送部审办，不得以情介疑似，滥行送部。若将不应送部之案率意送部者，刑部将原案驳回，仍据实奏参。如例应送部之案而自行审结，亦即查参核办。至查拏要犯，必须赃证确凿，方可分别奏咨，交部审鞫。若将案外无辜之人率行拏送，一经刑部审明并非正犯，即将该管官员参奏，番捕人等照例治罪。纂入例册，遵行在案。"既然已经纂入例册，各朝刑部自然照章办理。但"乃近年以来，五城及步军统领各衙门，不问案情轻重，罪名大小，每以例无刑讯为词，送部审办，往往所控情节甚重，一经推问，不过户婚、田土、钱债细故，无罪可科，经臣部咨回原送衙门，或发交大兴、宛平两县审讯"。对于现实中"斗殴、赌博等项，亦罪止枷杖笞责，而平民之无故株连，实势所不能免，吏役之从中需索，亦难保其必无。甚或微词罣误而荡产倾家，片牒拘传而挟私陷害，良懦者被累不堪，刁恶者愈觉得计，种种流弊，不可胜言。自应申明定例，俾昭遵守"。为此，"臣等公同酌议，嗣后五城及步军统领衙门审理案件，如户婚、田土、钱债细故，并拏获窃盗、斗殴、赌博以及一切寻常案件，审明罪止枷杖笞责者，照例自行完结"。特别强调"旗民词讼，各该衙门均先详审确情，如应得罪名在徒流以上者，方准送部审办，不得以情介疑似，滥行送部。倘不先行详审确情，不问罪名轻重，概行交部审办，臣部即照例驳回。庶案牍不致纷歧，而无辜者亦免拖累矣。恭俟命下，臣部即咨行五城及步军统领衙门，一体遵照办理"。这里，明显的是强调了将旗民、汉民的司法管辖放在了同等级管辖范畴。

这个奏章光绪十八年（1892年）十二月获得皇上"依议"的批示。此时与前述沈家本在修律时期，奏请满汉一体同科的时间，还有15年。

　　新疆是清代充军、流放地，因此对发配军、流的犯人的处理是很重要的内容。本书所选的《新疆效力官犯应俟期满释回》就是针对光绪十四年（1888年）十月陕西巡抚关于呈请提前释回已革休致骁骑校张荣升和已革候补通判赵清韶的驳文。驳文首先列出作为法律依据的例文："发遣新疆效力官犯，如原犯军流，从前加重改发者，定限十年，期满该将军等遵例奏闻，如蒙允准，即令各回旗籍。"然后列出呈文的要点：第一，"已革休致骁骑校张荣升因在家聚赌，发乌鲁木齐效力赎罪。又已革候补通判赵清韶因解饷进京，由都察院条陈管见，发往军台效力，复在配遣逃，赴部控告同台废员，改发新疆充当苦差"。说明呈报要解决的是两名在疆废员的问题。第二，申述此二人在新疆的表现和减释的要求："兹据该抚以该革员等于光绪十年正月、四月先后到配，迄今四五年，各安配所，颇知愧奋，节派令随同官兵在精河、西湖一带防守，深为得力，核与办过废员武凤等释回成案相符，恳恩饬部将张荣升等核议减释"。

　　下文转入这一准备报告给皇上驳文的主要内容。

　　"奉谕旨交臣部议奏。"就是皇上把这事交给我们刑部讨论一个方案，报告给皇上。沈家本先生代表刑部起草的奏呈驳文强调：一，按照定例"在戍废员由军流改发者，应俟十年限满，始准奏请释回。如到戍未满十年，不得遽请减释，致涉冒滥"。二，"废员张荣升，原犯系职官开场聚赌，赵清韶原犯系条陈管见，发往军台效力，复在配遣逃，赴部控告同台废员，均发遣新疆效力当差。该废员等在配恭逢光绪十一年正月初四日恩旨，情节较重，均在不准援减之列"。三，"虽据该抚奏称该废员等在戍出力，惟该废员等到戍均未满十年，核与定例不符，臣部未便率准减释"。这两人虽有立功表现，但不符合法律规定，本部不同意减释。最后的结论是："应令仍俟十年期满后再行照例奏请，以符定制。"并说明陕西巡抚引用的武凤等成案的例子，时遇上光绪七年大赦，能够奏准释回，是在赦款之内，与此案完全不同，所以"该抚声请将该废员张荣升等减释之处，应毋庸议"。根本没有讨论的余地，不用再说了。

"京控"，是指清代官民有冤屈，经地方最高级官署审判仍不能解决时，可赴京向都察院及步军统领衙门控诉，类似现代的"申诉"的一种诉讼形式。本书收入的答复江西巡抚光绪十四年（1888年）十月题咨的一份咨文的复文，题为《京控牵涉地方官》。说的是"温敷陈怀疑莫释，遂以温运行等串匪结盟，逞凶酿祸，并牵砌黄刚烈交结官府，曾穆劝贿勒谢等情，来京赴步军统领衙门呈控"案例。复文全面复述了咨文报告的案件处理意见，作了附议答复："本部详加查核，情罪当属相符，除罪应斩候之温时拥，并罪应拟流之温懊芒均已病故，应毋庸议外，温论泉等均应如所咨办理。仍令照例汇题。逸犯温惟准等应令该抚饬缉，务获究办。至管狱官职名，事隶吏部，该抚既经分咨，仍知照吏部并提督衙门可也。"肯定了江西咨文的"情罪当属相符"并表明既已咨询吏部，就"应听吏部查议"的意见。

这是一篇肯定咨文的复议，是与前面几个案件不同的类型。值得注意的是，这篇复文是沈家本先生给江西司的代笔，也是很有趣的事情。

《雪堂公牍》的最后一案是一起刁徒吓诈案。题为《刁徒吓诈逼命》，是沈家本先生自己管辖的奉天司光绪十四年（1888年）九月的案子。是奉天府尹题呈的"龚汉臣讹诈邵维得致令愁急自缢身死一案"。沈家本先生还是先确定同类案件审理的法律原则："审理讹诈酿命之案，必须严究确情，按例惩办，以儆刁恶，不得曲为开脱，率议减等，致滋轻纵。"然后就点明案件相关人物，包括犯事过程的人物关系。复文首先明确指出："刁徒吓诈逼命，定例綦严，必死者实系作奸犯罪，有干例议，方以事出有因，分别首从，减拟流徒。若凶犯所藉之事在死者无罪可科，即属无端肇衅，仍应照例问拟，不得率行量减。"然后做了具体分析："该犯龚汉臣与邵维得暨孙士发均不认识，孙士发偶然疑窃，向邵维得查问争吵，在邵维得既非有干例议之人，其事又与该犯毫无干涉，乃该犯一经闻知，即起意讹诈，将邵维得掣获吊拷吓逼，与平空讹诈者有何区别，而必曲为之词。况详核案情，该犯不过外来流民，非若兵役、土豪，素为乡里所畏，邵维得等又系同伴二人，势非不敌，使非另有同伙，其情势又实在凶恶，何以邵维得甘受吊拷，王万成劝给钱文，皆不敢抗拒，一至于此。自来捆缚吊拷之事亦非一人所能为，谓无在场帮同下手之人，殊难凭信。至孙士发，先未查明该店谷草有无丢失，遽行疑窃查询，尚可云一时冒昧。迨龚汉臣以素不相识路过之人，在伊店内将死者捆殴吓诈，岂不虑及受累，何以任听所为，竟无一言劝阻。龚汉臣将死者扣留在店，何以毫无推诿，死者自尽后移尸装殓，又何以独自起意，不待龚汉臣相帮。种种情节可疑，谓非商同讹诈，显系捏词支饰。且王万成系与邵维得同伴赶车，既经说合出钱，龚汉臣尽可将车马扣留作抵，放令死者自行回家措钱，何以必须将其关禁店内，只令王万成前去带信。若非死者自恃理直，始终不肯认罚，即系该犯等思向死者之父恫吓，以为勒索之计。王万成既往办钱，甫经两日，何以死者迫不及待，即行愁急自尽，更难保非该犯等复有逼迫捆殴，以致毙命，事后假装自缢情事。"至此结论也就自然得出："承审之员于此等讹诈逼命重案并不详细推鞫，任听狡饰供词，率行定案，后谓系事出有因，将该犯量减满流，复按已革兵丁加等拟军，名为加重，实则从轻，殊不足以成信谳。案情既涉支离，引断亦未允协，罪名出入攸关，臣部碍难率覆。应令该督等再行提集犯证，严鞫确情，按例妥拟具题，到日再议。"驳文斥责承审之员的不作为的审理，甚至是"任听狡饰供词，率行定案"的办案作风，只能是驳回呈报重新调查，重新审理。

从《雪堂公牍》的九篇公文，可以看出沈家本先生编纂此书，就是要表达自己对审理案件的理解和要求。他认为任何案件，都必须依据准确适用法律，不得含糊其词或错用错引；不得轻信口供，必须事实清楚、是非分明；尤其要公正公允，更不得稍有私伪。

《雪堂公牍》其实也是刑部撰写批复奏文的典范之作，从中也可以读出沈家本先生办案的缜密与严格。

6. 读《变通军流徒犯办法说帖》看寄簃公的改革心机

《变通军流徒犯办法说帖》编在了《驳稿汇存》的末篇，似乎与全书内容不甚契合。大约是因为同期的作品，所以收为一集。这正是薛允升担任刑部侍郎，成为沈家本顶头上司的时期，也正是这时，两位律学家成为亦师亦友的忘年之交。

薛允升不仅自身业务精专，且十分注重部员的专业培养和训练，他主持刑部时，常常组织部员，就案讨论，或出题要求大家撰文发表意见。他或亲自批阅或组织研讨，以提高众人业务能力。沈家本因之受益匪浅，他对薛允升视同恩师，钦敬有加，薛师布置的作业，无不认真完成，这篇《变通军流徒犯办法说帖》便是其中之一。

说帖是古代一种论说类的文体，常用于对某具体事件或具体问题进行陈述，以表达作者的观点和认知。

文章起始，先说明写作的由头："奉堂谕：'近来军、流、徒犯脱逃之案日益加多，各司核办各该省稿件自必洞悉情形，究应如何设法整顿及可否量为变通之处，即各抒所见。'"这里的"堂"，指的就是刑部主持工作的薛允升。清代习惯将各部的尚书、侍郎称为"堂官"。一般各部设尚书、左侍郎、右侍郎，而且是满汉各一，刑部亦是如此。不过因刑部有极强的律学专业性，常常本人是律学专家的堂官，会主持日常工作，成为"当家堂官"，其他各位也就乐得清闲。这里指的就是当家堂官薛允升发布的"堂谕"。这条"堂谕"的意思是说：近来军、流、徒犯脱逃之案日益加多，各司所管辖的省份报来的案件文书都很熟悉，对这类的案件的增加情况，究竟应该用什么样的办法进行整顿或者进行怎样的改革，才能够改变这种局面，请大家各抒己见。就是薛允升侍郎给大家布置了讨论问题的作业。

接下来，沈家本先生就阐述了自己对这个问题的看法。

四 品读寄簃公的诗情书意（二）

因为职务的关系，我见到军、流、徒脱逃之犯缉获报来的案卷，所有的供词都是"配所贫苦难度，如出一辙"。固然其中有不少"多积猾之徒不思安分，相率逃亡"，但"实因谋生无资，不能度日者，亦居其半"。从地域分布看，"大抵东南诸省谋生较易，则脱逃者较少，西北诸省谋生较难，则脱逃者较多"。由此也证明的确"实因谋生无资，不能度日者，亦居其半"的事实与原因。

再查看例文的规定："军、流、徒犯到配各有专管、兼辖之官，俱令每月点卯二次，并造具年貌籍贯文册稽查，其脱逃者本犯及主守者各有应得之罪，专管、兼辖之官亦各按名数有应得处分""徒犯拘役，本有应给口粮"的规定。例还有"军、流等犯年逾六十及笃疾不能谋生者，给与孤贫口粮。其少壮军、流各犯，实系贫穷又无手艺者，初到配所，照孤贫给与口粮，以一年为止。各州、县有驿递之处，一切应用人夫，酌派军、流少壮中无资财手艺之犯充当，给与应得工食。无驿递之州、县，公用夫役均令一体充当，逐日给与工价"的规定，这是"于严行管束之中，仍寓曲示矜恤之意"。可见定例本来是极周密的，并不需要修改。

但是，由于"法久弊生"，例文有关管束的规定已经成了虚文，而且应给口粮被层层克扣、侵吞，中饱私囊。使得这些身罹罪辟，本来应该在配放地方安分思过的犯人，身在异乡远戍，生计毫无。这样的生活条件，怎可能让他们甘心忍受槁饿，不思逃遁呢？

沈家本一针见血地指出了产生"近来军、流、徒犯脱逃之案日益加多"的真实原因，提出了解决问题的具体办法。

首先，他指出，目前想要整顿，无非就是"申明旧章，饬令各督、抚转饬各州、县，将所有安置军、流、徒犯严加管束，除稍有资财及有手艺自能谋生者毋须给与口粮外，其贫穷之犯务将例给口粮核实散放。遇有应用夫役，酌拨各犯充当，实给工价，无任吏胥从中侵蚀。各犯等既供役使则可以安身，既得工食则可以糊口，庶几脱逃由此日少，整顿之法如此而已"。如果要"严定脱逃罪名"，不过就是"徒、流、军以次递加，罪不至死，不过配所略分远近"而已，必然是"脱逃者如故"，情况不会有什么大变化。即使"严定管辖之处分及主守之罪名"，也不过是徒有条文，增加不少纷争，不会收到有益的效果。因为现在的官场，相互"隐匿讳饰，上下相蒙"已成风气，必然是"有严刻之名""无整顿之实"，虎头蛇尾，无果而终。这样的整顿不过是徒劳而已。

进而，沈家本提出了"变通"的建议。变通，按词典的解释，即不拘常规，因地、因时制宜，其实就是一种改革。他认为"变通之法，军、流与徒微有不同"。

首先提出了解决军、流人犯脱逃的办法：他认为新疆地方幅员辽阔，屯作耕种十分需要人力，所以"乾隆年间于内地军、流人犯酌其情重者，节次奏明发往"。到了"道光、咸丰年间，因新疆遣犯拥挤，历将情罪稍轻人犯改发内地"。到"同治年间，又因新疆道路不通，将例内应发新疆乌鲁木齐等处者，俱改发内地"。但新增条例内声明"俟新疆道路疏通，再行查明，分别核办"。可见同治条例，本来就是"权宜之计，未着为定例也"。沈家本提出了自己的建议："现在新疆肃清已久（光绪元年左宗棠任新疆钦差大臣，举兵扫荡新疆叛乱，三年收复天山南北，新疆数十年叛乱兵燹平定），而兵燹平定之后，土旷人稀，南北各城兴办屯田，疏浚水渠，安设军站，需用人夫孔（恐）多。应请将从前应发新疆而改发内地之犯，酌量情节轻重，改归旧例，拨往种地当差。"而且要"盖分隶各营，驭以军伍"。并且列出这样做的六大好处：

其一，这样既解决了新疆人力不足之困，又便于管理。

其二，令这些军、流人犯有了正当营生"则不至游手好闲，出外滋事"。

其三，将军、流人员编入军伍"给以衣食，则无冻馁之患，可以安心供役"，不会再冒险脱逃。

其四，伊犁、乌鲁木齐一带，泉甘土沃，耕稼最宜，从前兴治屯田，乱后必多荒废，工作之人多，则垦辟亦多，收获必丰。

其五，新疆多一有用之少壮，即内地少一无业之游民。

其六，最后建议，根据旧例"满洲、蒙古、汉军发往新疆人犯，于例定年限内，果能改过安分，即编入本地丁册，挑补驻防兵丁及绿营食粮当差民人为奴。遣犯在配安分已逾十年者，令永远种地当差"的规定稍加变动，改为"遣犯果能悔过悛改，定限五年，编入该处民户册内，给地耕种纳粮"。这样各犯等迁善自新，即有可食之粮、可耕之地。苟能各安本分，保其身家，将来户口繁滋，实于边地有益。这是规复旧章，并非更定新例，揆之事理，似无窒碍，这是军、流管理之法可稍微为变通之处，不必触动大修条例的繁文缛节，即易实施。

其实，这第六条，才是沈家本"变通"的核心建议。

之后，沈家本先生对徒罪人犯的安置问题，提出了自己的意见。"向例发驿摆站拘役（古代处徒刑的人，被发配到驿站中去充驿卒，叫摆站）。嗣于乾隆五十三年，云南巡抚奏准不拘有驿无驿，均匀酌配，纂入条例。"从此徒犯已经没有派发摆站的规定，拘役成了一纸空文，徒犯只徒不役，人满为患。"若遵照旧制，悉拨驿递当差，既不使游荡无归，亦不使生计无出，此亦变通之一法也。"如果"实力奉行，悉心经理，则整顿既不等具文，而变通亦不滋流弊"，关键是"任事者之得其人矣"。

建议到此已经叙述完毕，最后是呈文的谦逊套话："职管窥所及，是否有当，谨缮具说帖，恭候钧定。"完成了作业，上交给了领导。

从这篇"说帖"可以看到，沈家本先生思考的周密，他的"变通"，是表面上不触动旧章，而精准地找出"变通"要点，使"变通"易于实施、得见实效，又减少了"变通"的阻力。这种思维方式，正是他后来在修律过程中常用的方法。他的思路就是既要改革之实，又要减少改革的阻力。有学者认为，这就是沈家本先生常常以"古法"解释"新章"的原因，当然这只不过是就方法而言罢了。而在十数年之后，沈家本先生在《裁判访问录》一文中一段精彩的话，或也可以印证沈家本先生对"旧章"的理解。他说："谓古法之皆可行于今，诚未必然；谓古法皆不可行于今，又岂其然。"这也许是沈家本先生更深层次的对待修律的思考，所以，也是在《裁判访问录》中他明白呼吁"我法之不善者当去之，当去不去是为悖；彼法之善者当取之，当取不取是为愚"。这就是沈家本先生的思想，他要"去"的是"我法之不善者"；他要"取"的是"彼法之善者"，要的是把"我之善者"与"彼之善者"结合而成我之新法，这就是目的所在，或者说就是他的心机所望。

7. 呈请"存留养亲"的驳议——《驳稿汇存》选读一

《驳稿汇存》收录了沈家本先生进士及第的光绪九年（1883年）前后，至光绪十九年（1893年）简放天津之前，在刑部撰制的31篇驳文和1篇说帖。十数年间，沈家本经手的案件或有数百千，制驳文也绝不会仅只31篇，收录于此，应该是沈家本先生自认为有一定的典型意义。

《驳稿汇存》第一案是陕西司的"长随诈赃拟绞查办留养案"。"长随"在晚清，是一种特殊的职业，既是官宦家仆役，又有高于仆役的地位，有时可以代替官宦行事，与官宦之间关系特殊。因此，恶宦之长随，则或代替官宦仗势欺人，也常常借本官之势敲诈勒索。

这个"宁夏将军咨，绞犯胡玉幅查办留养"一案，就是关于一名"长随"的案件。宁夏将军申报了一名跟随已被革职查办的宁夏部郎祥升出巡的名叫胡玉幅的长随，诈索袁有庆等赃银一百九十余两。按照"长随吓诈得财，照蠹役恐吓索诈计赃至一百二十两者，枉法拟绞监候"的常例拟绞监候。胡玉幅符合《大清律例》"存留养亲"的条件。宁夏将军提出了可否判以存留养亲的咨询。

沈家本的驳议首先列出法律依据："查定例：'蠹役诈赃十两以上，罪应近边充军者，不准声请留养。'"然后指出：长随吓诈得财，既然照"蠹役诈赃"例治罪，那么"留养"的问题，亦应比依核办。此案胡玉幅充当已革宁夏部郎祥升门丁，因随同巡查，诈索袁有庆等赃银一百九十余两，审依"长随吓诈得财，照蠹役恐吓索诈计赃至一百二十两者，枉法拟绞监候，迭奉恩诏谕不准援免"。核查胡玉幅之情罪，比"蠹役诈赃仅拟充军者"更重，蠹役拟军之犯尚不准声请留养，该犯罪至绞候，更是与留养之例不符。从适法的角度，否定这名长随有"存留养亲"的可能。于是发出了"该将军请将胡玉幅查办留养之处，应毋庸议"。根本没有讨论的余地，驳回了宁夏将军咨议。这是光绪八年（1882年）的案子，经刑部报请皇上批复认可，依此稿办理。对这起案件的驳议其实也表达了沈家本对"存留养亲"这一法律规定的看法。

"犯罪存留养亲"之法，创立于北魏。《历代刑法考·律令三》："（太和）十二年昭：'犯死罪，若父母、祖父母年老，更无成人子孙，又无期亲者，仰案后列奏以待报。着之令格。'按：此即后来留养之法。"后来的留养之法，逐渐形成祖父母或父母年迈，家中又无成年子孙或期亲近属赡养，该罪犯可以依法暂时不执行所判徒、流、死刑，责成其回家尽孝，待为老人养老送终后，再执行原来的刑罚。本意是为了体现儒家所倡导的"亲亲"原则和孝道精神，是传统刑罚制度中的特例。但犯罪人存留养亲，那么受害人的冤屈又怎么伸张呢？由于这条法律天然的不合理性，历来就所争议。

这个案子本身并没有特别的争议，也没有什么特别的阻力。沈家本之所以收录这一驳案，其主要原因，是他对"存留养亲"这一法律规定的不合理的理性认识。在主持修订的《大清新刑律草案》，就没有收入这一法律规定。这也是遭到一些尊崇传统礼教的人反对的一项内容。劳乃宣[①]针对《大清新刑律草案》撰写了有名的《修正刑律草案说帖》，批评《大清新刑律草案》违反礼教伦常，认为："凡我旧律义关伦常诸条，不可率行变革。"提出要把"干名犯义""犯罪存留养亲""亲属相奸""亲属相盗""亲属相殴"等旧律有关伦常诸条逐一修入新刑律正文，他还编纂了《修正刑律草案》欲以编入

[①] 劳乃宣（1843—1921年），字季瑄，号玉初，又号韧叟；籍贯浙江省嘉兴府桐乡，同治进士。因曾任江宁提学使，故被尊称"劳提学"。清末修律，礼、法之争中礼教派主要代表人物之一；中国近代音韵学家、教育家、文字改革家。他坚持主张凡属旧律中，伦理纲常的条款，都要纳入新刑律之中。

《大清新刑律草案》中。在关于"犯罪存留养亲"的论述中,他明确指出:"新律有宥恕减轻、酌量减轻、缓刑、暂释诸条用意至为仁厚,而无存留养亲之条,实属漏义。"为此劳乃宣拟定了这样的条款:"犯罪人祖父母、父母,老疾,应侍家无次丁者,死刑以下皆存留养亲。"沈家本则撰写《书劳提学〈新刑律草案说帖〉后》,批驳劳乃宣的《修正刑律草案说帖》。在关于"存留养亲"条款论述中,沈家本先生明确指出:"古无罪人留养之法,北魏太和中,始着令格①。""法之未尽合理。"《书劳提学新刑律草案说帖后·犯罪存留养亲》中列举金史世宗完颜雍大定十三年(1173年)的一起案例。当时尚书省向金世宗奏呈:邓州人范三,殴杀人应当判以死刑,但是范三父母年老无人侍奉,该怎么办呢?金世宗说:"能够做到在众人之中不与人争斗,才是有孝道的人,只有能恪守孝道的人,才能赡养自己的老人。以一朝之忿,忘记自己身负的责任,这种人会有侍奉亲人之心吗?范三可以依法论处,他的亲人由官家负责养济。"就此沈家本评论说:"是此法之未尽合理,前人有议之者矣。"

沈家本先生又列举清嘉庆帝于嘉庆六年(1801年),对"承祀""留养"两条法律规定的评论,说明本朝祖训也认为"存留养亲"是有弊病的。嘉庆皇帝在阅读《乾隆十年实录》时看到了钱永兴致死胞兄一案。大学士陈世倌上奏说:"钱永兴十世单传,他杀死了胞兄,如果把他处以死刑,他家就会宗祀断绝,情境实在可悯,请求改为斩监候,免其一死,让他承继宗祀。"经过九卿研判驳回了这一请求,不准留祀。当时乾隆皇帝说,"存留养亲"和"承祀"的规定,是因为重视避免断绝人们的宗嗣。而这样的凶恶之徒不念及国家的善意,于情于理万无可悯。国家宽大之恩,本就不是为这样的人设立的。即令这样的人断绝宗祀,也是他自己自绝于天,不是国法断绝他的宗嗣。嘉庆皇帝对臣下说:"恭读父皇整饬纪纲,要求宽严务当。圣训煌煌,实为千古讨论法律的准则。朕想:刑律内有'承祀''留养'两条。原意是

---

① "令格",古代的法律式样。

法外施仁。所以必须严核，只有那些情罪甚轻的罪犯，才可酌量减轻。这样才能于施恩之中，仍不失惩恶之意，才能做到公正、平允。如果不论罪情重轻，只因家无次丁，一概按照承祀、留养处理。那么凶恶之徒，知道法律有这样规定，就自恃是独生子，即使犯罪，也不会判死刑，就会逞凶肆恶。这实际上'承祀''留养'，不是在施仁，而是在滋长奸恶。好似在诱人犯法，这难道是国家矜慎用刑之道吗？"

于是沈家本说："我朝祖训亦尝申言其弊，此所当敬谨寻绎者也。此法不编入《草案》似尚无悖于礼教。"否定了劳提学的方案，还拿先帝压了他一下，先帝的话，你敢不听吗！

《驳稿汇存》一书，无序、无跋，无法确定编纂年代。从沈家本先生简放天津以后的经历看，应该是编定于开始修律期间。收入此案，似乎也是为了证明"存留养亲"之法的不合理性。

8. 重人命、慎法纪——《驳稿汇存》选读之二

《驳稿汇存》第三十《监犯瘐毙》，是奉天司的文牍。奉天督抚呈报了该省"瘐毙"人犯的情况并提出拟请销档的请求。刑部奉天司主稿沈家本就此做了精彩的驳议。

首先他指出："罪犯囚禁在狱，理宜加意矜恤。定例有管狱各官，于人犯监毙应分别公罪、私罪予以处分。而狱卒人等，如有非理陵虐、克减衣粮各情弊，尤干例禁。原以轻罪人犯固不可令其横死狱中，即重罪人犯当死于法，亦不当死于非法。重人命，即以慎法纪也。"罪犯囚禁狱中，他失去了自由，应该对他们更加怜悯抚恤。法律规定有管理监狱的各级官员，监毙人犯，应该分别公罪、私罪给予处分的规定。而且狱卒一级直接管理犯人的人员，"如有非理陵虐、克减衣粮各情弊，尤干例禁"。本来是轻罪的人犯当然不能横死狱中，即便是重罪囚犯，也"当死于法，亦不当死于非法"。他强

调这是"重人命,即以慎法纪也",是重视人命,更是严肃法纪的大事。

接着就列数了奉天刑部各级监狱问题的严重程度。(奉天刑部,即盛京刑部。清王朝因先在奉天建国立都,已经形成中央六部的架构,迁都北京后奉天保留了原来的行政体制,只是职能限于理奉天辖区。)仅仅光绪十三年、十四年(1887—1888年)就先后陆续咨报监毙斩、绞、军流名犯二十余名口,监毙斩、绞人犯二十七八名,军、流、徒犯十余名,未定罪名及因人连累等犯复近十名,有可能未经报部者尚不知有多少。沈家本严厉质问:虽然呈报的都是因病身死,如果没有别项情弊,何至累累瘐死者如此之多?这恐怕就是"该管各官玩视民命,漫不经心,冬则饥寒交迫,夏则秽浊熏蒸,均坐视而不为之"的结果吧!"致使罪有应诛之犯,不能明正典刑;无辜被累之民,反致冤填牢户",甚至狱卒一类的人无辜非法拘押,多方凌虐被拘人员,应给衣粮任意克剥,种种弊端不胜枚举,被困受虐致死,就申报因病瘐毙了事,长此以往会是什么情况?

沈家本于是写下严格的驳文:"应令该督等申明定例,严饬有狱管狱各官,实心经理,严行查察,毋使羁禁之犯困苦无告,死于非命。如有非理陵虐,克减衣粮各情弊,照例惩办,不得稍存回护,并严定各属功过章程,以昭惩劝。倘有知情故纵,以及知而不举失于觉察各情,即行照例分别参处,以重刑章而挽积习。"首先要求督抚重申"定例"(法律规定),严肃告诫管理监狱的各级官员,必须真心实意管理好监狱,严格检查,不得使"羁禁之犯困苦无告,死于非命"。并且提出了具体要求:一是如果发现"有非理陵虐,克减衣粮各情弊,照例惩办,不得稍存回护,并严定各属功过章程,以昭惩劝";二是"倘有知情故纵,以及知而不举失于觉察各种情节,即行照例分别参处"。这一切都是为了使地方官员重视法律,为了肃清长期积累的恶习。

这篇驳稿,强调了"罪犯囚禁在狱,理宜加意矜恤",明显表达了沈家本先生"重人命""慎法纪"的思想。

《驳稿汇存》第三十一《疏脱斩犯》也是沈家本先生主持的奉天司收到

的案件。

该案是奉天督军呈咨的长解齐桂林等疏脱斩犯一案。申报的是押解犯人的长解①齐桂林、高幅应因押解途中疏漏，使被押解犯人施才于解勘途中逃跑，被判处徒刑，关押在监；逃跑的重犯施才，被抓回也关在监狱。前者"业已在押病故"，斩犯施才被获后"羁禁病毙"，而且"验无别故，刑禁人等并无凌虐情弊"。这些死于监狱的人犯奉天督军只在秋审呈报文件后尾内声明病故扣除。对协同押解之营兵，例有应得罪名，该将军并未声叙明晰。一个关系这么多人在狱中死亡的事件，就一抹了之了。

针对案件，沈家本指出："疏脱斩绞重犯，例定处分綦严。"法律规定："解审罪应凌迟、斩、绞立决监候重犯，中途脱逃，佥差不慎之长解官及拨兵添差护解之地方文武各官，俱照吏部定例，分别议以降留、降调、革职，并革职留任。限一年缉拏，限内拏获，题请开复。"这就是说，押解重犯脱逃，不但押解解差要受处分，而且拨兵添差护解之地方文武各官都要受到"降留、降调、革职，并革职留任"的严厉处分，而且受到革职留任的官员，还要"限一年缉拏"，只有"限内拏获"，才可能申请复职。

依据法律规定，沈家本评论说，脱逃重犯不可能是一时疏漏；脱逃捕回的施才与在押解差齐桂林、高幅应又均在狱中病死并无任何情节报告，只是"虚拟罪名，含糊完结"，情节不能令人信服。"似此颟顸从事，大非核实办公之道。"他要求将详细情节重新报部。最后明确："该将军嗣后办理此等案件，务须遵照定例，妥拟报部"，不得把重要情节简单敷衍了事，把秋审呈文视为徒有形式而不起实际作用的一纸空文。

从两篇驳稿的行文中可以看出，沈家本对人命、对法纪的重视，尤其是对监狱瘐毙人犯的重视。"重人命""慎法纪"应该是沈家本先生的基本思想。这与他在清末的司法改革中坚持人格主义，坚决废除重刑、废除刑讯，倡议改良监狱、设立监狱管理法规、禁革买卖人口的一系列思想，是一脉相

---

① 长解，隔省押解犯人的差役。

承的。也可说沈家本先生在清末司法改革时期，能够很快接受西方有益的法律思想，正是基于他自身对法的认识与理解。

9. 读《历代刑法考·狱考》看沈家本先生的监狱观

沈家本先生的《历代刑法考·刑法分考·狱考》考证了中国监狱的发展史，对研究中国监狱的历史具有十分重要的文献价值。

《狱考》考证了中国监狱的起源、发展、规制与历史上监狱设置的观念。同时也透露了沈家本先生的监狱观，这与其对清末的监狱改革不无关系。

《狱考》的开端就明确地点明了中国社会早期的监狱的形成。他列举文献说："《急就章》：'皋陶造狱法律存。'颜师古注：'狱之言埆也，取其坚牢也。字从二犬，所以守备也。'《广韵·三烛》：'狱，皋陶所造。'"对此他按曰："据二书所言，狱为皋陶所造，故首录之。"又指出："《竹书纪年》：'夏帝芬三十六年，作圜土。'"所以最早的监狱形态应该是"圜土"，而"周圜土之制因于夏"。然而他指出圜土并非只是囚禁的地方，"既囚证未定，狱事未决，系之于圜土，因谓圜土亦为狱"。所以"狱者，核实道理之名"，是查证核实讲理的地方。沈家本认为"狱有二义"。他例举《左传·襄十年传》"坐狱于王庭。注并云'狱，讼也'"；《周礼·大司寇》注"狱谓相告以罪名者"，说明"狱"就是争讼。他又举《左传·僖二十八年》有"狱讼皆争罪之事也"之注，进一步证明。他论证说："《风俗通》曰：'《周礼》三王始有狱。夏曰夏台，言不害人，若游观之台，桀拘汤是也。殷曰羑里，言不害人，若于闾里。"夏代的监狱称作"夏台"，像个游览休闲的地方。夏桀拘汤于"夏台"，就是这个意思；商纣把文王拘羑里也是这个意思，说的是"不害人"，导善去恶。"羑里"又称羑都，在今河南省安阳市汤阴县北约5公里的羑里城遗址。由龙山至商周时期的文化遗址，是中国历史最悠久的国家监狱遗址。国务院公布为国家重点文物保护单位。沈家本说周代监狱又称"囹圄"。"囹"就是"令","圄"即举也,是"置"或"置放"的意思,是说"令人幽闭思愆,改恶为善"之地。可见沈家本先生所谓"狱有二义"的意思,是说古人"设狱原非以害人,其'幽闭思愆''改恶为善'二语,以感化为宗旨"的"二义",即"幽闭"与"感化"。所以从这个意思出发,他提出了"尤与近世新学说相合。可以见名理自在天壤,今人之所矜为创获者,古人早已言之。特无人推阐其说,遂至湮没不彰,安得有心人搜寻追讨,以与新学说家研究之乎?"近世新学说是什么?他在《监狱访问录序》中的回答是:"监狱者,感化人而非苦人、辱人者也。"

沈家本先生在《狱考》中,也考证了历代监狱的变化,监狱设置的机关、数量、规模、功能等。如监狱的数量,考证了《汉仪注》:"长安诸官狱三十六所。""孝武帝以下置中都官狱二十六所,各令长名。"《三辅黄图》:"长安城中有狱二十四所。"《三辅黄图》为古代地理书籍,在中国地理学发展史上占有重要地位,在历史研究中也有重要的文献价值,对于研究西汉都城长安以及秦都咸阳,更具有十分珍贵的史料价值。但如此有价值的书,却不知作者、不知成书年代、不知原本怎样失传、不知今本何人编纂,甚至说不清书名的含义。就是这样一部书,得到学术界的极大重视,也为极重考据的沈家本先生视为重要史料。

《狱考》考证中国古代监狱的不同功能。如《汉旧仪·孝成赵后传》有"婢六人尽置暴室狱",应劭[①]解释说:"暴室,宫人狱也,今曰薄室。""暴室"就是专门禁闭"宫人"的监狱,又称作"薄室"。颜师古则认为,暴室是"掖庭主织作染练之署",掖庭就是宫中旁舍,妃嫔居住的地方。也是妃嫔、宫女织作染练的地方。因织作染练的织物需要暴晒晾干,所以取名"暴室"。又称"薄室",是因为"薄""暴"同音。由于暴室中司职、事务繁多,就有各种犯错之人,就设置了"狱",主要惩治暴室的罪人。故往往说

---

① 应劭(153—196年),东汉学者,著有《汉官仪》《风俗通义》《风俗通》等传世之作,《后汉书》有传。

是"暴室狱"。原本"暴室"并非狱名。可见颜师古虽然否定了应劭的"暴室"就是"暴室狱"的说法,但并没有否定有专门禁闭"宫人"的"暴室狱"。也就是说当时确有这种专用监狱。沈家本采纳了这一说法,并用《续汉书·百官志》"掖庭令一人,左右丞、暴室丞各一人"以佐证。既有"令""丞"的官衔,必有所管的机构、专用的监狱。还有如"廷尉有狱,汉时大臣多下廷尉";《汉旧仪》云"上林诏狱主治苑中禽兽宫馆事";"上林有水司空,皆主囚徒官也"等。"上林"即上林苑,是汉武帝刘彻时建筑的巨大宫苑。规模宏伟,宫室众多,有多种功能和游乐内容。上林苑地跨长安区、鄠邑区、咸阳、周至县、蓝田县五区县境,纵横340平方公里,有渭、泾、沣、涝、潏、滈、浐、灞八水出入其中。为治理这样一个庞大的皇家宫苑,自然要设置各种机构。"水司空"就是专门用以"主囚徒官""主治苑中禽兽宫馆事"的监狱,是专为治理上林苑而设置的监狱。

此外如颜师古说:"《汉书旧仪》掖庭诏狱令丞宦者为之,主理妇人女官也。"是说"掖庭诏狱"是专门禁闭妇人女官的。《萧何传》"乃下何廷尉,械系之"的"廷尉之狱",沈家本评论说:"廷尉有狱,汉时大臣多下廷尉。如《周勃传》'下廷尉,逮捕勃治之',《周亚夫传》'召诣廷尉',《赵广汉传》'下广汉廷尉狱',《王章传》'果下廷尉狱',皆是。"由此,他认为"《杜周传》至周为廷尉,诏狱亦益多矣","廷尉及中都官诏狱逮至六七万人",是凡下廷尉者并谓之"诏狱"。不同功能的监狱,历史上名目甚多,有兴趣可一读《狱考》。

沈家本先生在《狱考》中尤其重视对监狱的管理。

他说:"汉代狱中情状,大氐尽于此数事矣。临江王以故太子迫而自杀,周勃、周亚夫以丞相之贵见辱于狱吏。以贵宠体貌之大臣,小吏得施其詈骂榜笞,积威之渐,子长言之可云痛心。后之论狱者,其亦有哀矜之意乎?"批判了汉狱的管理不善。他赞赏《晋令》规定"狱屋皆当完固,厚其草蓐。家人馈饷,狱卒为温暖传致。去家远无饷馈者,悉给廪。狱卒作食,寒者与食、衣,疾者给医药",特别憎恶明嘉靖年间"比者狱吏苛刻,犯无轻重,概加幽系，案无新故，动引岁时，意喻色授之间，论奏未成，囚骨已糜。又况偏州下邑，督察不及，奸吏悍卒倚狱为市，或扼其饮食以困之，或徙之秽溷以苦之，备诸痛楚，十不一生"的现象。谴责"明锦衣卫狱近之，幽絷惨酷，害无甚于此者！"。

他认为，监狱应该是"惟善体感格之意，使人人入于化导之中，斯一狱也而政本基焉"。要让监狱成为犯罪之人入于监狱，感受禁闭，使之入于"化导之中"。这虽只是关于监狱的认识，却反映政治的本质。或者这就是沈家本先生的监狱观，也是他后来提起《实行改良监狱以资模范而宏教育折》，力主监狱改革的原因。他派董康等人到日本考察监狱，撰写《与戴尚书论监狱书》《监狱访问录序》……一切努力都是为了改良监狱，实现他使监狱成为入狱之人"人人入于化导之中"的理想。

10. 读沈家本先生《与戴尚书论监狱书》

沈家本作为法律改革家，对清末改良监狱也给予了极大关注，并发挥了重要作用。这与他一贯主张监狱应该是感化教育之所，反对监狱用以辱人、苦人的思想是分不开的。《寄簃文存》收集的《与戴尚书论监狱书》就很好地阐述了沈家本先生的这种思想。

《与戴尚书论监狱书》是沈家本为讨论监狱改革，写给法部尚书戴鸿慈的书信。写这封信时戴鸿慈已经看到过沈家本光绪三十三年（1907年）四月十一日题奏的《实行改良监狱以资模范而宏教育折》。在法律改革的前提下，监狱改良已成社会共识，而如何改良则是各言其说。戴鸿慈作为主管监狱的法部首长，对监狱改良少有积极的主张和行动。此时他转给了沈家本一份何某拟定的改良监狱建议，似在征求意见。也反映了他对沈家本提出的主张的不同意见。沈家本就此写了这封书信，以表达或者说是重申自己的主张。文章起始写道："何君监狱说，细读一过，区画周备，杀费苦心，甚善甚善。"

赞扬何君的监狱说（这位何君，笔者未经考证是何许人），花了不少心思，考虑得很周到，写得很好。但话锋一转，说："然谓如此即可令远人心服，则未敢以为然。"然而，如果说就像何君所说的办法，就可以让远人心服口服，就不敢说了。"远人"，远方的人，这里指外国人。西方人诟病中国法治落后，刑法残酷，其中也包括监狱设置、管理落后，制度残忍。所以清末之监狱改良，也是王朝在内外夹击之下的被动之举。而沈家本先生正是在这样的背景下，有了实现自己监狱观的背景和机遇。

沈家本直接指明何君的设计是不能令"远人"信服的，就是指明了这种敷衍了事的改良，是无济于事的。这虽有挟洋自重的嫌疑，但说的也是事实。下文指出：欧洲各国监狱学是专门之学，而且设立"万国协会"，长期研究，取得了很多成果。即便是日本对监狱的改良，虽然极为努力，他们仍然觉得不算完美，感到很遗憾。我们中国，从未有人研究这门学问，更应该借此改良监狱之始的机会，仔细研究、周密咨询、广泛考察，择其善者而从之。如果"仍墨守己见，不思改图，恐怕无以关国人之口，遑论远人哉？"

沈家本先生直接挑明"鄙见所及，已详于奏请改良一折……兹不赘述"，就请你自己看吧。"但就表面而论，尚有不可缓者数端，为我公陈之。"尤其是几项当前必须解决的问题，我得和你说明白。"我公"是古人书信中对对方的尊称，这里说的就是戴尚书。

第一，"历次召对，慈训屡以监狱应改相诏，如仅敷衍了事，何以仰答宫廷殷殷求治之至意？此不可缓者一"。每次皇上、皇太后召见时，慈禧太后都指示监狱应该改良。如果仅仅是敷衍了事，你怎么面对朝廷方面"殷殷求治之至意"？

第二，"法部设典狱司，为监狱改良之枢纽。今直省如天津，如保定，皆设有罪犯习艺所，可容数百人，民政部所设之习艺所，亦可容数百人，而法部转瞠乎其后，相形之下，无乃见绌。此不可缓者二"。你戴尚书主管的法部已经设立了典狱司，这个典狱司就是监狱改良的总指挥部。但是现在直隶省的天津、保定都设了罪犯习艺所，可以容纳数百人。民政部也设置了可以容纳数百人的罪犯习艺所。你这主管监狱的法部却是"相形之下，无乃见绌"。这可以交代吗？

罪犯习艺所，早在官制改革之前，光绪二十八年（1902年）山西巡抚赵尔巽就已经上奏建议各省设立罪犯习艺所，并得到了沈家本主持的刑部的肯定，并补充了设置方案、管理办法，于次年获得了朝廷"奉旨依议"的首肯，在全国推行。但即便是当时积极改革的直隶总督袁世凯治下，到光绪三十四年（1908年），才在天津、保定建成。

第三，指出同为直隶一省的顺天府各州县，尚没有设置罪犯习艺所收容罪犯，罪犯仍照旧发配，使得"同为一省之人而办罪两歧"。作为法部所在地，法部不应该不闻不问。

第四，再次重申了关于京师监狱改良的具体方案。建议按照"扇形"或"十字形"方案构建，并讲解了这两种方案的优越性。

第五，指出京师地区法部直接管理的监狱"当为天下之模范"，不能敷衍了事。沈家本先生指出："何君谓：'改法不善，不如不改，改而又改，为害滋多'。数语洵是通论，惟我公熟思而审计之。"何君这几句话的确是通达正确的常论，希望你能深思熟虑，有所判断。

全文不失对同僚的尊敬，却也毫不客气地指出了问题。应该说是一篇书信的范文。

沈家本先生为改良监狱，作了极大的努力。光绪二十九年（1903年），他以刑部的名义上奏了《议复护理晋抚赵（赵尔巽）奏请各省通设罪犯习艺所折》，推动在全国通设罪犯习艺所；上奏了《改良监狱折》，策划了全国监狱改良的方案，设计了监狱管理、监狱制度、监狱统计等一系列法规；派遣董康等人赴日考察监狱，并撰写《监狱访问录序》以宣传监狱改良的方向；他在法律学堂设立监狱专修科，聘请日本监狱学家小河滋次郎等任教，培养了中国第一批现代监狱管理和监狱学研究人才74名。应该说沈家本先生是我国近代监狱学与监狱改良的奠基人。由于教学成绩卓著，经沈家本先生申请，日本法学博士小河滋次郎被奖励授予了三品顶戴，成为有大清帝国正式官秩的日本人。

虽然因为清王朝的覆灭，沈家本先生的设想没得到完全实施，但却为后来的民国政府、北洋政府等的监狱改良、监狱学的发展打下了基础，开启了监狱变革的源头。

11.《叙雪堂故事》的故事之一

秋风送爽，碧野蓝天。熬过了连绵雨季，人们的心境也随之舒畅。然而，如果倒退百数十年的金秋时节，全国各地，那些在押的被判死刑的犯人们，正在提心吊胆等待着秋审——这最后的生命的裁决。

清代，地方判处死刑的案件，是要经过中央复核，最后由皇帝亲自勾决的。按照传统的四季五行之说，秋冬乃肃杀之季，所以死刑复核之典也在秋季举行，以便勾决之犯在晚秋的霜降以后执行，以符合大自然之规律，故称之为秋审。

秋审，是个什么情况？《沈家本全集》卷二收录的《叙雪堂故事》和《叙雪堂故事删眷》二书有些记载。乍看，以现代汉语理解，好像是叙事作品。其实这里的"故事"，就是过去的事。"叙雪堂故事"就是叙雪堂过去的事。叙雪堂，就是昭雪冤屈平反罪名的地方，指的就是刑部秋审处，是刑部总览秋审事务的机构。秋审的对象是各省上报的被判处死刑的囚犯。叙雪堂，是清代秋审处官员的自诩和自我标榜，是说既是死刑复核，就不能冤屈了不该死的人，要叙清案情，昭雪冤狱。

《叙雪堂故事》和《叙雪堂故事删眷》二书，是沈家本先生光绪九年（1883年）进士及第后，受命入主刑部秋审处时期，得机阅读秋审处旧档时的读书笔记。沈家本先生读书十分认真，他每读必有笔记。如他的《借书记》《日南读书记》本身就是读书笔记，包括《诸史琐言》等书也是在读书笔记的基础上整理加工而成。

四 品读寄簃公的诗情书意（二）

《叙雪堂故事》和《叙雪堂故事删賸》主要记录的是乾隆、嘉庆、道光三朝关于秋审的旧事。《叙雪堂故事》记录了秋审、朝审的制度变化、时间规定、流程、会审地点、参与人员、文档传送以及边疆地区、从属国的有关规定等，也有一些典型案件。《叙雪堂故事删賸》则是记录三朝秋审人数和一些个案、定例。

书中也有一些沈家本的按语以达己见。

自此文始，笔者介绍一些《叙雪堂故事》的故事，以飨读者。

文中的引文，除注明者外，均出自《叙雪堂故事》《叙雪堂故事删賸》，不再说明。

清代刑部秋审处是干什么的？"各省秋决之囚，得旨则监候，越岁，审其应决与否而上之，曰秋审。在部之囚亦如之，曰朝审。"就是说：各省报到刑部主管各司判死刑的囚犯，得到皇帝的旨意，一律收监，等到来年秋季，由秋审处审核案情，确定是否应该处决，具文报告皇帝，这就是秋审。如果是由刑部直接办理、监禁的判处死刑之囚，程序相同，但称为朝审。

秋审处是刑部负责秋审的常设机构，大致相当于现在的部之下的局级单位。其人员包括"秋审处郎中、员外郎、主事无定员，由堂官酌委"。其中"郎中"相当于科级，"员外郎"差不多是处级，"主事"相当于局级或副局级。为了办事方便，有时部领导指定一位主事为总负责人，称"坐办"，这个坐办就是当仁不让的局级领导了。沈家本入主秋审处，就是堂派秋审处坐办。秋审处员司没有定员，是"由堂官酌委"。"堂官"是清代部级官员别称。清代一般各部设尚书（满汉各一员），左、右侍郎（满汉各一员，左为上）。沈家本担任的第一个副部级职务，就是刑部右侍郎，就是第二副部长。

秋审处的工作任务是"掌核秋审、朝审之案"，就是掌管审核秋审、朝审的案件。其基本任务是将各省报到刑部各主管司将拟判死刑的人犯划分出"情实""缓决""可矜""留养承祀"四等。"情实"即经刑部查核，该犯罪情属实、用法准确、罪名相当，这样的犯人，经皇帝勾决，当秋就会执行死刑。"缓决"就是经刑部查核，或因案情属实但危害较小，或因有某种应予考虑的问题应暂缓处决，将其留待来年秋审、朝审时再予处理。秋审、朝审复核缓决，即为斩监候与绞监候案件。缓决案件经刑部会同大理寺等机关集中审核后，奏请皇帝裁决，一般被处缓决者，多可免死。"可矜"是指案情虽然属实，但犯人另有可原谅之处，处以免于死刑。可矜之犯，一般减为徒、流之刑。"留养承祀"即死刑犯为独子，而祖父母、父母年老无人奉养，经皇帝批准，可以免于死刑。承祀，即承嗣，继承宗嗣。

基本程序是"十七司拟而付于总办，总办拟而呈于堂，乃汇招册，以送于九卿、詹事、科道而待集议。凡秋审情实者，皆缮黄册以呈御览，朝审亦如之"。

秋审，事关全国拟处死刑人犯的生死，因而成为一件十分重要的大事，被视为国之大典。为慎重起见，每年都要成立专门的临时机构，以总览秋审全程。"总办司员于年底即请堂派各司专办次年秋审官，满洲一员，汉二员，将各该司应入秋审人犯，依原案题结先后，以次摘叙案由，分别实缓矜留，出具看语，陆续汇送本处。坐办司员将各司略节，删繁补漏，交总看司员酌核允当，加具看语，呈堂批阅。"这个临时办事机构，由刑部堂官派定一位总办，总办再根据当年的工作量，请求堂官派定"各司专办次年秋审官"为临时机构工作人员。基本名额是"满洲一员、汉二员"。临时机构的工作，在总办主持下，"将各该司应入秋审人犯，依原案题结先后"。以时间为序，"摘叙案由，分别实缓矜留，出具看语，陆续汇送本处"。这是非常繁重、细致的工作。特别是"出具看语"极为关键。"看语"就是评语和意见，需要表达写看语人对所看案件的意见。这不但关系到案犯的命运，也反映了看语写作人的水平，关系到自己的前途。

坐办司员若干人派定一位为总看。坐办司员将各司案件，略节、删繁、补漏，交总看司员酌核允当，加具看语，呈堂批阅。等待堂官确定，召开"堂议"，即由堂官召集刑部业务部门人员举行会议，对案件做最后的评议、总结。在堂议之前，总看、坐办各司员再次汇集核议。将情实、缓决、可矜、留养承祀各犯详细参酌，平情定拟。尤其对同一罪名而其中情节微有区别的案件进行甄别，再次准酌案情，必一归允协，防止实缓判然之误。倘有某省案件判拟与外省所拟不符者，必须另缮一册，等会议期间，堂议定夺。

刑部秋审的前期工作到此完成。欲知后事如何，且听下回分解。

12. 《叙雪堂故事》的故事之二

秋、朝审，在刑部范围内工作基本停当，就要准备刷印呈送九卿、詹事、科道核审的文本，即"开印"。为了不耽误时间，完稿后先发写红格，交匠刊刻。

西方铅字排版印刷术在我国尚未普及的年代，木版印刷是我国的主要印刷方式。木版印刷，就是作者把手写文稿发给专攻书写刻板文字的"写匠"，写匠用工整的楷书或宋体字抄写在红格稿纸上，之后由校对人（或作者本人）做最后的校对。因为是在红格纸上校对，且是最后的校对，又称"校红"。校红无误，交刻匠将红格稿纸反贴在木板上，刻匠按红格稿刊刻成书版，然后刷印、装订成册，名曰"招册"。招册分送给参加会审会议的九卿、詹事、科道官员。招册的基本内容包括："新事初次入于秋审者，备叙案由，确加看语，以凭会核。其旧事缓决人犯，摘叙简明略节，依次汇为一本具题，俱不叙入问供。""旧事情实未勾由实改缓，下年初入秋审缓决者，仍刷印分送。其已入缓决者，不复备册，只于会审时逐一唱名。进呈本内亦第开列起数、名数。"如果"旧事内有一、二案尚须商议，并该督抚前拟情实，后改缓决；前拟缓决，后改可矜之案仍摘出，临期印册，分送九卿公议"，作为招册的补充。

每年秋审案件，各省限四月底前送达刑部。"俟各省后尾到，合内外看语一并列入招册。"招册分送九卿、詹事、科道后，要给这些官员留出审看时间。

秋审会议，"以八月上旬，九卿等会于天安门外金水桥西朝房，以各省秋审起数，按其实缓矜留逐案唱报"，称"会审"。其中刑部意见与省的意见不同，另行改拟之案"即将应改缘由朗诵"，以示强调。"唱报""朗诵"就是朗读。每年秋审会议，刑部选派口齿清楚、声音嘹亮、有一定学识的官员，担任"唱报"，按照既定的顺序宣读案卷，以供讨论。如果九卿、詹事、科道们在核审案卷时有应准、应驳的商签，"亦加朗诵，俾众共闻"。即九卿、詹事、科道们在核审案卷时如有不同意见，要另写一纸，夹于该处，称为"商签"，古籍中类似的表示意见的方式又称"夹签"。会议讨论，如有不同意见可以保留，书写商签夹送在案卷中，但必须当众朗读声明，不得私夹。

会审会议结束，"议既定，将情实、缓决、可矜、承祀留养各犯分拟具题，恭候钦定""分拟具题"就是把会议讨论决议归纳入卷，把不同意见的商签夹入，装订成册，并裹以黄色锦缎封面，呈送皇帝。这种皇帝专用的黄皮案卷称"黄册"。黄册呈送后，就等皇帝下旨，召开御前会议了。

"朝审于霜降前刊送招册，至霜降十日，九卿等亦于金水桥西朝房集议。各司俱带册，并监提人犯唱名过堂，遂分拟具题候旨，如秋审。"这就是说，朝审程序大体与秋审相当，不同的是时间在霜降前刊送招册，至霜降十日，九卿集议和各司自行"带册""并监提人犯唱名过堂"。

需要一提的是，秋、朝审会审会议"如有蒙古人犯，应知会理藩院堂官到班会审，其照《蒙古例》治罪者，一体列衔"。"理藩院"是清朝管理蒙、疆、回、藏等少数民族事务的中央机构。清初，理藩院还负责部分外交事务，主要是兼管位于国土西、北方向的陆地相邻国家的外交事务及对俄关系事务，似有半个外交部的职能。光绪三十二年（1906年）改革官制，原理藩院改理藩部，外交职能取消。清亡以后，国家归于大一统的共和国，理藩院取消。

"蒙古例"即《钦定蒙古律例》，是清代蒙疆刑事治理主要的法律工具。清政府在《蒙古例》中保留了蒙古民族固有法源，同时植入了《大清律例》中的核心刑法理念。逐步形成蒙古地区与内地法律的一体化，增强了对蒙古地区的控制与管理。所以，遇有蒙古人犯时，要通知主管边疆地区的理藩院主要官员到会，以符合《蒙古例》的法律规定，而且也要在案卷上列衔签名。

当然秋、朝审的程序、时间等也不是一成不变的。《叙雪堂故事》中沈家本先生根据亲历，写下按语，说明晚清时期秋、朝审的变化："近年秋审集议，均在八月下旬，由刑部定期知会九卿、詹事、科道上班。朝审上班在秋审上班之次日，亦不在霜降前十日矣。从前秋审，九卿集议，每年或十一、十二日，或十三、十四日，并无定限。近年以来但止一日，未详始于何年，候考。"这就是说，秋审会审会议时间，由八月上旬推迟到下旬；朝审会审时间提前到秋审会议的第二天。两会的会期由原来的十几天，缩短为一天。"近年以来但止一日，未详始于何年。"从什么时候改成一天的，沈家本先生自己也没搞清楚。

皇帝阅卷后，一般在冬至前十天（遇上年停勾之次年，则于冬至前五日）召集御前会议，当堂颁布谕旨，称"勾到"。勾到这天，刑部尚书、侍郎都要到御前侍奉。皇上批本下，侍郎一人趋前接受。《叙雪堂故事》记述了沈家本亲历的御前会议大致情景："是日清晨，预设黄册于懋勤殿御案……记注官侍立于左。奏本学士奏勾到某省，大学士一人展汉字本于案，奏本学士奏各犯姓名，恭候御览黄册，大学士等亦各阅所携小折。俟皇帝降旨，大学士遵旨勾汉字本，勾讫捧出，照勾清字（清字，即满文），缮写清、汉票送批本处进呈。批出清字时兼批汉字。"御前会议这天清晨，有人预先把黄册摆放在懋勤殿的御案上，有记注官（专门记录皇帝起居活动的官员）侍立于御案左侧。奏本学士向皇帝奏报勾到某省，就有一位大学士，到御案前，为皇帝展开汉字本黄册，供皇帝御览。与会的大学士们同时阅看自己手上提前准备的手折，准备回答皇帝的咨询。等到皇帝批文下达，如果批的是清字（满文），大学士遵旨补写汉字，反之批出是汉字，大学士要补写清字。完成后，将该册密封，即交刑部办理。

"如在圆明御洞明堂勾到，大学士、军机大臣跪于右，内阁学士、本部尚书、侍郎跪于左，记注官分左右侍立。如遇行在勾到，大学士等亦分左右跪，记注官侍立于案下之右。批出密封交行在兵部发京送内阁，兼批汉字。遂交该道御史交部办理。勾到，下部，预设黄案于大堂中，该道御史赍到，侍郎一人跪接，交司行文。"

"圆明御洞明堂"指圆明园正大光明殿东侧叫作"洞明堂"的大殿。据《清史稿》记载：皇帝"勾到"之处，紫禁城内懋勤殿，避暑山庄是依清旷，香山是正直和平殿，圆明园则是洞明堂。"遇行在勾到"就是指皇帝其中在某处勾到。

勾文回到刑部，刑部如何办理、时限如何、情实犯人怎样处决等，且待下文再续。

13. 《叙雪堂故事》的故事之三

皇帝既已勾决，勾文回到刑部，"及期尚书、侍郎咸待。本下，侍郎一人接焉"。御史带着勾文到刑部这天，刑部尚书、侍郎必须全班领导到场。刑部要预设香案（香案，一般是一张长方条案，上设香炉、烛台。旧时祭祖、拜神都要设香案。皇帝贵为天子，圣旨到，亦要设置香案迎接，以示敬重），御史将勾文放置香案上，每宣一本，由一位侍郎接下。宣读完毕，勾文移交程序就算完成，刑部就要按勾文办事了。因多数人犯是羁押于地方监狱。秋审处决，要在地方督抚所在执行，刑部的任务就是将勾文发往地方总督。沈家本没有监临地方法场的亲历经验，《叙雪堂故事》着墨不多，所以只对处决朝审应决案有所记述。

"决囚则莅法场而监视。""决囚"即执行死刑。皇帝确认"情实"已经"勾决"的人犯，由刑部执行。行刑时刑部领导要亲临法场监视。执行的时间是冬至前60日开始，届时由"钦天监择期"。"钦天监"是古代掌观察天象、推算节气、制定历法的机构，类似现在的天文台。古代人们笃信阴阳五行，重大活动都要由钦天监推算适当日期。

行刑，是剥夺人的生命的大事，所以要由钦天监择期。行刑的基本顺序是"按各省道里远近"确定。"首云南、贵州，次四川、广西、广东、福建、盛京、陕西、甘肃，次湖北、湖南、浙江、江西，次安徽、江苏，次河南，次山东、山西，次直隶。"

"朝审则于冬至前十日，遇停勾之次年则于冬至前五日。"

"凡勾决，皆榜揭以示众。"凡是经皇帝勾决情实人犯，都要张榜示众。每年勾文，送到刑部以后，大学士、军机大臣会同刑部，将已勾、未勾各案情，摘叙简明事由，再次奏报皇帝，同时行文通知各督抚，由各督抚处决，届时也要在通衢之处张榜晓谕。

朝审决囚，因犯人囚禁在京，由刑部执行。刑部法场菜市口，地处顺天府管辖，刑部不能直接张榜公告，所以要"发文交该城榜示"。沈家本先生多次被派"出大差"，《叙雪堂故事》记有"本部侍郎一人监视绑犯人毕，每司各派司员赴市曹，步军统领衙门派步军翼尉一员护送""侍郎一人会同刑科给事中赴法场，京畿道御史赍本至，侍郎等恭接，遵旨行刑毕，遂复命"的情景。

"市曹"是城市内商业集中、人流聚集之处。为达到"示众"的作用，古代处决人犯常于此类地方。晚清京畿处决人犯，常以菜市口为法场。菜市口早在明朝时，便是京都最大的蔬菜交易市场，因是得名"菜市口"，清代依然如此。"步军翼尉"是清朝八旗步军营之正三品军官，掌率八旗步军以供守卫、巡警。处决人犯时，为保证安全、壮声势、震慑不轨，步军翼尉要率一定数量旗兵护卫。"刑科给事中"，清代设六科给事中，专门替皇帝监察吏、户、礼、兵、刑、工六部。决囚大事，自然刑科给事中必定要到场监察，又因为是监察本部工作，所以刑部要有一位副部级的侍郎陪同。"京畿"指归属京城地方的行政管辖区，"京畿道御史"即都察院京畿道监察御史。清朝都察院下设主管各地方的部门称"道"，主官为"监察御史"。到达刑场，京畿道御史负责递送勾决圣旨，刑部侍郎接收，并当众宣布奉旨行刑，刽子手即行刑。刑毕，一切验看手续完成，于是官员们各自复命，"大差"就算完毕。

历代帝王，为表示敬畏生命、慎重死刑，常常诏令设置死刑覆奏的规定。《叙雪堂故事》有这样一段记录："康熙七年覆准：朝审秋决重犯，将矜疑、缓决、情实者，分别三项具题，俟命下之日，矜疑者照例减等，缓决者仍行监候；情实者刑科三覆奏闻。俟命下之日，开列各犯姓名，奏旨勾除，方行处决，其未经勾除者仍行监候。"这是康熙七年（1667年）皇帝批复的关于朝审秋决的变革，其重点是"情实者刑科三覆奏闻。俟命下之日，开列各犯姓名，奏旨勾除，方行处决，其未经勾除者仍行监候"。是要求皇帝已经勾决的情实人犯，刑科还要三次向皇帝奏报，经三次奏报仍然被皇帝"勾除"的人犯，才能处决，皇帝没有"勾除"的就继续监禁，等待来年秋朝审再办，以示对死刑判决的重视。这就是中国传统法制中提倡的"死刑三覆奏"原则。这一原则，体现了对生命的重视，也是防止冤案的重要措施。当然，死刑三覆奏并不是起自康熙皇帝。据《旧唐书·刑法志》记载：相州有个叫李好德的人，平时患有疯癫之症，时时当众宣讲妖妄之言，而且肆无忌惮。依照《唐律》凡是口出妖妄之言并且涉及国家、君主的，应当处以绞刑的规定，太宗下令将他下狱治罪。大理丞张蕴古就此事上奏说："李好德有疯癫病，按照法律不应当治罪。"太宗于是准备原谅李好德。张蕴古一高兴，就到狱中把这消息告诉了李好德，还与他在狱中下了盘棋。此事被一个叫权万纪的侍御史知道了，就上奏弹劾张蕴古，指责张蕴古与李好德一向交好，有意袒护李好德，其实李好德并没有疯癫之症。太宗听信了权万纪的弹劾，非常生气，认为张蕴古欺骗自己，于是下令将张蕴古斩杀于东市。过后，太宗发现自己错杀了张蕴古，十分后悔，就对臣下们说："蕴古身为法官，与狱囚下棋，还泄露我的话，这虽然罪状严重，可是按照法律，不至于极刑处死。我当时是盛怒之下，下令把他处死。你们没一个人说句话，主管刑律的人也不覆奏提醒，结果就这么把张蕴古给杀了，这是什么道理啊。"于是下令："凡有死刑，虽令即决，皆须五覆奏。"历史上的"死刑五覆奏"的规定就是从这时开始的。后来，唐太宗又下诏："人死不可生，最近有个府吏受贿不多，我下令把他杀了，这是我考虑不周啊。现在虽然是决囚三覆奏，但是顷刻之间，哪有时间仔细思虑？从今后，要两天五覆奏，用来提醒我慎重思考。"由此更强调了"三覆奏""五覆奏"的死刑终审形式。之后，宋、明时代都有"覆奏"的规定。在《叙雪堂故事》中沈家本先生指出："是康熙中期之朝审三覆奏，亦因唐、明之制而酌定者。"确认清代朝审三覆奏，从康熙中期开始设定。从雍正二年（1724年）四月皇帝的一段上谕："法虽一定而心本宽仁，是以虞廷以钦恤垂训，《周书》以慎罚为辞，诚以民命至重，宁过乎仁，毋过乎义也。……自今年为始，凡外省重囚经秋审具题，情实应决者，尔法司亦照朝审之例三覆奏闻，以副朕钦恤慎罚之至意。"证明清代秋审三覆奏，是雍正二年（1724年）开始设置的。

从清代死刑"三覆奏"起始年代，也可以看出虽然自唐太宗始设死刑"覆奏"，也并非正式入于历代大法，而是以皇帝诏令形式实施的。

秋、朝审涉及全国在押死刑犯的生命，工作量巨大，是个复杂的工程。许多细节都有明确的规定，笔者将根据《叙雪堂故事》的记载择要叙说，以飨读者。

14. 《叙雪堂故事》的故事之四

死刑覆奏制度实施多年，到了乾隆十四年（1749年）有了变化。这年的九月，乾隆皇帝发了一道上谕，对当时现行的覆奏制度提出疑义。他说："朝审情实人犯，例由刑科三覆奏。其后各省亦皆三覆奏，自为慎重民命，即古'三刺三宥'遗制"。乾隆皇帝首先肯定三覆奏是"慎重民命"弘扬"三刺三宥"古制的好事。"三刺三宥"是周代讼狱的一种制度。《周礼》规定，司寇之下职能部门司刺，负责辅助司寇断狱，掌"三刺三宥三赦之法"，对重罪人犯，要反复征询群臣、众吏、万民的意见，确定有没有可赦免、可宽大的根据，辅助司寇判断案情。三刺，即一讯群吏，二讯群臣，三讯万民的三次询问。（臣，朝廷命官；吏，官员所属之办事司员。）三宥（宥，宽大），一宥不识，二宥过失，三宥遗忘，属于这三种情况的人犯，均应宽大处理。三赦，一赦幼弱，二赦老耄，三赦愚蠢，这三种人要与正常人区别对待，可赦免其应受的刑罚。这是西周敬天保民，慎刑慎罚思想的体现。下文接着说："临刑之际必致详审，不可稍有忽略耳，非必以三为节。朕每当勾到之年，置招册于旁，反复省览，常至五六遍，必令毫无疑义。至临勾，必与大学士等斟酌再四，然后予勾，岂啻三覆已哉？"对将要处以极刑的人犯，必须认真审查，不能稍有忽略，不一定只是复查三次。每次招册送来，我都放在案边，反复审阅，有时要看五六遍，一定要做到毫无疑义。到了勾决的这天，还要与大学士等人斟酌再四，然后才提笔勾决，这岂止是"三覆"就完成的啊？即便是三覆奏，匆忙之间呈送来的奏本，也难以保证刊印中不出错误，而且又限于时日，怎么能逐案细览呢？朕想，管理国家大事，唯当务实，而效法古人不在于追求虚名。三覆奏的方式，施行虽然已久，实际上不过具文。如果不详阅招册，即使照例十覆，也不过是照例秉承朕旨意，这是廷臣们所共知的事。白白地做了许多繁文缛节的事，有多少有益于政务呢？从今以后，"刑科覆奏，各省皆令一次，朝审仍令三覆"，这就足以表达了继古革新之意，实际实施了行简之风。沈家本先生评论说，这是本朝"秋审改为一覆奏之始"。嘉庆二十年（1815年）九月，皇帝又下令："嗣后黄册仍于八月中旬呈进，其秋审、朝审覆奏之本，皆着于本省勾到前五日覆奏一次。朕批阅时再同黄册详加酌核，以昭慎重。着为令。"由此，朝审三覆奏，也改成一覆奏。可见秋、朝审覆奏制度，自古以来，就是以皇帝诏令的形式存在。

不仅秋、朝审覆奏制度随着时代在变化，秋朝审"招册"所载内容，也会发生变化。

《叙雪堂故事》记载，乾隆十九年（1754年）秋审过程中，发生了这样一件事。

山西省有一起情实斩犯张起云案，原案写明的案情是：因布客（贩布的商人）殷广禄屡次调戏张起云的女儿大姐儿，因愤恨张起云将殷广禄掐死。张起云见其货担内贮有钱和布匹，他见财起意，当即把钱和布匹藏起来，又剥取了殷广禄尸体的衣服，将尸体背上土窑藏匿。随后经殷广禄的弟弟报案检举，差役经侦查起获尸体和赃物，将张起云拿获。

秋审刷印招册时，却只将掐死缘由叙出，漏掉了张起云藏匿殷广禄钱、布和剥衣弃尸的内容。"九卿见其因女屡被调戏致毙，情稍可原，有欲改拟缓决。"及至"刑部查出原案，知有收藏钱布、剥衣、弃尸灭迹等情，始行照覆"。从"刑部查出原案"的情节看，问题应该出在抄写红格时的遗漏。这时掌江南道监察御史九成就此事写了一道奏折，参奏刑部："向例刊刷招册，必将法司看语（看后的评语）与督抚看语一并叙入，承办之员恐刊刷工价多有糜费，遂去繁冗以图节省。迨办理日久，承办各员递年更换，非出一手，间有将要情遗漏不载致淆裁酌者。"御史九成就张起云案遗漏重要情节，提出了"秋审招册内所述督抚看语，业将案犯情节再为声叙，案系两层而语实重复。与其声叙两层虑有糜费节删字句，曷若省去一层，照稿全录以杜遗漏"，同时"该督抚原题语内情节概不叙入，翻阅既不重复而案情亦觉详备"。而且提出了"请谕刑部，嗣后刊刷秋审招册，俱照此一体办理，只将法司会稿原看全行开载"。并要求"务令承办各员详加核对，不得将紧要情节稍有遗漏。如有率意删减，致案情与原稿不符者，经九卿、詹事、科道查出，即行指参，将承办各员交部严加议处"。御史九成的提案，实际上是要求将各省递交刑部的案卷删去"督抚看语"，将案情"照稿全录以杜遗漏"。对此，刑部提出了不同意见：我们刑部向来办理招册，都是由承办司员摘叙紧要案情，刊刻分送。同时，各司员将原稿案卷，全部送到秋审棚内（指秋审会议场所），以备详查。倘有商酌之处，俱可随时检阅，不只是如该御史所奏的一起案件。所以"秋审时各案稍有疑义，原属有卷可查，并不因不照稿全录致淆裁酌"。因此"应将该御史所称照稿全录之处毋庸议"。这实际驳回了御史九成"照稿全录"提议，接受了删去"督抚看语"的提议，但提出了缓冲的意见："本年新旧各案共计七千余起，若将现在刊旧之板概行删改另刻，不特工价浩繁，且计明岁秋审之前，为期不过数月，势难赶办。"今年是来不及了，只有"将明年新事删去抚看，止叙部看，每案约可节省数百字，似与删繁就简之意相符，事属可行"。以后发生的新案，"应如该御史所奏，止载部看，以省重复"。当年十一月十四日刑部的意见获得批准"奉旨依议"。即从乾隆二十年（1755年）起，秋、朝审招册中不再刊入"督抚看语"。

可见，秋、朝审在制度固定的前提下，具体细节不时会有变化，或者说是制度的不断完善。

15.《叙雪堂故事》的故事之五

在秋、朝审各类案件中，"官犯"占有相当比重。对于官犯，向来都是抄没家财，依罪判罚。到了乾隆三十六年（1771年），因为罗源浩案，出现了"予限完赃，奏闻请旨"的新规。

罗源浩是何许人？他是乾隆元年（1736年）二甲进士。科举进士及第，分为三等，成绩最好的，称一甲，只有状元、榜眼、探花三名；次之二甲，再次即三甲。二甲、三甲名额，依当年考生成绩而定。沈家本当年只是三甲第六十三名，罗源浩考成二甲，应当说成绩相当不错，或许乾隆爷当初阅卷或引见时（科举会试中试人员，皇帝都要召见，称引见）已经对其有了不错的印象。所以在下江南时，就专门召见了这位浙江钱粮道的小官罗源浩。这次召见，乾隆爷更是喜欢上这位与自己年龄相仿的进士，想把他调到京城。罗源浩虽然口头称是，但却面露难色，心中惴惴，生怕皇上不悦。然而这位乾隆爷，虽有不悦，却并不以为忤，反而发出了"人情喜外任而不乐京官，大抵皆然"的感慨，调京的事也就作罢。不久罗源浩迁调云南粮储道，莫名其妙地又让他管起了炼铜厂。不料这位二甲进士，策论写得不错，到了这铜厂，不但毫无建树，而且几年工夫就亏银一万一千两。云南地方参了罗源浩一个"因总理铜厂，滥放工本，积欠无着，应分赔银"的奏章，得到了奉旨"加罚十倍，逾限即正法"，完限一年的批复。乾隆三十六年（1771年）罗源浩仍有分赔银六万两未能完纳，而限期垂满，云南府进奏"呈乞展限"。这时的乾隆皇帝似乎忘记了前面"逾限即正法"的批示，于乾隆三十七年（1772年）十一月初二日下了一道"罗源浩名下所有应追未完银两，着再展限一年，俟完缴之日，该部再行奏闻请旨"的旨意。

据史料载，有人进了"罗源浩固罪无可宽，实系办理不善，尚无染指情事"奏章。这就是说，罗源浩虽然亏损了那么多钱，但都是管理不善造成的，他可没一点贪污受贿啊。言外之意，皇上您是不是也有点用人不当啊。这个奏章是不是起了作用，不得而知，反正罗源浩没有因完限超时而被处死。要紧的是，从此就有了"秋审官犯予限完赃"的"例"，被后来的秋审采用，给不少贪官留下了活路。

可见，对于给大清服务的官员，皇帝们常常还是很照顾的，即便犯了罪也常常尽量予以宽宥。

嘉庆十五年（1810年）十二月二十二日，嘉庆皇帝因为看到刑部按常例奏呈的"常犯情实改缓决，及常犯减等各折"，联想到"官犯与一般犯人不同"，不同在哪儿？"官犯"常常是本地官员犯法，与问刑官员都会有多多少少的关系，如果判得宽松，怕人说庇护，而影响自己的官声，所以一般"不敢轻拟宽减"。嘉庆皇帝看到这一点，所以指出：案情本有轻重之别，监禁年份亦有长短的区别。按以前的办法，间或有经朕自己想起来的人，就专门降谕旨加恩宥赦。可是其余各犯，或许还有情罪较轻，没有得到宥赦的人，不是就冤枉了吗？

于是就下了这样一道谕旨："……着刑部自本年为始，将各官犯汇开名单，于年终具奏一次，单内将所犯事由、罪名及监禁年分并该犯年岁详细分注奏上，候朕酌核。该部载入《则例》，永远遵行。"每年年终，列出押官犯名单，还要详细注明"所犯事由、罪名及监禁年分并该犯年岁"，再次报告给皇帝亲自审查，看有没有可以宽宥的情节，以便施恩宽宥。还要载入《则例》，成为正式法律规定。

《则例》是清代中央各部的办事规则，如刑部有《刑部则例》，吏部有《吏部则例》，等等。因为嘉庆皇帝的旨意，从此《刑部则例》多了一条"官犯年终汇奏"，使"官犯"又多了一个获得宽宥的机会。

对官犯的宽宥，也不是从嘉庆帝开始的，他的父皇乾隆皇帝就下过"官犯情实五次改缓"指示。

《叙雪堂故事》记载：乾隆三十九年（1774年）十一月初四日乾隆皇帝给刑部下了一道御旨："朝审情实官犯，旧案余存者太多，着交该部查明，有经五次未勾者，即改入缓决，但不得擅改可矜。"

"五次未勾"就是情实犯人，秋审勾决时，皇帝没有勾决，但也没有给予"可缓"的结论，这样的犯人将继续监禁于死牢，待明年会审再定。也就是说虽得续一年寿命，但生死仍悬一线，来年也许就被勾决了。有些犯人，尤其是官犯，常常是皇帝熟悉或知道的人，皇上有些恻隐，就暂留他一条小命，待明年再说。这样一年又一年，有些犯人，就这样在死牢里提心吊胆地熬了五年甚至更多仍未勾决，即谓之"五次未勾"。

"五次未勾即改入缓决，但不得擅改可矜。"这些官犯死囚改了缓决，就可以不死了。但乾隆爷还是留了一个"不得擅改可矜"的尾巴，死囚改缓，还得坐牢，不能轻易改为可矜，也就是不能放归自由，这还是专指朝审官犯。

到乾隆四十二年（1777年）十月初四日，乾隆皇帝又发了一道上谕，这道上谕就把秋审所有人犯包罗在内了："嗣后秋审、朝审情实官犯，有经十次未勾者，着刑部查明改入缓决。"但对官犯还另有宽大："官犯非常犯可比，既改缓决后，如遇应查办缓决三次以上者，不得与常犯一例减等。其中或有应行宽宥者，俟朕随时特降谕旨。"这道谕旨第一层意思是"嗣后秋审、朝审情实官犯，有经十次未勾者，着刑部查明改入缓决"。不用事先呈报，就可直接划入缓决。第二层意思，进一步指示"应查办缓决三次以上者，不得与常犯一例减等。其中或有应行宽宥者，俟朕随时特降谕旨"。那些判处

"缓决"经过三次仍不能定案的官犯，不能和一般犯人一样，经三次秋朝审不能定案即行减等。而是"其中或有应行宽宥者，俟朕随时特降谕旨"。是"随时"而不是一定要等秋朝审了。这就又给在押官犯们添加了"随时特降谕旨"的新的希望。

可见乾嘉时代，对官犯还是相当关照的。

对官犯另一关照是"官犯赶入秋审"的突破。地方官员初犯重罪，需要呈报刑部纳入秋审，各省报送是有时间规定的，如果赶不上当年报送时限，罪犯就要在狱中等待来年秋审。为了让官犯少坐几天牢房，乾隆二十二年（1757年）九月就曾下旨："各省官犯无多，嗣后应以该省行刑之日为节，官犯审拟结案在行刑之日以前者，皆补疏题请。"就是如果赶不上当年秋审，这些"官犯审拟结案"的案件，还可以延长到本省秋审勾决人犯"行刑之日为节"，再"补疏题请"。这就突破了赶入秋审的规定时间，为官犯减少坐牢时间，关照也算是周到了。

刑部为了完成秋审看卷、制作看语、印制招册的任务，对全国各地报送案件的时间是有规定的。下一个故事就讲一讲具体是如何规定的，以及关于秋、朝审的其他故事。

16. 《叙雪堂故事》的故事之六

由于秋决必须在冬至后五到十日进行，这之前必须完成看卷、制作看语、汇总分类、印制招册、召开会审会议、印制黄册，最后经御前会议，由皇帝勾定，再由刑部分发各省定时秋决。所以要完成一个完整程序，各省秋审案卷报送刑部，就必须设定报送的截止日期，否则就无法按时完成。《叙雪堂故事删誊》记录了嘉庆四年奏定的秋审截止日期。这个日期与清政府官员放假有关。

清代衙门即政府机关，每年在过年前后有一个月左右的假期，停止办公。

开始放假，官印停止使用，称封印。放假结束，开始办公，官印恢复使用，称开印。封印、开印时间由钦天监推算，奏呈皇帝批准，颁行全国。大体封印是每年的农历十二月十九日、二十日、二十一日三天中的一天；开印在正月十九日、二十日、二十一日三天中的一天。

嘉庆四年（1799年）奏定的秋审案件报送的截止日期：

云南、贵州、广西、广东四省截至年前封印日；

四川、福建二省截至正月三十日；

奉天、陕西、甘肃、湖南、湖北、浙江、江西、安徽、江苏九省截至二月初十日；

河南、山东、山西三省截至三月初十日；

直隶截至三月三十日；

新疆、察哈尔截至六月三十日。

从这个时间规定，可以看出呈送时间是按距离京城远近和交通便利情况规定的。例如"云南、贵州、广西、广东四省截至年前封印日"。按中国农历，嘉庆四年冬至是十一月初八，而封印日是在十二月，可见这云贵、两广呈送的，只能是嘉庆五年秋审案卷。也就是全国送达最早的秋审案卷就是云贵、两广，是要提前到头一年的年底。之所以要提前这么多，就是因为交通不便，刑部看审案卷时如果有驳议，可以有往返时间。

当然，这个截止时间的规定，也不是绝对不可通融的。"嘉庆七年四川省以四川距省远州县人犯，四月尾方可解省，实难赶办，请将川省秋审截止日期以年前封印题结之案为止。"经过刑部奏请皇帝，获得批准。

《叙雪堂故事删訾》记录了新疆秋审截止日期设定的过程："新疆秋审向无截止日期，惟据该将军、都统、办事大臣具奏到日，凡在秋审未经具奏以前者，悉归本年办理。嘉庆三年（1798年）始经刑部议定，以六月三十日为限，如三十日以前该将军等奏到者，归于本年办理，其七月初一日以后奏到之案，俱入下年核办。"也说明截止日期，是依据本省的实际情况而定。但无论各省报送截止时间如何，秋审的时间因为有"冬至"这个节气的限制，是不能推迟的。翻阅《清实录》可以知道，清代历年秋朝审时间，大体前后是相差无几的。

年年秋、朝审，形式隆重，耗费人力物力巨大，到底每年有多少案件呢？《叙雪堂故事删誊》记录了乾隆十九年至六十年（1754年至1795年），共42年的秋审人数。秋审案件分为新事、旧事两类，新事即当年报送的案件，旧事是指以前一年或更多年份未被勾定或确认暂缓的案件。在这42年中，秋审案件最多的是乾隆三十四年（1769年），其中旧事8 205起，新事2 487起，共10 692起，人犯18 049名。其次是乾隆三十年（1765年），旧事8 243起，新事2 431起，共10 674起，人犯10 881名。再次是乾隆四十四年（1779年），旧事6 936起，新事3 075起，共10 011起，人犯10 204名。

其他年份3 000到9 000起不等，最少的年份也在3 000起以上。乾隆三十九年（1774年），旧事260起，新事2 773起，共3 033起，人犯3 165名。

从秋审案件的数量，可知秋审的工作量是巨大的。虽然工作量很大，但参与秋审的官员们也是相当认真。在《叙雪堂故事》中就记录了多起在秋审过程中冤案平反、重罪轻判纠正的案件，笔者将另文介绍。

秋审的会审日期，即九卿聚集到会审大棚（金水桥西朝房集议地址，当时官员们称其为"大棚"）的上班日期，在《叙雪堂故事删誊》也有所记录。如乾隆十九年（1754年）是八月十九日审起，九月二十日审竣。乾隆二十二年（1757年）是八月十八日审起，二十九日审竣。乾隆二十三年（1758年）是八月十八日审起，九月初三日审竣。乾隆二十五年（1760年）是八月十九日审起，九月初五日审竣。

长则月余，短则十数日，这至少三千余起的案件，既要念稿，又要讨论，实在无从知晓在有限的时间里，是怎样审理的。

年年秋审，时而皇帝还会发布一些赦令、颁布一些恩赦诏书。赶上这种年份，犯罪人就会得到赦免。如，乾隆十九年（1754年）九月十二日诏："自山海关以外及宁古塔等处官吏军民人等，除十恶死罪外，其已结、未结一应死罪，俱着减等发落，军流以下悉予宽免。钦此。"乾隆二十三年（1758年）四月二十七日乾隆皇帝又发上谕："京师三月以前连得雨泽，麦秋可望丰稔。入夏以来，虽得有微雨，未能沾透。……直属未得透雨之处，麦秋收数颇减，而大田此时业已播种，待泽孔殷，朕心弥切轸念……因思清理刑狱亦求雨泽之一端，着刑部堂官照乾隆十年、十五年之例，将徒罪以下等罪查明情节，或应释放，或应减等者，即行具奏发落。其寻常案件亦着速为完结，毋得稽延滋累，并行令直隶总督一体办理。"

作为朝鲜国的宗主国，大清对朝鲜人犯，涉及秋审，也有规定。《叙雪堂故事》记载："朝鲜国民人在内地犯事，由该国王定拟，咨报礼部。由礼部转咨刑部，归河南司办理。"因为毕竟不是本土，所以要先报礼部再转刑部。至于"归河南司办理"的原因，就不得而知了。如："二十八年金顺丁等顺越封界，偷取什物"一案在秋审档案中记载，就是刑部合入了河南招册。

《叙雪堂故事》的故事，已成六则，可知清代秋审之大体。也了解了沈家本先生《叙雪堂故事》和《叙雪堂故事删眷》的大体内容。秋审制度的研究，对沈家本先生在大理院（相当于现代的最高法院）机构的设置及与当时的法部关于死刑复核权的争论产生了很大的影响。

17. 《叙雪堂故事》的故事之七

前面六则是依据沈家本先生《叙雪堂故事》和《叙雪堂故事删眷》二书，大体介绍了清代的秋审制度及其变迁。后面几篇将会介绍这两本书中记录的具体事件，从中或许可以体察一些沈家本先生的细微思想。

《叙雪堂故事》记录了乾隆三十八年（1773年）十一月十四日上任不久的刑尚书英廉给乾隆皇帝上了一份关于酌减秋审银两的奏折。这位英廉大人，其实应该姓冯，是汉军旗人，他的六世祖冯志勇是内府包衣（家奴）出身，因立功脱籍。英廉经科考入仕。乾隆三十七年（1772年），以经筵讲官的身份受命鞫查雄县老百姓告知县胡锡瑛私卖仓谷案。案情查实，但英廉为人宽厚，对胡锡瑛的处置不很严厉。结果英廉却因拟罪宽纵，有包庇之嫌，被降一级留任。乾隆三十八年（1773年）九月，又被重新重用，并且升迁刑部尚书，英廉十分感激皇恩，自然是要好好表现一番。

他在上任之初，查阅乾隆十九年（1754年）刑部档案时，看到了御史九成关于秋审卷册刊印问题的奏折以及当时刑部答复的复议。特别是九成奏章与刑部复议中提到的节省开支一层，引起了这位新任尚书的关切。于是令有关人员，将历年秋审费用集中报告，经英廉尚书归纳，就成了他奏章的第一部分："臣部每年办理秋、朝审招册本章，及两监药饵、汤、囚犯棉衣、医件并刷印格、律例等项，于乾隆六年奏准，每年岁底由户部预领银六千两，于次年开印后陆续给发，其用过实数于次年四月奏销。如用数在六千两以上，即在预领次年银两内动支垫给，递年遵照办理。至乾隆十九年，核计透用不敷银两，渐积至三千九百六十两零，俱于即年奏销折内声明在案。"从乾隆六年（1741年）开始，每年由户部拨银6 000两，作为秋、朝审费用，但一直入不敷出，年年要透支下年费用，到乾隆十九年（1754年），已经积债3 960两。

这个情况，从九成奏章以后，有了转变："自十九年经御史九成奏准删除招册内重复情节，暨二十四、二十六、三十四等年将初次进呈清、汉黄册及旧缓决招册等项节次裁减，一切刊刻刷印工价比前较少，每年所领银两渐有余剩。"他举乾隆二十四年（1759年）、乾隆二十六年（1761年）、乾隆三十四年（1769年）等年为例说明"每年所领银两渐有余剩"。英廉所举的年份，因为是案件较多的年份，如乾隆三十四年秋审案件，就有10 692起，人犯10 849名之多。案多年份尚且可以节省，平常年份，当然可以节省更多。于是就有了"所有十九年以前不敷银三千九百余两，即以余剩银两补还。至本年四月奏销，除全行补足外，尚余银一千一百余两"。多年下来，不但补足了之前透支的 3 960 两的款项，而且还有 1 100 余两的余额。且"上年应领银六千两，已照向例于上年岁底支领到部，核计本年用过银数，约亦可余银千两"。

不但过去有结余填补了以往的透支亏空，还剩余一千多两，而今年也还有"余银千两"。足以证明每年拨银 6 000 两是用不完的。这就充分证明奏章开头"为奏明酌减秋审银两以归实用事"的立意是完全正确的。所以英廉尚书提出了："窃查臣等详细酌核，向后办理秋、朝审等项，约计每年需银五千两即可敷用，似不必仍前请领六千两，转致积存。" 6 000 两用不完的，"应请自三十九年为始，将应领银六千两酌减一千两，止领五千两，以归实用"。以后只领 5 000 两就够了，如今刑部"现存前项银二千余两，请于咨领三十九年分银五千两内，即扣除二千两，实领银三千两，统于明年四月内奏销时，将本年用过银两及应存数目详细核明具奏"。剩下的 2 000 多两银子，就在今年应领的 5 000 两中扣除。好话到此并没有说完，他继续说："嗣后遇有余剩，即于岁底应领银两内接数扣除。"可见英廉真的要厉行节约了。

不过老于官场的英廉，还是给自己留了一个后手："倘有不足，仍照向例在于预领明年奏销银两内动支。"万一不够，还是像以前一样，再透支次年的款项。

奏章送到乾隆皇帝手中，英廉本想得到皇上的赞赏，谁知乾隆皇帝根本就没看上节省这点银两，仅仅批了"知道了"三个字，算是同意了他的建议。

其实秋审档案中各种奏章无数件，沈家本先生为什么选收了这么一件仅仅是一年节省区区千两银子的奏章呢？这恐怕与他严谨清正的生活态度有关。虽然我们没有见过老人家有关勤俭节约的言论，不过从他的最后一本日记——《壬子日记》（1912 年）十二月初九日的记述中，他对日本人简朴之风的推崇，亦可品出他的心思。这天的日记记下了：有一位叫王竹林的人来做客。他是为女婿汪大燮卖房的事，专程从天津来，顺便拜访沈家本。在谈话中，知道王竹林是新从日本归来，说到日本人的勤俭是国人之不可及。王竹林说，在日本，譬如国王要宴请各部大臣。定在第三日筵宴，就会第一日通知各大臣，第二日被请的大臣就要送宴费，每人出二钱，放在一个如火柴盒大小的盛具中，送到筵宴之所，捧至桌上，还要恭敬地行鞠躬礼，表示对国王宴请的感激。这就是说国王请客，吃饭的人自己交钱，而且只有"二钱"。沈家本听到此处感叹说："俭如此！"王竹林又说，一位日本大臣，曾充任中国参赞。他说，曾经参加中国的宴会，听说每人须费四百金，且为国家公款。与日人相比，沈家本不禁感慨，国家"如此妄费，安得不贫"？王竹林接着说，日本举国男女无不效仿上层的节俭。他在日本时的寓友认得一个女孩，家境十分贫困，读了小学三年，就入工厂做工，每天得工资四毛，就送入银行。这样的女孩，日日如此，有积至百数十金的。就算是中等社会以上的人，也无日日吃肉之事，下等收入的家庭，就更不用说了。沈家本先生听了王竹新对日本人勤俭精神的介绍，实在是啧啧不已。

其实沈家本先生一生，秉承家传，勤俭持家，推至公务也是克勤克俭，这在他支持北京法学会，为创办法学研究的平台，捐资创办《北京法学会杂志》的举措就可以看出他的克己奉公。

选录英廉这样一个奏章，记录了秋审经济来源的变化，也让我们从中品味到了沈家本先生一点点的心思或感情的偏向。

18.《叙雪堂故事》的故事之八

《叙雪堂故事》记录了山西巡抚勒保的一份为代州平民孟木成冤案请命的奏折。

勒保，乾隆五十一年（1786 年）九月刚从兵部右侍郎转任山西巡抚。到任不久，十月初五日，有一名叫孟鹏程的代州人到巡抚衙门击鼓鸣冤。勒保立即升堂审理。孟鹏程递交了状纸，并说，乾隆四十九年（1784 年）三月，孟木成扎伤张光裕身死一案，指称自己为目击证人。但是自己并不知道张光裕与孟木成因何起衅，也不知道是否孟木成扎伤张光裕身死，也没有将张光裕尸体背送到沟内的情事。案卷记录的自己的证词，都是自己害怕刑讯的"诬招"。现在孟木成被问拟死罪，都是因为自己"诬招"造成的。自己感到良心过不去，不得不把事情原委申明，请大老爷明察。

听了孟鹏程的申述，就调出原卷仔细查看。勒保在奏章中记录了原卷案件的情由：代州民人张光裕向孟木成借钱未还，就把自己的土地立订契约抵偿给孟木成。在抵押的土地旁边，有一片荒滩地，并未在抵偿土地范围之内内。孟木成于乾隆四十九年（1784年）春，在滩地种植茭禾（即茭白禾苗），张光裕发现后，告诉孟木成，滩地不在抵偿土地范围之内。孟木成答应，丈量清楚就退还。

三月二十八日晚，张光裕醉酒之后，到孟木成的店铺内混骂，店铺伙计崔聂把张光裕劝回。到了二更时，张光裕又到孟木成家，孟木成把张光裕让入书房。张光裕还是詈骂不止，越骂越凶，二人就互相揪打起来，孟木成顺手拿起一把刀乱扎乱划，致伤张光裕颔颏、耳根等处倒地。孟木成父孟宗道和工人孟鹏程听到声音，赶过去看到张光裕受伤，感到无法处置。孟鹏程起意，把张光裕背送他处，希图隐瞒。孟木成就请孟鹏程将张光裕背至郝家湾沟。张光灿寻找到苟延残喘的张光裕，于是到崞县报案，县衙还未及验伤、侦讯，张光裕旋即殒命。崞县衙署根据前情，由司审办将孟木成按照"殴杀人律"判以绞监候，孟鹏程照"不应重律"拟杖八十。崞县知县高虞祥将案件报送知州，代州知州吴重光接案，升堂审理，随即报告当时省巡抚农起①，农起于乾隆五十年（1785年）五月，奏呈刑部。得到谕旨："孟木成依拟应绞，着监候，秋后处决，余依议。钦此。"

农起死后，伊桑阿从直隶布政使升迁山西巡抚。乾隆五十一年（1786年），伊桑阿将孟木成拟入秋审情实，准备汇册具题，还没办就，六月伊桑阿的父亲去世，请假回家办丧事去了。继任的福崧，六月临时从浙江巡抚迁

---

① 农起，乾隆四十六年（1781年）十二月至乾隆五十年（1785年）八月去世，一直任山西巡抚。

调山西，还没来得及办事，九月就因贪污罪被革职。

于是就有了勒保九月升迁山西巡抚的谕旨。

勒保读完关于孟木成的案卷，立即下令司监提审孟木成。孟木成到堂就开始喊冤，所供述的情节，与孟鹏程所呈申诉状无异。抚台勒保认真审查此案，发现孟木成扎伤张光裕倒地之后别无证见，只有孟木成之父孟宗道并孟鹏程二人闻声往视，是目击者。而且是孟鹏程提议将张光裕背送至郝家湾沟内，希图隐瞒，所以孟鹏程才是案中要证。勒保分析："从前定案时自必因其指证确凿，毫无疑义，是以将孟木成拟抵具题。如果畏刑诬服，何以事隔两载，不特并无一人翻控，即孟鹏程亦无一言申诉？且当本年秋审时，孟木成又不自行鸣冤，直至今日始据孟鹏程代为呈辩，其中必有贿嘱翻异情事。"他认为："人命重情不厌详慎，自应彻底究明，以成信谳。"正在开始提审相关人犯，进行证质、讯问期间，接到了刑部发来的秋决部文。孟木成一犯也在勾到文内，理应依部文处决。勒保在奏章中说明："臣因案关出入，未便遽行处决，致有冤抑。"所以"现将孟木成暂缓行刑，一面星飞提集人犯，逐一严加讯究。如审系虚捏，即将孟木成立行正法，并将孟鹏程从重治罪，以示惩儆。倘另有别情，臣亦即据实具奏，请旨究办"。

勒保奏章送到刑部，对皇上已经勾决的案子，刑部自然不敢擅断。很快转呈乾隆皇帝，乾隆五十一年（1786年）十月二十一日皇帝在阅看的奏章上批复："甚是，即有旨谕。钦此。"同意了勒保对孟木成暂缓执行的请求。同日皇帝发上谕指出：据勒保奏，到任后，有代州民孟鹏程呈称，孟木成扎伤张光裕身死问拟绞候一案，从前指他为证，是畏刑诬认。其扎伤致死张光裕，他本人并不知情，他的申明是合理的。现在孟木成一犯奉到部文，虽然已经勾到，但既然案关出入，未便遽行处决，致有冤抑。请将孟木成暂缓行刑，提集犯证，严讯确实，再行办理的要求，是正确。皇帝指出：这个案子，孟木成扎死张光裕之后，从前定案时，是因为孟鹏程指证确凿，所以将孟木成判为抵命处死。现在孟鹏程又以因为他做证，是畏刑诬认，所以代孟木成呈辩申冤。其中恐怕尚有别项情节。人命重情不可不彻底究讯，以成信谳。但事隔两载，孟鹏程并无一言申诉，本年秋审，孟木成又不自行鸣冤，直至此时，孟鹏程方为辩诉，亦难保无贿嘱翻异的情节。现在勒保巡抚提讯各犯，如果孟鹏程所控属实，自应即为平反，以申冤狱。若审系虚捏，即将孟木成即行正法，并将孟鹏程从重治罪，以儆刁顽。

根据乾隆的指示，勒保又组织认真的审理和检验，认定张光裕尸身并无刀伤，不是孟木成扎伤致死。于是勒保把再审的结果，报告刑部，转呈乾隆皇帝。

十二月十五日乾隆皇帝就此案发下上谕："据勒保奏，孟木成扎死张光裕一案，检明尸骨并非刀伤一折。此案原因孟鹏程指证确凿，是以将孟木成拟抵。今孟鹏程既以伊作证之处系畏刑诬认，代为呈辩伸冤，而检验尸骨并非刀伤身死，其中必有别情。"是什么人在作祟，也应该调查清楚，于是乾隆皇帝派遣刑部侍郎姜晟带着精明能干的司员和经验丰富的仵作前往会同调查，要求必须秉公审理，定拟之后具文呈奏。皇帝指示："其所参相验不实之崞县知县高虞祥，承审错误之原任并代州知州吴重光，均着革职。该侍郎会同该巡抚一并严审究办。"这就是说，从初审的崞县知县高虞祥、接审的代州知州吴重光，直到山西巡抚及刑部受理的侍郎全部受到不同程度的处罚，当然那位过世的巡抚农起是无从惩治了，大概回家丁忧的巡抚伊桑阿，也应该是幸免了的。

乾隆五十二年（1787年）二月初五日，姜晟等再次检验张光裕尸骨，确实并非刃伤，也不是孟木成殴打致死。审明孟木成确是被冤诬。姜晟、勒保等立即拟议具奏："孟木成一犯不应仍行监禁，请旨释放。"很快得到了乾隆皇帝"依议"的圣旨。孟木成冤案终被平反。

对这通奏章，沈家本未加评论或按语，但从中不难品味出选录这通奏章的用心。沈家本先生历来疾恶如仇，对讼狱中的不公正，甚至草菅人命更是痛恶至极，对莘莘草民的申冤之路极为同情。他在初到秋审处主持工作时为叙雪堂拟定的对联"叙雪本来难，维能曲意平反累累者，已受十分苦楚；饮冰当共勉，要在虚心推鞫兢兢哉，勿存一点伪私"中对司法审判人员提出了

"要在虚心推鞫兢兢哉,勿存一点伪私"的要求,同时也表达了对百姓冤狱申诉的艰难的同情,"能曲意平反累累者,已受十分苦楚"。尤其是这通奏章,直接证明了刑讯制造冤狱的现实,或许就是沈家本先生在司法改革中坚决废除刑讯的动因之一。

19. 《叙雪堂故事》的故事之九

《叙雪堂故事》和《叙雪堂故事删眷》记录的案例不多,前文介绍了孟木成冤案平反的案例,此文再介绍一篇沈家本先生选录的《病狂杀人依疯病定拟》的案例,算是品读《叙雪堂故事》《叙雪堂故事删眷》二书的终结。

《叙雪堂故事》选录了乾隆五十二年(1787年)安徽巡抚书麟题奏的因疯杀人如何判拟的榷商案。案题是《邵院因病发狂扎伤张柏身死一案》。

民人邵院受雇于张柏的邻居李才家做佣工,和张柏的亲父张俭一向关系很好,没有过什么嫌隙,张柏刚刚7岁。乾隆五十一年(1786年)八月十二日,邵院染上了伤风寒之证。一遇发烧就昏迷不省人事,跳舞喊叫,症状类似疯癫,烧退就清醒了。雇主李才请医生为邵院调治,吃了药但未见效。所以时刻防范邵院疯证发作,左邻右舍都知道这个情况。十八日午后,李才见邵院在房里睡熟,随手带转房门,到地里干活去了,李才妻子倪氏也到厨房准备做晚饭。没想到邵院热极发狂,突然起身拿起守夜用的铁枪,跑到院子里跳起舞来。这时张柏与他姐姐存姐正在院子里玩耍,看见邵院跳舞觉得有趣好玩。张柏年幼无知,从地上拾起木棒学着舞弄起来,舞着舞着就到了邵院身旁,突然被邵院用枪扎伤左胳膊、左肋,当时倒在地上哭喊,存姐也急得在旁边啼哭。这时张俭的哥哥张佑从集市回庄,看到邵院持枪跳舞,当即夺下铁枪问他:"这是干什么?"邵院站在那儿目瞪口呆,面红耳赤,神志昏忳。张佑知道邵院这是病狂所致,当即拉着邵院送给李才家看管。张柏伤重,拖延至第二天夜间死去了。李才报官,经勘验审讯,与事实相符。

邵院的病，按今天的说法，就是间歇性精神分裂，这种人行凶犯罪，关键是判断案发时，其人是否处于发病状态。

现今《中华人民共和国刑法》（2023 修正）第 18 条规定："精神病人在不能辨认或者不能控制自己行为的时候造成危害结果，经法定程序鉴定确认的，不负刑事责任，但是应当责令他的家属或者监护人严加看管和医疗；在必要的时候，由政府强制医疗。

间歇性的精神病人在精神正常的时候犯罪，应当负刑事责任。

尚未完全丧失辨认或者控制自己行为能力的精神病人犯罪的，应当负刑事责任，但是可以从轻或者减轻处罚。

醉酒的人犯罪，应当负刑事责任。"

这里强调的是"经法定程序鉴定确认的"。乾隆时代不可能有现代医学做科学鉴定的手段，那么这个案子该如何判拟呢？

我们且看安徽巡抚，在呈文中对此案如何判拟提出的磋商意见。呈文提出《大清律例》虽有"疯病杀人例"，但没有"因病发狂致死人命"的律例明文。如果照"疯病杀人例"处理，那么就是"追埋葬银十二两四钱二分给付死者之家，将邵院永远锁锢"。然而"该犯不过一时热极昏迷，并非实在患疯"，与"疯病杀人例"又不很允协；如果依照"杀人律"处理，就要将邵院判拟绞监候，因为"张柏幼稚无知，死于非命，法应抵偿"。然而邵院与张柏平日既无嫌隙，当场又没有其他缘故，而且确实是因为邵院病热发作、癫狂乱舞，铁枪扎伤张柏致死。邵院热退之后，茫然不知有杀人之事。这种情况如果"依律拟抵"，又觉得"情轻法重"。法律既没有明确规定，只能比照近似之例加减科断。据此，安抚书麟提出了，将邵院比照"杀殴人者绞律"量减一等，处以杖一百、流三千里，仍就追埋葬银二十两给付尸亲营葬。李才因管教不力拟以杖刑的意见向刑部请示、商磋。

呈文写道："例载：'疯病杀人者追取埋葬银十二两四钱二分，给付尸死者之家。'又：'疯病杀人者除照例收赎外，即令永远锁锢，虽或痊愈，不准释放'各等语。此案邵院因患伤寒病证，热极发狂，手携防夜铁枪出外跳舞，适幼孩张柏在场顽耍，见而嬉笑，亦拾捧学舞，走近邵院身旁，猝被邵院用枪扎伤左胁倒地。时张佑自集回庄，目邵院持枪跳舞，当即夺枪喝问，邵院目瞪神呆，将该犯拉交伊雇主李才家看守，张柏延至次夜殒命。核其情节，平日既无嫌隙，当场又无别故，既据该抚验明实伤寒病证发狂，面赤神昏，语无伦次，虽热退旋即清楚，而犯时茫然不知，即与因疯杀人者无异。该抚将该犯比照斗杀律量减拟流，殊未允协。邵院应改照疯病杀人例永远锁锢，虽或痊愈，不准释放，仍追埋葬银十二两四钱二分，给付尸亲收领。"乾隆五十二年（1787年）七月十四日，刑部将安徽巡抚的呈文报告乾隆皇帝，皇帝当日批示"依议"。

按今天的法律规定，安徽巡抚的这个"比照"是毫无道理的，"精神病人在不能辨认或者不能控制自己行为的时候造成危害结果，经法定程序鉴定确认的，不负刑事责任"。怎么能"比照斗杀律"量减呢！其实在当时的认知条件下，的确也就是个无奈之举，或者说是相对公正的判决。

沈家本先生在《叙雪堂故事》中收取此案，也正是看中了安徽巡抚书麟能够反复论证，追求最合情理、适法最准确的办案精神。

沈家本先生在处理案件时，对事实的认证和法律的适用，都是十分严谨的。在《补洗冤录四则》中所举的亲历案例就很说明这一点。如在《青海札萨克台吉丹怎绰克多布自刎身死案》一文，起始写道："光绪戊寅正月初二日，余正在刑部直隶司当月。准提督衙门咨送青海札萨克台吉丹怎绰克多布于上年十二月三十日，在东黄寺因疯自刎身死一案。"

东黄寺在德胜门外东黄寺，按例应该归于顺天府，并不应由刑部相验。只因为死者系台吉，职分较大，由刑部会同理藩院相验，以昭慎重。台吉，清代蒙疆回族的爵名。《大清会典·理藩院》有"凡回爵有王、贝勒、贝子、公、台吉"。台吉为官时，则品级可以另设。

沈家本先生于初四日，会同理藩院司员到达东黄寺，对死者进行了仔细的检验。又传来相关人员询问，知道已死的这位头等台吉名叫怎绰克多布，因患疯病未曾到过京城。上年疯病痊愈，因该年班，并初次袭爵，所以来京引见。(引见，就是皇帝接见。清代一般如会试登科、升职、调任等，皇帝都要接见一次，问问话、鼓励一下，或给些奖励等，以示皇恩浩荡。)承蒙皇帝恩赏戴翎支。叩头谢恩时，将翎支拖落在地，慌张之间自己拾不起来，经旁边的伯王帮他拾起，又替他戴上，心生畏惧，疯病复发。回庙后即将屋门关闭，不准跟随人进去。三十日晨，听闻屋内喊嚷，同来人等撞门进内，见已自刎身死。于是，与同来各验看官员共同在尸格（即验尸表单）上签字完结。

沈家本在勘验尸体的过程中，发现了实际与宋慈《洗冤录》记载的不同之处，对勘验自刎尸身的伤情状况有所帮助，于是记录了这次勘验的过程，并总结了这样一段话："查《洗冤录》云：'凡自割，喉下只是一处刀痕。'盖以一刀之后，疼痛难忍，立时昏迷不能复割也。又云：'如割干不深及不系要害，虽两三处未得致死。'旧说谓：'设于次等两三伤之案，必当辨其轻重，验定自割、被割，方可断。未便固执喉下只一刀痕，致有遗误。'今此案自刎身死，却是两伤，口、眼具闭，亦与自刎情形相符，案情亦无疑。似是《洗冤录》'自割，喉下只是一处刀痕'二语未可拘泥。故特录此案，以备司谳之研究焉。"沈家本先生把其他三篇对《洗冤录》有所补益的文章集中起来，编订为《补洗冤录四则》的文章组合。这四篇除上述之外，还有"直隶天津县郑国锦因奸商同奸妇王氏谋杀本夫刘明身死案"、"博野县王林氏自服洋火毒发身死案"和"湖北汉阳伍万氏自戕案"。

从本文介绍的内容，可以见到沈家本在办案中的严肃与认真，也可以感到沈家本先生治学的不遗余力与对事业的追求。"特录此案，以备司谳之研究焉。"一句话包含了多么深切的情感与愿望。

五

品读寄簃公的诗情书意
（三）

1. 读《历代刑法考·刑制总考一》之一——中国最早的刑罚之象刑

沈家本先生的《历代刑法考》是研究中国传统法治划时代的名著，是我国第一部全面考研中国法制历史的巨著，是近代研究中国传统法制的最重要的参考文献。尤其是其中沈家本先生所作的"按"语，更是见地深刻而精辟，给我们研究中国古代法律文化以重要启迪。

习近平总书记在视察中国政法大学时，谈到中国古代社会的法律传统时高瞻远瞩地指出："我国古代法制蕴含着十分丰富的智慧和资源，中华法系在世界几大法系中独树一帜。要注意研究我国古代法制传统和成败得失，挖掘和传承中华法律文化精华，汲取营养，择善而用。"

从此文开始，我们就从沈家本先生《历代刑法考》的第一篇《历代刑法考·刑制总考一》，看一看中国传统法治中的刑制是什么样子的，沈家本先生是如何评价中国传统刑制的成败得失，或许对我们会有一定的启发。

《历代刑法考·刑制总考一·唐虞》，考研中国的上古时代，也就是唐虞时代的刑制。唐虞时代，就是尧舜的时代。唐，即唐尧，就是我们平时所说的五帝之一的尧帝。据历史记载，尧（约前2447—前2307年），姓伊祁，名放勋，古唐国（今山西临汾尧都区）人，死后谥号为"尧"，故史称"唐尧"。虞，即虞舜，就是众所周知的尧禅让接班的舜。舜，姓姚名重华，接受尧帝禅让后，称国号为有虞，死后谥号舜，称为虞舜。以尧舜为代表的时代，人们习惯称为唐虞时代。

在中国传统文化中，唐虞时代是有文献记载的最早时代，也是中国法文化的起源时代。沈家本先生的按语这样说："唐、虞以前，刑制无闻，《舜典》所纪刑制，乃舜摄位时事，其时尧犹在位。"尧选定舜为接班人，经过三年考察，才正式让位。这个时期舜只是代理王位，故曰"摄位"，所以是"其时尧犹在位"。沈按接着指出，《尚书大传》说：象刑属之唐虞，而其文则在唐传。是因为时间尚在唐尧时代。后人称"象刑"是有虞氏设置，是因为事出于舜罢了。所以沈家本先生指出，总标题曰"唐虞"，是把时与事放在一起统而称之。这里沈家本先生明确判断，认为"象刑"这项我国最早的法规，是尧还在位的时候，舜制定推行的。

《唐虞·象刑》文中沈家本先生利用可以查阅到的史籍文献，对"象刑"进行了全面考释，最后以"按"作了总结。他说，象刑的意义，汉代人们的学说都是一致的。据《史记·孝文帝本纪》记载，汉文帝曾经下诏说："有虞时，画衣冠，异章服以为戮，而民不犯。"《汉书·刑法志》也记有武帝诏："昔在唐虞，画象而民不犯。"这就是说历史文献证明，唐虞时代，人们犯了罪，就给他换上画了图案的衣服，作为处罚，百姓就再也不敢犯罪了。这就是象刑。

沈家本还断定："后来罪囚赭衣，皆古者象刑之遗制。"可见，现在监狱的囚衣，也应该是"象刑"的遗传了。

象刑到底是怎么执行的，有哪些规定呢？文献中的说法不同。

沈家本先生在《历代刑法考·刑制总考一·唐虞·象刑》中记录了几种不同的说法。其一是《尚书大传》的记载："唐虞之象刑，上刑赭衣不纯，中刑杂屦，下刑墨幪，以居州里，而民耻之。"[①]

这是说，重罪犯人穿上涂抹了赭色的衣服；中罪犯人穿与众不同的杂色

[①] 赭衣，赤褐色的衣服。不纯，衣服不镶边，这里指没有衣领。杂屦，杂色的鞋子。墨幪，在犯人头上蒙以黑巾。州里，古代二千五百家为州，二十五家为里。"以居州里"限制犯罪人，居住在州里范围之内，不得随意行动。

的鞋子；轻罪犯人头上蒙涂黑了的头巾，限制他们的行动自由，只能在州里之内活动。百姓就会以之为耻，而不敢犯法。

另一种说法是"上刑易三，中刑易二，下刑易一，轻重之差"。就是说对犯罪人的处罚，有三等，罪重的上刑要改变头巾、衣服、鞋三种服饰，次等罪的中刑，只改变衣、鞋两种服饰，轻罪下刑只改变鞋一种，是罪情轻重不同的区别。《孝经纬》对三等刑罚的具体解释为"上罪墨幪、赭衣、杂屦；中罪赭衣、杂屦；下罪杂屦而已"。

《白虎通》对象刑的解释是"五帝画象者，其衣服象五刑也。犯墨者蒙巾，犯劓者赭其衣，犯髌者以墨蒙其髌处而画之，犯宫者履杂屝，犯大辟者布衣无领"。这是说五帝"画象"，是给犯罪人穿上画有像五刑的图案的衣服，代替执行。该处以墨刑的，头蒙黑的头巾；该处以劓刑的，穿赭色的衣服；该处以髌刑的，用墨色布巾蒙在髌骨上画上髌骨的图案；该处以宫刑的，就让他穿杂色的草鞋；犯了死罪，就得穿无领布衣。

这就说明，当时是有肉刑的，只是不实际执行，而是用象刑替代。证明了尧舜时代统治者的仁爱精神，行刑是为了教育犯罪人、警诫百姓而非苦人。

这时的罚刑就是墨、劓、髌、宫、大辟五刑，应该就是中国最早的五刑了。墨，即刺字；劓，削去鼻子；髌，割掉髌骨；宫，即鞭刑，因常用以处罚宫员，故称"宫"；大辟，即死刑。

沈家本在《唐虞》文中，引孙星衍《尚书今古文注疏》："《周礼·司圜疏》引《孝经纬》云，三皇无文，五帝画象，三王肉刑。"三王：夏禹、商汤、周文王。三皇刑制没有文字记载，五帝实行画象之刑，三王开始实施肉刑。沈家本进一步引《汉书·刑法志》："禹承尧、舜之后，自以德衰而制肉刑，汤、武顺而行之，以俗薄于唐虞故也。"说明唐虞时代没有肉刑，到禹的时代，大禹王认为民俗远远不如唐虞时代。为了维护社会安宁，所以开始制定并启用肉刑。

这就是到了大禹王时代，中国最早的刑制，以异服代替五刑的象刑制度，已经转化为真正的肉刑制度——五刑制了。

2. 读《历代刑法考·刑制总考一》之二——五刑制度的产生

中国传统的刑罚制度中，最核心的就是五刑制度，是世界上执行时间最长的酷刑制度。它从三皇五帝的时代产生，随着五千年的中华文化发展变化，直到光绪三十一年（1905年）沈家本上奏《删除律例内重法折》，酷刑在中国法律上被废除；直到1909年《大清现行刑律》颁行，五刑的制度与形式才彻底终结。

历史上《史记》的作者司马迁受到的宫刑，战国时期的军事家孙膑受到的膑刑，《水浒传》中林冲、武松等人物的刺字、发配，都是中国古代五刑制度的刑罚。

我国最早的以肉刑为主的五刑制是怎样产生的呢？这要从《历代刑法考·刑制总考一·五刑》中来了解。在《五刑》一章，沈家本先生首先引《书·舜典》有"流宥五刑"的记载。又录出《史记集解》所引用马融的解释说："五刑，墨、劓、剕、宫、大辟。"对此，沈家本先生按语考证说："有虞氏五刑，他无明文。《伪孔传》亦同马融之说，故《疏》谓准《吕刑》文。《鲁语》刑五而已，大刑甲兵，次刑斧钺，中刑刀锯，其次钻笮，薄刑鞭扑。"又说："《吕刑》言：苗民习蚩尤之恶淫，为劓、刵、椓、黥，知五刑由来久矣。"

作为很重要的经史文献《古文尚书》，东汉时已经亡佚。至东晋元帝时，梅赜献上了孔安国作传的《古文尚书》五十九篇。唐代经学大家孔颖达以此为底本，作了《尚书注疏》，成为重要经学文献。宋代的经学大家吴棫、朱熹开始怀疑《古文尚书》为伪造之作。清初著名学者阎若璩、著名汉学家惠栋分别进行了更翔实的考订，进一步证明这部书确实是伪造。之后学界就称这部伪造的孔安国《古文尚书》为《伪孔传》。因其虽是伪造，但所记史料还是有一定价值，所以学界仍然不时引用其内容。文中的《疏》，即《尚书注疏》。

《吕刑》是周王室为了维护统治地位,周穆王命吕侯制定的。《吕刑》三千条,其中五刑为墨、劓、剕、宫、大辟。文中"准《吕刑》文",所指即此。

《书·舜典》就是《尚书·舜典》,学界习惯将《尚书》简称为《书》或《书经》。"流宥五刑","宥"宽恕。流宥五刑,就是用流刑代替五刑宽恕犯罪人。沈家本引用这句话的意思,是《舜典》记载了舜的时代五刑,不过是用"流宥五刑"罢了。当时的五刑,按马融的解释就是"五刑,墨、劓、剕、宫、大辟"。对这种说法,沈家本给了一个"有虞氏五刑,他无明文"的中性的结论。而且说只有《伪孔传》和马融有此一说。说明五刑的起源不是一个可以确认的历史定论,但既然《吕刑》认为"苗民习蚩尤之恶淫,为劓、刵、椓、黥",所以沈家本先生确认"知五刑由来久矣"。

为了进一步阐明"五刑由来久矣"的观点,沈家本先生又引用《通典》的大量素材。《通典》云:"据《左氏》(即《左氏春秋》,又名《左传》或《春秋左氏传》)载叔向(春秋后期晋国贤臣,政治家、外交家)所言,'夏乱政而作九刑',三辟之刑兴,皆叔世[①]也。"沈家本解释说:"言九刑,以墨一、劓二、剕三、宫四、大辟五,又流六、赎七、鞭八、扑九,故曰九刑也。三辟者,言三王始用五刑之法,故谓之三辟也。"沈家本又举了班固(《汉书》的作者)的说法:"五帝画象而人知禁,禹承尧、舜之后,自以德衰,始制肉刑,汤、武顺而行之,以俗薄于唐、虞故也。"意思是说,五帝时代均用象刑,百姓就知道自我约制,而到了大禹的时代,大禹王认为社会道德衰弱,于是制定了肉刑。商汤、周武王继续执行肉刑制度,也是因为民俗道德比唐虞时代薄弱。而《孝经纬》(汉代流传下来的谶纬类典籍,以占卜征验为特征的神学著作。因该书是承《孝经》而作的儒术与神学相结合的作品,故名《孝经纬》)也是同样的记录:"五帝画象,三王肉刑。画象者,上罪墨蒙赭衣,中罪赭衣杂屦,下罪杂屦而已。"

沈家本先生设问:按照这三家的言论,则前面说五帝都是用象刑,不用

---

① 叔世,即末世。

肉刑，后面又以为不然，是何原因呢？他论证说，按照《舜典》的记录舜时是"流宥五刑"，五刑，就是伤刻肌肉，就是肉刑。可见《尚书》的记录，是溢美大舜以流放代替五刑、替代刀锯之毒的仁爱宽宥精神。如若以三家之言，五帝不用五刑，那么舜何必要说以流放代替呢？这就足以证明，帝舜以前就已经施行了五刑制度。所以后来，舜又赞美皋陶说："你作士（管理刑法），执行五刑，处置得当，使百姓都很诚服。"可见是舜初登王位时，暂废五刑，后又启用了。且《尚书》经文的正条记录的圣哲们所作的传文（说解类文字），《左氏》和班固的《汉书》为什么忽略而不以为据呢？以此可见谶纬之言，本来就是不足以引征的。沈家本先生用荀子的话"肉刑盖百王之所同，未有知其所由来者矣"重申了自己"知五刑由来久矣"的观点。

沈家本先生最后总结说："我认为，舜时是五刑、象刑并行的。舜命令皋陶说：蛮夷部族侵扰华夏，寇贼们杀人放火无恶不作。你负责司法，实施五刑要使百姓诚服。这就证明五刑，是用来对付蛮夷者的。《史记·五帝纪》又有'怙终贼刑'的记载。郑玄解释说，'怙其奸邪，终身以为残贼，则用刑之'。坚持作恶的奸邪人等，因为被处刑罚，成为终身残，这就是五刑，又是用以惩治怙恶犯罪的人的手段；而象刑，是用来对待普通百姓的刑罚。"

所以五刑、象刑是并行的，只有与五刑对比，才显示出象刑的仁爱与宽宥，才具有进行德化教育的意义。

总之《历代刑法考·刑制总考一·五刑》一节，研究了五刑制度的源流，也解释了五刑与象刑的关系。

至于五刑到底为何物，且读下文。

3. 读《历代刑法考·刑制总考一》之三——唐虞时代象刑之外的刑法制度

唐虞时代也不尽是以象刑代替五刑的处罚，这就是有关"五流"的记载。沈家本《历代刑法考·刑制总考一》引《舜典》："流宥五刑。"是说尧是用"流"刑，来宽大处理犯有应处五刑的罪犯。而且举例说："流共工于幽州，放驩兜于崇山，窜三苗于三危，殛鲧于羽山。"共工、驩、三苗、鲧，都是传说中上古时代的部族领袖。据《史记卷一·五帝本纪第一》中记载，大臣驩兜向尧举荐共工，尧说："不行，此人不堪重用。"但驩兜还是让他做了上受司空的领导，下为百工之长，专掌营建工程和管教百工事务的工师。但不出尧之所料，共工果然放纵邪僻。分管四方诸侯的大臣四岳，向尧举荐鲧去治洪水，尧也说："不行，此人不堪重用。"而四岳坚持要试用鲧，结果鲧治水失败，百官也都认为鲧不能担当治水大任。因此驩兜、共工、鲧，都犯有重罪。《史记》记载的驩兜、共工、鲧的历史传说十分丰富，此不细说。三苗，传说中是江、淮流域及荆州一带的部族，多次作乱，迫使尧起兵镇压。舜受命巡视全国，回来向尧汇报后，建议：把共工流放到幽陵（大致应该就是现在的北京及其周边一带）；把驩兜流放到崇山（其说不一，多以为即湖南张家界市西南一带）；把三苗迁徙到三危山（现在甘肃省敦煌东南，主峰正对莫高窟，属祁连山脉，三峰高耸峙立，地势险要，有山峰欲坠之势，因得名三危）；把鲧流放到羽山（位于江苏省连云港市东海县与山东省临沂市临沭县交界地带，海拔269.5米，是东海县的最高峰。当地已开发为羽山文化游览区）。惩办了这四大罪人，天下都心悦诚服了。历史上将这四个人称为"四凶"，对四凶的处置虽然都是流放，却用了"流""放""窜""殛"的不同词语。沈家本先生引用《史记》的传疏的解释："《释言》云，殛诛也。《传》称流四凶族者，皆是流。而谓之述作之体也，皆诛者。流者，移其居处，若水流然，罪之正名，故先言也。放者，使之自活。窜者，投弃之名。殛者，诛责之称。俱是流徙，异其文，述作之体也。"就是说"流""放""窜""殛"都是流徙之刑，不同的用词表达的是四人不同的作为，也就是所犯的四种不同罪状。

沈家本先生总结唐虞时代的刑制说："《舜典》所记刑制，颇称完备。"《国语》有"展禽曰：尧能单均刑法以仪民"的记载，可以推测舜之刑制，也是秉承尧的宗旨。展禽，即柳下惠（前720—前621年），姬姓，展氏，名获，字季禽。曾任鲁国士师，掌管刑罚狱讼之事。是中国传统道德的典范，其"坐怀不乱"的故事广为传颂，享年百岁，谥号为惠。因其封地在柳下，后人尊称其为"柳下惠"。他做过法官，坚持"以直道事人"；其德行，被孟子称为"遗佚而不怨，厄穷而不悯"，被视为儒家心目中的典范、贤人，在各诸侯国有很大影响。他说："尧能单均刑法以仪民。""单"，通"殚"，尽的意思。"均"，均衡，"仪"通"义"。这句话的意思是：尧能尽量均衡刑法，以善待他的百姓。沈家本就是根据柳下惠的这一判断，推测舜的刑法思想也是秉承了尧的宗旨的，而后来的刑法，其宗旨又都是出于舜。沈家本认为，舜的"罚弗及嗣"惩罚不连带子孙后代，就是周文王的"罪人不孥之法"，犯法的人治罪不牵连子女家人；"宥过无大，刑故无小"，宽宥人的过错，没有大小之分；故意犯罪，再小的罪过，也不能放过。就是《康诰》的"非眚惟终，非终惟眚"，故意犯罪和一贯犯罪要重罚，偶尔犯罪和只是轻罪的可以宽宥；"罪疑惟轻"，就是《吕刑》"刑疑有赦、罚疑有赦"的制度。《吕刑》是《尚书·周书第二十九》，为维护周王室的统治地位，周穆王命吕侯制定《吕刑》。《吕刑》作为有文字记载的刑书，对我们了解古代法制有重要意义。编订人吕侯又称甫侯，西周时人。传说是炎帝后裔，姜姓，是周穆王的宰相。由于当时各路诸侯为土地、资源相互争夺，不能和睦相处。吕侯建言于穆王，要立一个规矩，管束诸侯们的行为，于是周穆王下令吕侯起草制定。因为是吕侯主持修订，故称为《吕刑》。《吕刑》原本已失传，仅存于《尚书·周书·吕刑》的记载。《吕刑》计有条款三千，刑罚有墨、劓、刖、宫、大辟五种，称"五刑"。《吕刑》倡导以"明德慎罚"为指导原则，而其中"刑疑有赦、罚疑有赦"的制度，尤为沈家本赞赏。"刑疑有赦、罚疑有赦"，意思是释法有怀疑的就要从轻；量刑有疑问的就要减免。沈家本认为这与西方"疑罪从无"原则是一致的。

沈家本认为《舜典》所记录的刑制，可以说是很完备的了。他特别摘录《国语》中展禽的"与其杀不辜，宁失不经"两句话，意思是：执法者应该做到与其杀死无罪的人，宁肯自己承担轻判的过错。他认为这两句话，尤其应当为立法与执法的人反复研究体会。法律推求得过于严密，就容易形成苛法。如果理解了这两句话的宗旨，立法执法就能归于平恕。

沈家本先生认为，近来研究的西方法律颇与这一宗旨暗合，可见古代圣人的主张与言论，是极具远见卓识的至理名言。他说，舜称赞皋陶说"明于五刑，以弼五教"，《吕刑》说"士制百姓于刑之中，以教祗德"，都是说，法不是威民之具，而是用来补充德育之不足的。他希望执法理案的人们，要长存怜恤之心，以严明公正的态度对待每一起案件、每一个当事人。

他慨叹道，这是万世所当采取的原则啊。

《历代刑法考·刑制总考一》还考证了五刑之外上古的一些辅助刑，这就是鞭、扑、赎、赦。可能是史料缺乏，沈家本先生只是摘录了《舜典》记载的原文，没有过多的解释或考证。《历代刑法考·刑制总考》原文如下："鞭《舜典》：'鞭作官刑。'扑《舜典》：'扑作教刑。'《益稷》：'庶顽谗说若不在时，侯以明之，挞以记之。书用识哉，欲并生哉。'赎刑《舜典》：'金作赎刑。'赦《舜典》：'眚灾肆赦。'"这里面只有"扑"在引用《舜典》之后，又引用了《尚书·益稷》"庶顽谗说若不在时，侯以明之，挞以记之。书用识哉，欲并生哉"几句话。《益稷》是记录舜和禹、皋陶的讨论政务并相互告诫的场面、对话的文字。《历代刑法考·刑制总考》所引的几句话，是舜对禹说的话。"扑作教刑"就是说扑作为教化之刑，是用来做教育的一种辅助性刑法。有说是用戒尺击打，也有说用荆条击打，总之是比较轻微的处罚。"侯以明之"，射侯之礼，是古代的一种待客礼仪。就是客来，要以投壶之戏待之，谓之射礼。射礼讲求立德正己、礼乐相和，讲究谦和、礼让、庄重，提倡"发而不中、反求诸己"，反省自己的作风，是一种重视人的道德自省的教育性礼节。几句话的意思是：假如顽劣之人屡进谗言，如果不能及时纠正，就要以射侯之礼教训他，用击挞的方法让他记住，用文字记录他的劣迹用以警诫，防止坏习惯再次发生。

这也反映出沈家本先生为人、涉世的态度。

4. 读《历代刑法考·刑制总考一》之四——夏代的刑法制度

《历代刑法考·刑制总考一》第一部分，即前面介绍过的唐虞时代的法制概况。虽一般认为是传说，但因文字记载的存在，也使我们大体了解如"象刑"的存在形态、"五刑"产生的历史等的基本历史文献。《刑制总考一》的后一部分继续考证了夏、商、周三代社会刑制的情况。

本文仅就《历代刑法考·刑制总考一》介绍沈家本先生对夏代刑制的考证与研究。

夏（约前2070—前1600年）是中国史书记载的第一个世袭制王朝。据载，禹传位于子启，改变原始部落的禅让制，开始了中国近四千年的王位世袭历史。夏朝传14代，延续约471年，为商朝取代。夏朝刑制从唐虞脱胎，因社会变迁而修订。

《历代刑法考·刑制总考一》记载，夏朝的五刑，据隋《艺文志·刑法》的说法是："夏后氏正刑有五，科条三千。"《周礼·司刑》郑注说："夏刑大辟、髌辟、宫辟、劓、墨。"这就是说，夏朝（即夏后氏）有五种正刑，科刑的条目有三千，这五种正刑是大辟、髌辟、宫辟、劓、墨，可以说是相当残酷的肉刑。大辟，即死刑，一般指杀头；髌辟，即膑刑，割去膝盖骨；宫辟，即宫刑，阉割生殖器；劓，割去鼻子；墨，即刺字。《扬子法言·先知篇》[①] 认为"夏后肉辟三千"。《汉书·刑法志》记曰："禹承尧、舜之后，自以德衰，始制肉刑。"夏禹是因为社会民风衰落，所以制定肉刑，用来震慑百姓。可以证明夏代已经实施以五刑为代表的肉刑。从《书》序的记录："吕命穆王训夏赎刑，作《吕刑》。"吕侯受穆王之命，考训夏的赎刑制度，

[①] 《扬子法言》十卷，汉扬雄撰，是仿《论语》形式编撰的一部语录体问答式的哲学著作；是用正统的儒学观点批驳有悖于"圣人"之教的言论，以维护儒教之至尊的儒学论著。扬雄（前53—18年），字子云，蜀郡郫县，即今四川省成都市郫都区人。汉朝时期辞赋家、思想家。

编制《吕刑》，而且《传》又说："吕侯以穆王命作书，训畅夏禹赎刑之法，更从轻。"《疏》也说是"夏法行于前代，废已久矣。今复训畅夏禹赎刑之法，以周法伤重，更从轻以布告天下"。这又足以证明夏朝在实施五刑的同时是实行了"赎"的制度。赎即赎刑，以钱物抵罪，可见夏朝也并非一味以肉刑处罚罪犯。

夏王朝也曾经设置了"孥戮"之刑。"孥戮"，孥，子女，戮，杀戮。孥戮，即杀戮子女。《历代刑法考》选取了《尚书·甘誓》记载的故事，予以证明。

启继承王位后，扈氏部族不服夏启王治理，不遵守夏王朝的多项法令，有造反的迹象，夏启王准备在甘地发动战争，荡平扈氏。于是召集誓师大会，夏启王做战争动员令，发出警示：

六军的将士们：有扈氏轻慢王朝大法，上天要惩戒他们，我遵从上天的旨意，去剿灭他们。

现在大战在即，我告诫你们：

如果战车左边的将士不向左侧的敌人努力进攻，就是不遵从我的命令；战车右侧的将士不努力攻击右边的敌人，也是你不执行我的命令；驾御战车的将士不能很好地驾驭战马向正确的方向进攻，仍然是不遵从我的命令。遵从命令努力战斗的，将在先祖神主灵位前得到赏赐；不遵从命令的，将在先祖的神主灵位前被处罚，轻则罚做奴隶，重则会被处死，而且会连累你的子女。

最终击败了扈氏部族，巩固了夏王朝的统治。可见"孥戮"之刑，是以连累子女对敢于不遵从命令的将士的威胁。这就证明，夏代不但有了肉刑，而且实行了更加残酷的连坐之刑——孥戮。

《历代刑法考·刑制总考一》中，沈家本先生对夏朝刑制的考训，以按作了总结，他说："夏后氏刑制，《书》《传》不详。《隋志》言刑五，《书》序言赎刑，至扬子言肉辟则在五刑之内，此其大较也。"沈家本怀疑，禹协助舜治理国家，接受舜的禅位，他的政教怎么会轻易改革？《汉志》说禹自认为德衰，才制定肉刑，这大概是拘泥于五帝画象和关于三王肉刑的一些纬书（《孝经纬》等）的说法，而并没有透视到事物的本质。五帝画象，三王肉刑，恐怕也就是就当时治化之精神大概言之。他认为：究竟帝王之法制、科条的详细情况，各朝代又有什么同异，这一切还是不可能得到亲闻实见的文献证明，所以当时的法制，至今还是不能轻易确认的。例如《史记·平准书》索隐引用《尚书大传》说"夏后氏不杀不刑，死罪罚二千馔"。（馔，古代量的单位，有说相当于现在的六两，但斤、两的衡量历史上也有变化，只能是大概而已。）《路史·后纪》十三《夏后氏纪》也说"禹之君民也，罚弗及强而天下治"。（《路史》，南宋罗泌撰，全书47卷，含前纪9卷，后纪14卷，国名纪8卷，发挥6卷，余论10卷。《路史》是一部杂史，取材广博繁杂。记述上古以来有关历史、地理、风俗、氏族等方面的传说和史事，是一部神话历史的集大成之作。）大禹时代主张君民共生，不用很强硬的法制，所以天下得到很好的治理，这是明确了夏代是实施轻刑制度的。也就是说当时的政教体制，还是延续着唐虞时代的潜移默化政教体制。沈家本说，这种说法如果成立，就是夏代的法制既不杀人，也不用重刑。难道夏代还是沿用象刑之法吗？沈家本先生提出了对传说中的夏代刑罚制度的真实性的疑问。

从沈家本对夏王朝刑制的考证，可见沈家本先生虽然认可上古刑制从象刑到五刑的发展过程，但对传说中的上古各朝代的刑罚制度的真实性却持怀疑。其原因，就是没有亲见确凿的历史文献。由此也可以看出沈家本先生客观且求实的严谨学风。

5. 读《历代刑法考·刑制总考一》之五——商代的刑制

商（约前1600年—约前1046年），是中国历史上的第二个朝代，是中国第一个有直接的同时期的文字记载的王朝，因此对商代制度的考察就比较确切。

夏桀暴虐，民怨沸腾，诸侯商汤号召各诸侯国共同起兵讨伐，于鸣条（今山西运城安邑）大战，灭夏建商。商因王位之争、诸侯作乱、自然灾害等原因，多次迁都，至盘庚定都殷（现在的河南安阳）才得以稳定。中国历史习惯以地名称国，故有殷商之称。安阳殷墟文物的发掘，对我们研究商代具有极大的助益，解决了许多史学研究的疑难。可惜沈家本先生没有这样的眼福。所以《历代刑法考·刑制总考一》对商代刑制的考证，仍然只能利用现成的历史文献。

《历代刑法考·刑制总考一·商》首先考证了商代的"官刑"。《尚书·伊训》中有"制《官刑》，儆于有位。曰敢有恒舞于宫，酣歌于室，时谓巫风。敢有殉于货色，恒于游畋，时谓淫风。敢有侮圣言，逆忠直，远耆德，比顽童，时谓乱风。惟兹三风十愆，卿士有一于身，家必丧。邦君有一于身，国必亡。臣下不匡其刑墨，具训于蒙士"的记载。伊尹（前1648—前1549年），夏末商初政治家、思想家，道家学派创始人之一。辅助商汤灭夏，为商朝的开国元勋。伊尹历经商朝成汤、外丙、仲壬、太甲、沃丁五代君主50余年，成为商朝强盛的肱股之臣。商汤以后，伊尹继事外丙、仲壬二王，又成为汤王长孙太甲的师保。太甲为王，不守商汤建立的政纲，为教育太甲，伊尹将太甲安置在成汤墓所在地桐宫（今河北省临漳县），以商汤以来的先祖历史教育太甲为王之道，并著《伊训》《肆命》《徂后》等训词，讲述为政之道。《伊训》的原意，是告诫新登基的商王朝第五位帝王、警诫百官。沈家本先生引用这段话，是为证明"官刑"的存在。《官刑》规定：敢于在宫中举行舞会、在厅堂饮酒无度、酣歌作乐的，就是巫风；敢于贪财无禁、贪色无度、经常游乐田猎的，就是淫风；胆敢轻视污秽圣人教训、抵制忠直戒谏、疏远德高望重的年老人、与刁顽恶劣的青年小人比肩交友，就是乱风。这三种作风、十种恶习，在卿士身上有一种，他的家一定会败落；在国君身上有一种，他的国就一定会灭亡。如果臣下不能匡正君王的错误，就要受到墨刑的处罚。

但是，这些条文，或者只能说明要处以官刑的"罪"，并没有说清什么是官刑。所以沈家本先生的按曰："官刑是何刑，书不具，盖非死刑也。臣下刑墨，此商有肉刑之证。"官刑是什么样的刑罚，并没有记载，只是证明了商代肉刑的存在。

《历代刑法考·刑制总考一》引《书·盘庚》的记载，也证明商代施行"劓殄"之刑。

《书·盘庚》全名《尚书·商书·盘庚》，也就是说《盘庚》是《尚书·商书》中的篇目。盘庚，生卒不详。祖丁王之子，阳甲王之弟。阳甲死后继位，是商代第20位国王。在位28年（前1300—前1277年）。继位第三年（前1298年）迁都于殷，死后葬于殷。盘庚即位时，商朝已经九世，王室、贵族已经习惯于生活奢华，因此政治腐败，王权竞争激烈，加上治理不善，天灾频频，民怨四起，政权已经岌岌可危。盘庚为了挽救濒危的商政权，决定迁都到殷地。殷虽是未开垦的荒芜之地，但土地肥沃、水源丰富、山林富饶，在此重建国都，前景光明。同时重新创业，还可以抑制王室、贵族奢华之风，激励艰苦奋斗的精神。但这一方针，遭到过惯安逸生活的贵族的竭力反对。为了动员迁都，他曾发表演讲、颁布文告，严令全国，务必服从。在盘庚的带领下，部族上下渡黄河，到达殷地（即今河南安阳地区），完成了史称"盘庚迁殷"的大迁移。经过盘庚和部族上下的共同努力，使商王朝渡过了政权危难，开启了中兴时代。此后270多年，商都再未迁移，故后世称商朝为殷朝或殷商。《尚书·商书·盘庚》就是他在迁殷前后的讲话记录。

《历代刑法考·刑制总考一》从《盘庚》中摘录"乃有不吉不迪，颠越不恭，暂遇奸宄，我乃劓殄灭之，无遗育，无俾易种于兹新邑"，并采用了《传》的解释"不恭，不奉上命。暂遇人而劫夺之。劓割、育长，也言不吉之人当割绝灭之，无遗长其类，无使易种于此新邑"和《疏》的疏解"无遗长其类，谓早杀其人，不使得子孙有此恶类也"。又摘录《左氏·哀十一年传》"盘庚之诰曰，其有颠越不共，则劓殄无遗育，无俾易种于兹邑"以及杜注"颠越不共，纵横不承命者也。劓，割也。殄，绝也"等资料证明引用的《书·盘庚》的这条资料的真实性，证明商代"劓殄"之刑的存在。

根据《传》《疏》和《左氏·哀十一年传》的注解，盘庚这句话的意思就是：你如果犯下做坏事、不走正路，敢于不遵王命、颠覆王政，有欺诈、抢劫、奸邪的行为，在国内外不做好事、里通外国的这些罪行，我就要杀掉你，对你的家人也要斩尽杀绝，不让他们在新的驻地留下你的孽种。

沈家本先生解释说："杜解'颠越不共，如纵横不承命者'，盖叛逆之徒也。'劓殄无遗育'，则缘坐之法也。"又指出"暂遇人而劫夺之"是不确切的，因为在习惯用语中"在外为奸，在内为宄，所包者广，本不专指劫夺言。如衹（只）劫夺而已，法不应若是重也"。所以"奸宄"不是单纯地指"暂遇人而劫夺之"。

这里实际上沈家本先生也考出了"连坐"之刑的起源。

在《历代刑法考》的这一章里，沈家本先生还考证了商代的孥戮、劓殄靡、胥靡、炮烙、醢脯等五种刑罚。

孥戮，前文已经说得很详细，沈家本先生也没有多做解释，只举了《汤誓》"予则孥戮汝"以证明殷商实施此刑。《汤誓》即《尚书·商书·汤誓》，是商汤伐夏桀时，军旅会战于鸣条之野，为告诫将士努力奋战而作的警示文告。

胥靡，《历代刑法考·刑制总考一》收录《史记·殷本纪》的文献"是时说为胥靡"，说明殷商有"胥靡"之刑。又用晋灼《汉书音义》（晋灼，西晋时期河南人，集《汉书》诸家注为一部，以意增益，辨其当否，成《汉书集注》）中的解释"胥，相也。靡，随也。古者相随坐，轻刑之名"说明"胥靡"就是随坐罪，是一种轻刑的刑名。

据《史记·殷本纪》记载，武丁，商王盘庚之侄，商王小乙之子，商朝第22任君主，前1250年至前1192年在位。武丁在位时期，勤于政事，任用刑徒出身的傅说及甘盘、祖己等贤人辅政，励精图治，使商朝政治、经济、军事、文化得到空前发展，史称"武丁盛世"。殷高宗武丁为国之复兴求贤若渴，派人四处求贤，在傅岩（又作傅险，在今山西省平陆县）找到了正为胥靡（服苦役）的傅说，即任为相，殷果得以复兴。

炮烙刑，《历代刑法考·刑制总考一》选录了《史记·殷本纪》"于是纣乃重刑辟，有炮烙之法"一则文献，没有做过多的解释。

醢脯刑，同样也只选录《殷本纪》"九侯有好女，入之纣。九侯女不憙淫，纣怒，杀之，而醢九侯。鄂侯争之疆，辨之疾，并脯鄂侯"一条文献。（纣时鄂侯、姬昌、九侯共同被称为"三公"，是朝廷核心重臣。）这条文字的意思是：九侯的女儿十分漂亮，九侯把她献给了商纣王。可是九侯女儿不善淫戏，纣王很生气，就把她杀了，而且处九侯以醢刑。鄂侯，是一位正直的谏官，遇事都要努力争辩，坚持正义，商纣王就把鄂侯处以脯刑。醢、脯是两种残酷的刑罚。醢是把人处死后剁成肉酱；脯是把人处死后晾成肉干。

沈家本先生总结殷商时代的刑法，认为"殷世刑制，大抵五刑皆备，《书》《传》亦不详也"。但是炮烙、醢脯之刑，却独详于史，这说明，商纣王时期，是用淫刑来逞显自己的强大，然而国家也就随之灭亡了。

他感叹说："然则重刑何为哉？"用重刑又有什么用呢！所以他批评荀子说："卿谓治则刑重，乱则刑轻，非笃论也。"荀子说要治理好国家，就用重刑；要想国家混乱，就施行轻刑。这种理论实在不是什么有价值的理论。

由此，也可以看出沈家本先生的轻刑思想。

6. 读《历代刑法考·刑制总考一》之六——周代的刑制

在中国历史上，自上古尧舜禅让以后，所有的朝代更迭，基本上都是王朝的没落，帝王、贵族的贪侈残暴引来的祸事。周代就是周武王姬发用武力讨伐了暴虐商纣王，建立的一代新王朝，定都镐京（今陕西西安）。前1045年实施分封制、宗法制和井田制维系社会秩序，也奠定了中国几千年的宗法制度。前1039年平定武庚之乱以后，武王的弟弟继位，是为成王。为年幼的周成王摄政的周公旦，感到中原难以掌控，在伊、洛二水一带建设新的都邑，定名洛邑，并迁都至此。

公元前781年，周幽王继位，任用好利的虢石父执政，使得朝政腐败，国人怨声四起。幽王又嬖宠美人褒姒，废掉王后和太子宜臼，改立褒姒为后，立其子伯服为太子。宜臼逃至申国，申侯联合缯国与犬戎进攻幽王。前771年幽王与伯服均被犬戎杀死，西周覆亡。申侯与缯侯联合郑、卫、晋等诸侯又赶走了犬戎，立宜臼为王，是为周平王，王室东迁，定都洛邑（今河南洛阳）。因国都在东，而史称东周。

《历代刑法考》对周代刑法考证主要史料来源于史传由周公旦编著的《周礼》。《周礼》含《天官》《地官》《春官》《夏官》《秋官》《冬官》等六篇，故又称《周官》。沈家本先生最早的著作就是《周官书名异同考》。

传说是书一直被匿于密室，直到汉成帝时，刘向、刘歆父子校理秘府所藏的文献，才重又发现此书，并作了整理著录。刘歆对《周礼》十分推崇，认为是周公旦引导周王朝走向太平盛世的指导文献，是治理国家的至宝。东汉初，刘歆的门人杜子春大力传授《周礼》之学，郑众、贾逵、马融等当世鸿儒皆仰承其说，一时注家蜂起，成为儒家学术理论的重要渊源。但对成书年代、作者真伪的争论，也成为历代学者考证、争论的重要课题，直到现代一些大牌学者如郭沫若、顾颉刚等都有考据文章，也都是一家之言，终无定论。

不过，《周礼》所记录的历史文献，还是被历代学者所肯定，也成为研究周代政治、军事、法律、文化乃至官制、礼制等的重要史料来源，更是儒学思想的重要渊源。

《历代刑法考》所列周代的刑法，首先就用了《周礼·秋官·司刑》关于"五刑"的文献，指出周代五刑就是"墨、劓、宫、刖、杀"。夏商两代多有考证，沈家本先生也没有多做解释。周代在五刑之外，尚有"圜土""嘉石""奴""斩""杀""脯辜""焚""髡""屋诛""车辖""鞭""耶""疑赦""磬"等多种刑罚，从字面看，周代的刑罚制度是相当严酷的，但周代是慎刑宽刑的，所以关键还是在于执行。

"圜土"之刑的文献出自《周礼·秋官·司寇·大司寇》的两条史料。其一是"以圜土聚教罢民。凡害人者，寘之圜土而施职事焉，以明刑耻之。其能改过，反于中国，不齿三年。其不能改正而出圜者，杀"。圜土，圜即围绕，以土围绕之，这个"土"或许就是土墙，所以圜土即是监狱。这条文献首先说明"圜土"的功能是"聚教罢民"。将罢民聚于圜土，进行教育管制。罢民，指的是没有教养、游手好闲、不务正业的人。这些人游荡在社会，会搅乱民心，败坏风气，会做坏事，所以要收入圜土，进行教育，使他们改掉陋习，回归社会。但"凡害人者，寘之圜土而施职事焉，以明刑耻之。其能改过，反于中国，不齿三年"。对那些有"害人"行为的人，就把他"寘之圜土"。寘，置也。把他们禁闭在圜土中"施职事"。让他服劳役，通过劳动改造思想，使他感受到刑法之耻。那些能够改过的人，就让他"反于中国"。"中国"，古代邦民聚居之地，"国"本字"國"，就是围绕起来的一片区域；"中"，本意就是悬挂起来的旗帜。在围绕起来的区域，悬挂旗帜作为邦民地区的标志，谓之"中国"。圜土必建于中国之外，被监禁于圜土的人，放出来，就要回到"中国"，就是回到普通民人的生活之地。"不齿三年"，"不齿"不能并列。就是三年不能得到与普通人的同等待遇。"其不能改而出圜者，杀。"不能改，干脆就杀掉，免得危害社会。

沈家本引述的第二条，是解释"圜土"执行的方法。"凡害人者，弗使冠饰而加明刑焉，任之以事而收教之。能改者，上罪三年而舍，中罪二年而舍，下罪一年而舍。其不能改而出圜土者，杀。虽出，三年不齿。凡圜土之刑人也不亏体，其罚人也不亏财。"凡是有害人行为的，不让他穿戴普通人的"冠饰"，并且加以明确的刑期，给他指定劳动的职责，用以对他进行教育。能改正的，重罪囚禁三年释放，中罪二年释放，轻罪一年释放。不能改正的，该出圜土时，就处以死刑。那些出了圜土的人，也有三年不能与平民同等待遇。被判以囚禁圜土的人，身体不会受到伤害，受罚的人也不会伤及他们的家财。

这是周代圜土之刑的设置与执行的规定。

"嘉石"之刑，文献出自《周礼·大司寇》："以嘉石平罢民。凡万民之有罪，而未丽于法而害于州里者，桎梏而坐诸嘉石，役诸司空。重罪旬有三日坐，期役；其次九日坐，九月役；其次七日坐，七月役；其次五日坐，五月役；其下罪三日坐，三月役。使州里任之，则宥而舍之。"嘉石，有纹理的石头。嘉石立于外朝门左侧，命罪人坐在石上示众，以使其反省思过。"以嘉石平罢民"就是用嘉石之刑教育"罢民"。凡是普通民人有罪而没有达到违反法律，造成伤害州里百姓、官府的人，就给他戴上刑具，让他坐在嘉石上示众、思过、反省，到司空（掌管水利工程的部门）服劳役。"重罪旬有三日坐，期役；其次九日坐，九月役；其次七日坐，七月役；其次五日坐，五月役；其下罪三日坐，三月役。"嘉石之刑分为五等，最重的要坐嘉石一旬加三天（即十三天），服役一年。然后分别是坐嘉石九天，服役九个月；坐嘉石七天，服役七个月；坐嘉石五天，服役五个月；最轻的只要坐嘉石三天，服役三个月。"使州里任之，则宥而舍之。"如果该坐嘉石的人，他的州或里能够担保他改邪归正，就可以宽宥释放他。

可见周代对触犯法律构成犯罪的错误行为的处理，还是较灵活的。

"奴刑"：《周礼·秋官·序官》规定："其奴，男子入于罪隶，女子入于舂稾。凡有爵者与七十者与未龀者，皆不为奴。"大意是：执行奴刑的规定，罪人家属中的男子没入官府做奴隶，女人也没入官府，做舂米或劈柴之类的轻活。凡是有官爵，或70岁以上、牙没长齐的孩子，都不受奴刑。显然是对老人、儿童的宽宥，对妇女也有一定的照顾。

沈家本先生在《历代刑法考·刑制总考一》中对周代死刑的刑种做了比较。他用《周礼·秋官·掌戮》的词条说明"斩以铁钺，若今要斩""杀以刀刃，若今弃市""膊谓去衣磔之。辜之言枯也，谓磔之""凡杀其亲者焚之"。斩是用铡刀"腰斩"；杀，就是用刀杀死后放在闹市示众；膊刑，脱去犯人的衣服肢解他的肢体，晾晒成干；那种杀害亲人的，就执行焚烧之刑。

在考据周代刑法之中，沈家本特别强调"疑赦"。他引用《吕刑》的记载:"五刑之疑有赦,五罚之疑有赦。"即触犯了"五刑"之罪或"五罚"之制的,只要事实有疑问,证据不足,就有"赦"。"赦"的规定是"墨辟疑赦,其罚百锾,阅实其罪;劓辟疑赦,其罪惟倍,阅实其罪;剕辟疑赦,其罚倍差,阅实其罪;宫辟疑赦,其罚六百锾,阅实其罪;大辟疑赦,其罚千锾"。文中明显的是,拟判之刑有疑,就可以赦为"罚",罚金的数额,从百锾到千锾,但都要"阅实其罪",要审阅、查实他的犯罪事实,要符合罚金的规定。

周代的刑法,从"疑赦"的规定,且罚金也要"阅实其罪",应该是周代的刑罚制度被后世称颂的原因之一。这恐怕也是沈家本先生在修律中毫无疑虑地接受西方"疑罪从无"的学术思想的基础了。

7. 读《历代刑法考·刑制总考一》之七——沈家本对三代刑法的评述

在《历代刑法考·刑制总考一》的最后,沈家本先生的按语,对历史记载的夏、商、周三代,尤其是周代的刑法制度做了十分精彩的总结,他首先指出:"三代刑制,周室为详。《书·序》言'训夏赎刑',《康诰》言'师兹殷罚'。其所因所损益必非一端。书缺有间,今不可考矣。"

"《书·序》言'训夏赎刑'"指的是《尚书·吕刑·序》中"吕命穆王,训夏赎刑,作《吕刑》"这句话。意思是:周穆王命令吕侯,考察了解夏代的赎刑制度,编制《吕刑》。"《康诰》言'师兹殷罚'"是指《尚书·康诰》"外事,汝陈时臬司,师兹殷罚有伦"。意思是:对外宣布判决时,你要陈述法律法规,要学习条理清楚的殷代法律。

这三代的刑制,以周代最为完备。《尚书》的《序》说,周代考训参考了夏代的赎刑;《康诰》又说,周是学习了商代的刑制。其间,学习引用,删改损益,一定不是一处两处,只不过没有文字记载,现在已经无法考证罢了。

这样沈家本确定了三代刑制是传承与发展的关系。

沈家本先生又说:"夫刑者,古人不得已而用之,诵《立政》一篇,兢兢以庶狱勿误为戒,而终以苏公之由狱归之以敬。"刑法是古人不得已才使用的办法,诵读《立政》,全篇都在十分认真地提醒,刑狱诉讼的事一定不能出现错误。要做到像司寇苏公那样以敬畏之心,对待刑狱诉讼。司寇苏公,郑人忿生。西周开国功臣之一。灭商后,周武王任命忿生担任司寇,主管讼狱。周朝初建时,因有功,武王赐封忿生以家乡十二邑建苏国,故称苏忿生,是《尚书》记载的苏姓第一人。苏忿生决狱牢案,明察秋毫,为后世尊为狱神。

《立政》,即《尚书·周书·立政》。《立政》史传作者为周公旦。武王薨,成王继位,周公旦辅政,担心成王年轻缺少治国理政经验,或懒政懈怠荒废政务。为保证周王朝长治久安,周公旦撰写诰词以诫成王,《立政》篇乃其中之一。在《立政》一文中,周公旦总结了夏、商两朝兴盛的原因和衰落覆亡的教训;总结了周朝开国君主理国建政的优良传统,告诫成王,要借鉴夏、商两朝的历史经验与教训,要居安思危,要继承文王、武王尽心竭力立政治国的优良传统,使周王朝永固。《立政》篇强调完备官制,明确官员的职责。重视设立行政、司法、治民三类官员的选用、管理、教育。《立政》篇尤其强调重视刑狱诉讼之事的公平公正。《立政》篇多次提出"庶狱庶慎"(无论多少案件,都要慎重办理),如"勿误于庶狱庶慎,惟正是乂之""庶狱庶慎,惟有司之牧夫是训用违;庶狱庶慎,文王罔敢知于兹"等,就是一再强调慎重处理刑事案件。周公旦告诫成王,文王从不敢干预狱讼的判断,尊重主管审理案件的官员的意见,维护法官和法律的权威。绝不可以君王的权威破坏司法的公正,才能保证庶狱勿误,有如太史司寇苏公那样,以敬畏之心断狱,方可达国家长治久安。

沈家本先生对《立政》篇的推崇,其重要的思想就是"慎刑",要求所有从事讼狱的人,都应该以敬畏的心态从事刑狱诉讼,不能出现一点差错。

他在调往秋审处主持工作时，曾经为同事题写过一副对联："叙雪本来难，能曲意平反者累累者，已受十分苦楚；饮冰当共勉，要在虚心推鞫兢兢哉，勿存一点伪私。"上联告诫司法人员，被诉人"已受十分苦楚"，对他们要有同情之心；下联要求司法人员办案时要十分认真地推敲案情，且"勿存一点伪私"。这正是沈家本先生对"慎刑"的一种理解。这不也正是我们今天的法律人应该引以为戒的格言吗！

按语的第二段："《吕刑》一篇，惓惓于率乂民彝，而尤以庶威夺货，以乱无辜为戒。其哀矜恻怛之意，马氏《通考》谓千载之下犹使人为之感动，此可见周家之于刑狱，其钦恤明允，固无异于唐、虞也。"

据《史记·周本纪》记载，西周初分设轻、中、重"三典"，以维护其统治和社会安定。周昭王继位以后，王道衰微，穆王之初，政乱民怨，社会矛盾愈加激化。及吕侯为相，劝导周穆王明德慎罚导民教化。为维护周室统治地位，穆王命吕侯学习夏商刑制，制定《吕刑》。《吕刑》三千条，刑五种，为墨、劓、剕、宫、大辟，称五刑，《吕刑》废止严酷的旧法，以"明德慎罚"为立法的原则。将惩治贪赃腐败列入刑法正条，制定了赎刑条例，强调依法定罪，采用中刑。《吕刑》的制定推行，使穆王之世由乱变治，平复民怨，安定了社会。

正如沈家本先生生所言："《吕刑》一篇，惓惓于率乂民彝，而尤以庶威夺货，以乱无辜为戒。"《吕刑》全篇充满了千方百计引导全民规范教化，而且尤其强调要以暴虐逞威强占人财，殃及无辜为戒。所以沈家本赞扬《吕刑》"其哀矜恻怛之意，马氏《通考》谓千载之下犹使人为之感动。此可见周家之于刑狱，其钦恤明允，固无异于唐、虞也"。

"马氏《通考》"即宋末马端临所编《文献通考》。马端临（约1254—1323年），宋元之际著名的历史学家，饶州乐平（今江西乐平）人。著有《文献通考》《大学集注》《多识录》等。《文献通考》是他的代表作，全书348卷，含田赋、户口、征榷、选举、职官、乐、兵、弄、学校、钱币等二十四门。记叙了自上古，至南宋宁宗嘉定年间的典章制度，取材广博，收集鸿富，尤以宋代史料为丰，是极有价值的经典历史文献典籍。在《文献通考·刑考一·刑制》论及《吕刑》时马端临有"盖熟读此书，哀矜恻怛之意，千载之下犹使人为之感动"一段评论，沈家本先生正是借马氏的话，表达了对《吕刑》赞赏，作出了对周代法制的评价"此可见周家之于刑狱，其钦恤明允，固无异于唐、虞也"。

按语的最后，沈家本先生直述自己的见解："典狱非讫于威，后之用刑者，其当知此意也夫。"威吓不是刑法、监狱的终点，后来的执法人，应当懂得这里面的深刻含义啊！这与他在《监狱访问录序》一文中提出的"监狱者，感化人而非苦人、辱人者也"的思想是完全一致的。

《历代刑法考·刑制总考一》的文末，沈家本先生又写了一条"按"，对前述做了一点补充："焚、轘二刑，或议其酷，非盛世之事也。窃意此二刑不在五刑之内。轘当是军中之法，春秋时屡见，必非常刑。焚如之刑，古今罕睹，惟王莽行之。或疑《周礼》一书，刘歆等诌附王莽，有所附益于其间，此类皆非原本，不为无见。"解释了三代虽然也设置了焚、轘二刑，但这不是朝代兴盛时的事情，这两种刑罚是不在五刑之中的。轘刑应当是军中之法，多见于春秋时代；焚如之刑，古今罕见，只有王莽施用这种酷刑。有人怀疑，《周礼》中有这二刑的设置的内容，是"刘歆等诌附王莽，有所附益于其间"也是可能的。因为《周礼》不是原本，所以种种说法，不能说都是没有见地。

这一补充，还是强调了沈家本先生自己对周代刑罚制度的赞赏与推崇。

8. 读《历代刑法考·刑制总考二》之一——秦代刑制考一

《历代刑法考·刑制总考二》继前文考证周代以后的秦及以后的汉、三国、两晋。

秦国本是周朝的一个诸侯国，逐渐发展，成为战国七雄之一，封地在今甘肃、陕西一带。前221年秦始皇嬴政统一六国建立秦朝，建都咸阳，是中国历史上第一个中央集权的王朝。前209年陈胜、吴广起义，前206年刘邦领导的起义军灭秦立汉。

秦代法制脱型于周，又经过春秋战国时代的洗礼，后形成以商鞅变法为主体的刑罚制度。《历代刑法考·刑制总考二》考证秦代刑制，主要史料来源于《史记·秦本纪》《史记·秦始皇本纪》《史记·李斯传》《史记·商君传》等，也有些是来自后世史籍或类书。因此，史料可信度相对较高。秦，但从法制的角度评价，他以法立威，可以说是个酷刑时代。

《历代刑法考·刑制总考二》（以下简称《总考二》）考证，秦所使用过的刑罚有夷三族、士伍、斩、迁、戮尸、鬼薪、夺爵、籍其门、族、城旦、具五刑、腰斩、相收司连坐、同罚收孥、黥劓、舍人无验者坐之、凿颠、抽胁、镬亨、体解、磔等二十一种之多。

夷三族《总考二》选摘《史记·秦本纪》两条文献：文公"二十年，法初有三族之罪"和武公"三年，诛三父等而夷三族"。

《史记·秦本纪》是《史记》的第五卷。主要记述春秋、战国时期的诸侯国秦国的兴起、称霸天下至秦王嬴政统一全国的历史。文公，秦文公，春秋时秦襄公之子，秦襄公十二年（前766年）讨伐西戎，死于途中，秦文公继位。文王执政至前716年，设立记载大事的史官，纪事以教民。秦文公十六年（前750年）派兵攻打西戎，西戎兵败而逃。文公收集周朝遗民，于是将地盘扩展到岐山（今陕西省宝鸡市东）。秦文公二十年（前746年），秦文公设立诛灭三族的刑法。是时秦人完成了从事农业的社会的转型，形成定居的社会形态。秦文公五十年（前716年）秦文公去世，葬于秦陵山，其孙继位，是为秦宪公。这就是秦设"法初有三族之罪"的历史文献的出处。

秦武公（前697—前678年在位），初，为秦宪公太子。宪公卒，大庶长弗忌、威垒和三父废掉太子另立秦宪公的幼子——年仅5岁的出子为君。之后，出子被弗忌等权臣杀掉，重立秦献公长子为君，即秦武公。武公三年，待机以杀出子为罪，诛弗忌等三族，集大权于王室。"三年，诛三父等而夷三族。"

这是秦代实施"夷三族"的证据。

两段文献证明，秦不但有"夷三族"之刑名，而且有实行"夷三族"的案例。

"士伍"之刑，文献也出自《秦本纪》："武安君白起有罪，为士伍，迁阴密。"《集解》解释说："如淳曰：'尝有爵而以罪夺爵，皆称士伍。'"

白起（？—前257年），郿邑（今陕西眉县常兴镇白家村）人。战国时期杰出的军事家、"兵家"代表人物，楚平王之孙白公胜后代。

白起担任秦军主将30多年，攻城70余座，为秦统一六国做出了巨大的贡献，受封为武安君。因功高震主，又得罪宰相应侯，接连被贬官，至秦昭襄王五十年（前257年），被赐死于杜邮（又名杜邮亭。在今陕西咸阳市东。秦昭王令其名将白起自杀于此）。作为中国历史上继孙武、吴起之后又一个杰出的军事家、统帅，白起与廉颇、李牧、王翦并称战国四大名将，名列武庙十哲。白起之死是"士伍"之刑的案例，而"如淳曰：'尝有爵而以罪夺爵，皆称士伍。'"则是说明立法的原则：有爵的官员犯罪，被"夺爵"之后再处刑的"皆称士伍"。如淳，三国曹魏时期冯翊（今陕西韩城、黄龙以南，白水、蒲城以东和渭河以北地区）人。如淳所注《汉书》原文已佚，注文常见于后世各种集注，具有很高的学术价值。

"斩刑""迁""戮尸"之刑，亦出于《始皇本纪》："八年，王弟长安君成蟜（jiāo，骄）将军击赵，反，死屯留，军吏皆斩，迁其民于临洮。将军壁死，卒屯留，蒲鹬反，戮其尸。"秦始皇八年（前239年），秦王嬴政派弟弟长安君成蟜率领军队攻打赵国。成蟜在屯留造反，他和手下的军官都被斩杀，屯留的百姓被迁往临洮。成蟜已经死在军营，驻扎屯留的士兵蒲鹬（hè，鹤）又起事造反，但还是兵败战死，死后又遭戮尸之刑。这就有了"军吏皆斩"之"斩"，"迁其民于临洮"之"迁"，"戮其尸"之"戮"三种刑罚的典型案例。

"枭首""鬼薪""车裂""迁"之刑，文献出于《始皇本纪》的一条文献:"长信侯毒作乱而觉,矫王御玺及太后玺,以发县卒及卫卒、官骑、戎翟君公、舍人,将欲攻蕲年宫为乱。王知之,令相国昌平君、昌文君发卒攻毒。战咸阳,斩首数百,尽得毒等。卫尉竭、内史肆、佐弋竭、中大夫令齐等二十人,皆枭首,车裂以徇,灭其宗。其舍人,轻者为鬼薪。及夺爵迁蜀四千余家,家房陵。"长信侯嫪毒作乱的事被发觉,他就盗用秦王的玉玺和太后的印玺,发动县、卫的步军和官骑以及戎翟君公率领的被秦征服的强悍部落的骑兵部队、家中的众门客,准备攻打蕲年宫(始皇帝居住的宫殿)。秦王嬴政得知这个消息,就命令相国昌平君、昌文君发动军队攻打嫪毒。在咸阳激战,斩首数百人,俘虏嫪毒和跟随他的卫尉竭、内史肆、佐弋竭、中大夫令齐等二十余人,全部处以枭首,车裂跟随嫪毒的人,灭了他们的宗族。嫪毒的门客,罪轻的处以鬼薪。受牵连夺爵迁蜀的有四千余家,把他们的家财没入房陵。

这一段文字,说明秦始皇实施了"枭首""车裂""鬼薪""迁"四种刑罚。

在《商君传》中还有:"秦惠王车裂商君以徇。"秦惠王车裂商君,示众警告世人,也证明了秦代确实实施了车裂之刑。

"夺爵""籍其门"在秦也是刑罚。《始皇本纪》有:"文信侯不韦死,窃葬。其舍人临者,晋人也逐出之。秦人六百石以上夺爵,迁。五百石以下不临,迁,勿夺爵。自今以来,操国事不道如嫪毒、不韦者,籍其门,视此。《索隐》:'谓籍没其一门皆为徒隶。'《正义》:'籍录其子孙,禁不得仕宦。'"文信侯吕不韦死了,手下的人偷偷地隆重葬殡。秦王知道了,下令吕不韦的门客所有到场的,凡是从晋国来的,就把他们驱逐出境。凡是秦国人,俸禄六百石以上的夺爵、迁;五百石以下,没有到安葬现场的迁,但不夺爵。宣告从今天起,管理国事,有不尽臣道的像嫪毒、吕不韦的,一律籍其门,以此为鉴。《史记·索引》指出:籍其门,就是把他一家所有的人都籍没为奴隶。《史记·正义》认为籍其门是籍录他们的子孙,禁止他们成为仕宦。籍,登记入册,对"籍其门"《索引》和《正义》的解释不同。《索引》的意思是：把这些人登记入册，把他们罚做奴隶去做苦工。《正义》则是说，这些人要记录在册，不能让他们进入仕宦队伍。

因为没有确凿证据，沈家本对此没有多加评论。

9. 读《历代刑法考·刑制总考二》之二——秦代刑制考二

秦是中国第一个中央集权的王朝，其刑制也是第一个中央集权式的残酷。为了大一统，秦始皇和他的宰相李斯，发动了一场思想、文化的大行动——焚书坑儒，而且专门为此下达了法令。这就是沈家本先生摘选的，集"弃市""族""与同罪""城旦"四种刑罚于一言的《始皇本纪》的一条文献："有敢偶语诗、书者弃市，以古非今者族。吏见知不举者与同罪。令下三十日不烧，黥为城旦。"

有敢于在一起讨论《诗经》《尚书》的一律处以弃市之刑，有敢于以古非今的处以族刑。官吏如果知道而不举报的与犯人同罪。这道命令下达三十天还不烧《诗经》《尚书》这些书的人，就处以刺字罚做城旦。这一段文字证明了秦施行了"弃市""族""城旦""与同罪"四刑。

秦使用的"具五刑""腰斩""相收司连坐""同罚收孥""黥""劓""舍人无验者坐之"七种刑罚，《历代刑法考·刑制总考二》选用了《史记·李斯传》《史记·商君传》的文献。《史记·李斯传》有"二世二年七月，具斯五刑，论腰斩咸阳市"。秦二世用了"腰斩"和"具五刑"处死了李斯。"具五刑"，就是集中黥、劓、斩左右趾、笞、杀五种刑一起施行。李斯不但承受了具五刑，死后还腰斩于咸阳市，可谓残酷至极。

在《史记·商君列传》中首先摘选了概述商鞅变法的文献，说明商鞅所立刑法的主要内容，然后以案例证之："卒定变法之令。令民为什伍，而相收司连坐。不告奸者腰斩，告奸者与斩敌首同赏，匿奸者与降敌同罚。民有二男以上不分异者，倍其赋。有军功者，各以率受上爵。为私斗者，各以轻重被刑大小。僇力本业，耕织致粟帛多者，复其身。事末利及怠而贫者，举以为收孥。"商鞅说服了秦孝公，孝公以商鞅为左庶长，颁布了变法通令。规定百姓建立什伍制，相互监督相互连坐。（五家为伍，十伍为什，邻里相互监督，有罪不举邻里连坐。）不揭发检举的腰斩，能够揭发检举的按照斩敌首立功的标准奖赏，隐匿罪犯的与降敌同罚。百姓家有两个以上成年男子，不分家立户的，加倍收取赋税。立有军功的人，各自按功劳大小，授予更高级职的爵衔。为私事斗殴的，各以责任轻重处以不同刑罚。努力农业生产，使粮食、棉帛增产的，免除他自身的劳役或赋税。"于是太子犯法，刑其傅公子虔，黥其师公孙贾。"法令即立，就要执行，此时太子驷（秦惠王）犯法，又不能对他施法，就用"刑其傅公子虔，黥其师公孙贾"代替。秦孝公四年（前358年），公子虔自己又犯法，被施以劓刑。秦孝公薨，子惠文王继位。公子虔的学生揭发说商鞅打算谋反，商鞅得到消息，逃亡到关下，准备下榻旅馆，旅馆的主人不知他是商鞅，说："商鞅颁布的法令，规定凡留宿没有凭证的客人就是违法，是要连坐的。"这是商鞅自入其"舍人无验者坐之"瓮。

几段文献证实秦时实施了"具五刑""腰斩""相收司连坐""同罚收孥""黥""劓""舍人无验者坐之"七种刑罚。

《历代刑法考·刑制总考二》考证秦代刑制，也从后世文献中选取了记录秦时的史料。

《汉书·刑法志》："秦用商鞅，增加肉刑、大辟，有凿颠、抽胁、镬亨之刑。"秦代用了商鞅之法，增加了肉刑和死刑的刑种，包括凿颠、抽胁、镬亨。"凿颠""抽胁"二刑未见考证。《历代刑法考·刑法分考四》在考证各种非法之刑时指出："凿颠、抽胁，非法之刑，商鞅残酷创为此法，宜其身应车裂之报也。""镬亨"，沈家本先生在《历代刑法考·刑法分考二》中指出：烹"《史记》《汉书》皆作'亨'，古'烹'字也"。又指出："烹人之器，或言鼎或言镬。"可见"镬亨"就是用镬烹煮人的刑罚。

《历代刑法考·刑制总考二·秦》最后考出秦代还有"体解""磔""蒺藜"三种恶刑。《通典》有"后又体解荆轲"。《通考》:"十公主磔死于社。"《说苑》:"秦始皇取太后,迁之咸阳宫,下令曰:以太后事谏者,戮而杀之,蒺藜其脊。"

"体解"即"支解"。《历代刑法考·刑法分考二·支解》有《史记·秦始皇纪》"燕太子丹患秦兵至国,恐。使荆轲刺秦王。秦王觉之,不中,体解轲以徇"的文献,沈家本先生认为解体就是支解:"支解似与陵迟无别,然则支解在死后,陵迟在生前也。"解释了什么是支解之刑。"磔",沈家本先生选用《通考》:"十公主磔死于社。"胡亥把他的十位姐妹在社地磔死。《历代刑法考·刑法分考二·磔》沈家本认为:"磔,似为陵迟之别名。""蒺藜"之刑,除《说苑》"秦始皇取太后,迁之咸阳宫,下令曰:以太后事谏者,戮而杀之,蒺藜其脊"外,并无他文可以解释,沈家本先生也没有其他说法。

秦制考证最后,沈家本先生写了一条"按"对秦制作了总结,他指出:"秦自商鞅变法修刑,唐、虞钦恤之风久已歇绝。迨始皇兼并列国,刚戾自用,以为自古莫己若。《本纪》载侯生、卢生之言曰:'上乐以刑杀为威,天下畏罪,持禄莫敢尽忠。上不闻过而日骄,下慑伏漫欺以取容。'"这段话,首先判断从秦始皇有商鞅变法,尧舜时代的"钦恤之风久已歇绝"。然后指出秦始皇"刚戾自用,以为自古莫己若"的性格,是形成这种社会现象的原因。然后用侯生、卢生的话证明:皇上乐于用刑杀立威,全国上下都害怕获罪,即使做官,也没人敢进谏忠言。皇上听不到批评自己错误的良言,就更加骄纵,下面的官员慑伏皇帝的威势,就用各种好话欺瞒诓骗的手段,博取他的宠信。侯生、卢生,传说是为秦始皇冶炼、寻找长生不老药的方士,因为明知不可得,会被处刑,就逃避隐居深山。沈家本先生又列举班固《汉书·刑法志》对秦制的评述:"秦始皇兼吞战国,遂毁先王之法。灭礼谊之官,专任刑罚。躬操文墨,昼断狱,夜理书,自程决事,日县石之一。而奸邪并生,赭衣塞路,囹圄成市,天下愁怨,溃而叛之。"是说秦始皇统一天下后就"灭礼谊之官，专任刑罚"，白天亲自审理案件，晚上整理文书、自己决断。每日处理一石重的公文。结果反而"奸邪并生"，身着囚衣的人多到堵满了街道，监狱关押的人多得像是集市。天下的人对朝廷都满怀仇怨，于是人心溃散，起而叛乱。

沈家本先生结论说："观于斯言，则重刑之往事大可鉴矣。世之用刑者，慎勿若秦之以刑杀为威，而深体唐虞钦恤之意也。"从班固的话，可以知道，秦朝重刑的往事，大可作为借鉴，现在立法执法的人，千万不要像秦朝那样以无度刑杀立威，而要深深地理解唐虞时代处理讼狱时，心存矜恤，慎重理狱，量刑不滥的意义啊。

10. 读《历代刑法考·刑制总考二》之三——汉代的刑制

秦代的暴政，造成众叛亲离。陈涉、吴广揭竿而起，是为中国历史上第一次农民起义，引发了全国各地的纷纷响应，使秦帝国分崩离析。在各路起义军的纷争中，汉刘邦战胜了楚项羽，建立了我国第二个中央集权的帝国——汉。

《历代刑法考·刑制总考二》对汉刑制的考证，从刘邦建国之前的"杀人者死，伤人及盗抵罪"的"约法三章"开始。

《史记·高祖本纪》："与父老约法三章耳：杀人者死，伤人及盗抵罪。"这是刘邦起义最早建立的刑法制度。

《史记·集解》用应劭的解释："抵，至也，又当也。除秦酷政，但至于罪也。"去除了秦的酷法，犯了罪就要以同样的罪责抵当惩罚。李斐则提出疑问："伤人有曲直，盗臧有多少，罪名不可豫定，故凡言抵罪，未知抵何罪也。"伤人，有个是非曲直，盗窃赃物有多有少，罪名不能预先确定，所以笼统地说"抵罪"，不知道是抵什么罪。指出了"约法三章"作为法规，过于简陋。不过实际"约法三章"也是不够用的，所以前朝用过的刑种，逐渐也施用起来。《汉书·刑法志》就记有"汉兴之初,虽有约法三章,网漏吞舟之鱼,然其大辟,尚有夷三族之令。令曰:'当三族者,皆先黥、劓,斩左右止,笞杀之,枭其首,菹其骨肉于市。其诽谤詈诅者,又先断舌。'故谓之具五刑。彭越、韩信之属皆受此诛。至高后元年,乃除三族罪"。罪当灭三族的,罪犯本人都要先刺面割鼻,砍断左右趾,再用荆条抽打致死,割下脑袋悬挂起来,最后在大庭广众之下剁成肉酱。而且有诽谤辱骂诅咒(汉军及其领袖)要"先断舌"。可见汉兴之时已经实施了"具五刑""夷三族""枭首"之刑,还创造了"先断舌"的刑种。《汉书·高祖纪》:"枭故塞王欣头栎阳市。"塞王欣先降汉,后又归附楚。驻军栎阳,刘邦占领栎阳,塞王欣虽已死,还是枭其首,弃于栎阳的闹市。《汉书·薛宣传》也记有"况'枭首于市'"。这都是继承了前朝的刑制。

　　汉代刑制的设置,自汉统一全国后,是逐渐减除酷刑的。如"磔"刑,作为处死以后再分解尸体的刑罚,汉景帝时,改为弃市。《汉书·景帝纪》:"中二年,改磔曰弃市,勿复磔。"《历代刑法考·刑制总考二·汉》有"文帝十三年,除肉刑"的文献,说的是汉文帝十三年(前167年),齐太仓令淳于公有罪被科肉刑,他的小儿女缇萦,随父到长安,缇萦向文帝上书说:"小女子的父亲作为官员,犯了法应当处刑。小女子伤心的是,人死了不可复生,受刑伤残的人,不可复原,虽然以后有心改过自新,可是再也没有回头路可走了。小女子宁愿罚没入宫当宫婢,替父亲赎罪,使得他能有自新的机会。"汉文帝看到缇萦的上书,被缇萦真诚的孝心感动,于是下令:"现在法有三种肉刑,可是奸佞还是不断出现,原因在哪里?现在人有了过错,还没进行教育,刑罚已经加身,即便是想要改恶从善,而悔改的路已经到头,朕很是怜悯这些人。那些因为受刑以至断肢体、刻肌肤,不仅令人受到了刑罚的痛苦,而且终身留下残疾,这是很不仁德的啊,这能称得上为民父母的初心吗?现在要去除肉刑,用其他的方式代替;给予犯罪人分别轻重的处罚,只要不亡逃,就要有一定年限释放他们。""具为令。"汉文帝的令下达后,丞相张苍、御史大夫冯敬根据文帝的指令,编订减除肉刑的规定。《汉书·

刑法志》："文帝十三年，除肉刑。定律曰：'诸当完者，完为城旦舂。当黥者，髡钳为城旦舂。当劓者，笞三百。当斩左止者，笞五百。……罪人狱已决完，为城旦舂，满三岁为鬼薪白粲。鬼薪白粲一岁，为隶臣妾。隶臣妾一岁，免为庶人。隶臣妾满二岁，为司寇。司寇一岁，及作如司寇二岁，皆免为庶人。其亡逃及有罪耐以上，不用此令。前令之刑城旦舂岁而非禁锢者，如完为城旦舂岁数以免。'景帝元年定律：'笞五百曰三百，笞三百曰二百。中六年，减笞三百曰二百，笞二百曰一百。'女徒复作《宣纪注》：'李奇曰：复作者，女徒也。谓轻罪，男子守边一岁，女子软弱不任守，复令作于官，亦一岁，故谓之复作徒也。孟康曰：复音服，谓弛刑徒也。有赦令诏书去其钳铁赭衣，更犯事，不从徒加，与民为例，故当复为官作，满其本罪年月日，律名为复作也。'""完"，剃去全身毛发。"髡钳"，只剃去鬓须毛发，在脖子上挂上表示禁锢的铁圈。"隶臣妾"，收没为官奴、官婢。"司寇"，《历代刑法考·刑法分考十一》沈家本认为："司，犹察也。《周礼·师氏注》古别无'伺'字，司即伺察之字。司寇，伺察寇盗也，男以备守，其义盖如此。"就是做无职无权无自由的伺察寇盗的劳役。

汉文帝去肉刑，受到历代主张轻刑、慎刑的学者的赞赏，具有一定的历史意义。

汉代还制定了一些替代刑。如死刑以"宫刑"替代。《汉书·景帝纪》："死罪欲腐者，许之。"注："如淳曰：腐，宫刑也。丈夫割势，不复能生子，如腐木不生实。"《史记》的作者司马迁就是受了宫刑，他的《报任少卿书》就是受此刑以后的作品。又如《汉书·惠帝纪》："上造以上及内外公孙、耳孙，有罪当刑及当为城旦舂者，皆耐为鬼薪白粲。民年七十以上若不满十岁有罪当刑者，皆完之。"就是以更为轻松的"鬼薪白粲"劳动，替代"城旦舂"较重的体力劳动。"上造"，秦汉时代的爵位名。《汉书·百官公卿表》："爵，一级曰公士，二上造。""鬼薪白粲"，鬼薪，为祭祀砍柴；白粲，为祭祀择米。（古时粮食会掺杂许多沙粒，祭祀时米应该是很干净的，所以要择米。）"耐刑"即强制剃除鬓毛胡须而保留头发，大多单独使用，使用于一些较轻的罪名。耐刑轻于髡刑。

汉,还有一种特殊的刑,称为"顾山"。《汉书·平帝纪》:"元始元年(公元元年),天下女徒已论,归家,顾山钱月三百。注:'如淳曰:已论者,罪已定也。《令甲》:女子犯罪,作如徒六月,顾山遣归。说以为当于山伐木,听使入钱顾功直,故谓之顾山。'应劭曰:'旧刑鬼薪,取薪于山以给宗庙,今使女徒出钱顾薪,故曰顾山也。'师古曰:'如说近之。谓女徒论罪已定,并放归家,不亲役之,但令一月出钱三百,以顾人也。为此恩者,所以行太皇太后之德,施惠于妇人。'"意思是妇女已经定为徒罪,可以让她回家,出一定数量的钱财,雇人替她劳作,补偿刑罚。因为常常是妇女被罚在山上砍柴供给山庙,女犯出钱雇人替自己砍柴供给山庙,故曰"顾山""顾""雇"同音假借。总之也是一种减轻妇女刑罚的替代法。

从沈家本先生《历代刑法考·刑制总考二》对汉代刑制的考查,可以看出,汉代的确修正了秦的酷刑制度。以其历史上第二个中央集权帝国的历史地位,在立法执法方面,确是起了个好头。可惜的是汉律却没有一个完整的版本保留下来。历史上许多关注汉律的学者,都在考查收集汉律,沈家本先生晚年凭一生的功力编纂的《汉律摭遗》,为我们较完整地收集了研究汉律宝贵文献,也可以看出沈家本先生对汉律的关注。近年来出土的汉简如《二年律令》等,又给现代汉律研究增加了很多一手文献,汉律研究出现了欣欣向荣之态,令人兴奋。

汉,历史上实际分为西汉、东汉两个时代,其间还夹着一个短暂的王莽的新朝,因为法律制度并没有十分突出的变化,《历代刑法考·刑制总考》就没有单独另列。

11. 读《历代刑法考·刑制总考二》之四——蜀汉与曹魏

三国时期(220—280年)是秦统一全国以后的又一个分裂混战的时代,

是上承东汉下启西晋的历史时期。赤壁之战，奠定了三国鼎立的态势。220年，曹丕篡汉称帝，立国号"魏"，定都洛阳；221年，刘备称帝，号称重建汉室，定都成都，立国号"汉"；229年，孙权称帝，定都建邺，立国号"吴"，形成三国鼎立局面（史称曹魏、蜀汉、东吴）。280年，司马氏一统中国称晋，三国历史结束。三国各自独立，刑制多承汉制，也各有不同，《历代刑法考·刑制总考二》专门做了考证。

蜀，即蜀汉。沈家本说："蜀继汉后，当用汉法。陈寿《志》《传》所见甚希，无以考之。""陈寿志传"，即陈寿编纂的《三国志》中的《志》和《传》。《三国志》是馈集三国时期历史文献最充分的史书，沈家本先生考三国刑制也是以此为主，但因《三国志》有关刑制的内容甚少，而《晋书》反而相对较为丰富。因此就成为考证三国刑制最贴近的史料。

沈家本先生穷《三国志·蜀》所得史料也是微乎其微。《三国志·蜀志·魏延传》有"延独与其子数人逃亡，奔汉中。仪遣马岱追斩之，遂夷延三族"。魏延和他的儿子，几个人向汉中逃跑，杨仪派马岱追上把他们斩杀，并杀死了魏延的三族亲属。这是蜀实行了"夷三族"之刑。《三国志·蜀志·刘琰传》："琰妻胡氏入贺太后，太后令特留胡氏，经月乃出。胡氏有美色，琰疑其与后主有私，呼卒五百挝胡，至于以履搏面，而后弃遣。胡具以告言琰，琰坐下狱。有司议曰：'卒非挝妻之人，面非受履之地。'琰竟弃市。"刘琰（蜀国大臣）妻胡氏入宫向太后祝贺新春，太后很喜欢胡氏，就令她留在宫中住了一个月。胡氏是刘琰续弦，年轻美貌。刘琰怀疑胡氏与后主有染，愤怒之下，命令士兵击打胡氏五百鞭，甚至用鞋底抽打胡氏的脸。而后又把她赶出家门。胡氏写了一纸诉状把刘琰告到朝廷，刘琰被关进了监狱。有关部门审讯后提出议状说："士兵不是用来殴打妻子的人，脸面也不是鞋子抽打的地方。"这本来是不置可否的议状，但刘琰竟被处弃市之刑。《三国志·蜀志·廖立传》有："徙汶山郡。"《三国志·蜀志·李严传》有："徙梓潼郡。"《三国志·杨仪传》有："徙汉嘉郡。"这些文献证明蜀汉实行过"夷三族""弃市""徙"几种刑罚。沈家本按语说："《马谡传》云'下狱物故'，而《诸葛亮传》云'戮谡以谢众'，则谡非良死，盖即考竟之法也。"这意思就是：从"下狱物故"和"戮谡以谢众"两句话可以证明，马谡不是正常死亡，而是施以"考竟之法"。"下狱物故"即死于狱中。"考竟之法"，按照沈家本先生在《历代刑法考·刑法分考·考竟》中，采用《释名》的"考竟者，考得其情，竟其命于狱中"的说法，"考竟之法"就是"狱死"。

由此可见，蜀汉也实施了"考竟之法"。

魏，是曹操之子曹丕篡汉而立，所以国统大致承继了汉制。在《刑法分考二·魏》中记述魏法刑种有死刑三、髡刑四、完刑、作刑各三、赎刑十一、罚金六、杂抵罪七。有关史料基本出于《晋书·刑罚志》。

《晋书·刑罚志》记录魏刑："依古义制为五刑。其死刑有三，髡刑有四，完刑、作刑各三，赎刑十一，罚金六，杂抵罪七，凡三十七名。至于谋反大逆，临时捕之，或污潴，或枭菹，夷其三族，不在律令，所以严绝恶迹也。"

除以上法定刑名以外，曹魏仍有几种具有魏风的刑种。《三国志·魏志·文帝纪》："黄初五年八月，幸寿春。扬州界将吏士民犯五岁刑已下，皆原除之。"《晋书·刑法志》："魏法：'殴兄姊加至五岁刑。'"一个减，一个加，但都说明魏是有五岁刑的。沈家本先生指出："汉无五岁刑，据此文是魏有五岁刑也。"但是，沈家本进一步考证：《三国志·王凌传》有"为发干长，太祖辟为丞相掾属。"《魏略》曰："凌为长，遇事，髡刑五岁，当道扫除。时太祖车过，问此何徒，左右以状对。太祖曰：此子师兄子也，所坐亦公耳。于是主者选为骁骑主簿。"这里的"太祖"指的是曹操，曹操并未称帝，因此沈家本说："计其时在建安中，是汉末已有五岁刑矣。何年所定，无可考。晋以后并承用之。"

《晋书·刑法志》："定《甲子科》，犯钳左右趾者易以木械。是时乏铁，故易以木焉。又嫌汉律太重，故令依律论者听得科半，使从半减也。""钳"按照《历代刑法考·刑法分考七·钳》沈家本先生的考证，钳刑就是套在脚趾上的镣铐。是说《甲子科》因缺铁，把铁镣改成了木镣。《晋书·刑法志》还有"魏文帝受禅，时有大女刘朱，挝子妇酷暴，前后三妇自杀，论朱减死输作尚方。因是下怨毒杀人减死之令"。《通考》："按所谓怨毒杀人者，盖行凶之人遭被杀之人苦毒，故不胜其怨愤起而杀之。今刘朱之事，史不言子妇有悖逆其姑之迹，则非怨毒杀人也。要之姑挞其妇，妇因挞而自杀，非姑手杀之，则可以免死，但以为怨毒，则史文不明，未见其可坐以此律耳。"

沈家本按："此段史文不详，马氏之说（指宋马端临《文献通考》）仍是未明。窃疑刘朱施苦毒而子妇自杀，得以减死，故受苦毒而怨愤杀人者亦得减死论，事实相因，故着于此，非谓刘朱之事为怨毒杀人也。"沈家本的意思是刘朱案与"怨毒杀人"是类似案例，所以放在一起，对马端临《通考》的说法作了修正。

曹魏除实施了以上各刑种外，还有以罚代金、鞭督、受赇轻重法、妄相告、复雠、减等、乞恩、官奴婢等刑罚，因大多是其他各朝所有之刑，不多做疏解。

沈家本先生总结对曹魏刑制考证说："曹魏刑制，史举其纲而未详其目。其死刑三，以晋制考之，枭首也，斩也，弃市也，晋承魏制也。髡刑有钛左右趾，完刑，作刑，自五岁刑以下凡五，余不详也。观于序略之文，亦云详慎矣。"这是说明曹魏刑制的具体内容是从"晋制考之"的，晋是继承了魏制的。其他的刑制即便是一些"序略"之类的文字，对曹魏刑制说法也是很"详慎"，语言不多。

"明帝时有减鞭杖之令、乞恩之诏，其于用刑非无矜恤之意。特尔时宫室盛兴，而期会迫急，帝亲召问，言犹在口，身首已分。又有杀禁地鹿抵死之法，岂议刑则明而用刑则昧欤？"明帝其实是个实行酷刑的皇帝，但也有一些"减鞭杖之令、乞恩之诏"，似乎明帝用刑，也并不是没有"矜恤之意"，但是他又有"杀禁地鹿抵死之法"，难道是这位明帝讨论刑制时明白，一到用刑时就糊涂了吗？

这一设问，其实沈家本还是表达了自己"矜恤""慎刑"的基本思想。

12. 读《历代刑法考·刑制总考二》之五——东吴的刑制

三国的吴，因占据魏蜀之东的地盘，故史称东吴，又因孙氏建立政权，又称孙吴。孙吴在三国之中历时最久，经4帝52年（自222年算起则为59年）。黄龙二年（230年），孙权派卫温、诸葛直率"甲士万人"航海到台湾（时称夷洲）。孙吴大力发展经济，对江南地区的开发作出了重大贡献。天纪四年（280年）孙吴亡于西晋，汉末三国割据局面终结。

《历代刑法考·刑制总考二》考证东吴刑制，史料也基本上出自《三国志》。

夷三族之刑，首选了《三国志·吴志·孙权传》"赤乌八年秋七月，将军马茂等图逆，夷三族"一则。赤乌，东吴大帝孙权年号，238年至251年。马茂是吴的征西将军、九江太守、外部督，领千兵的大将，但暗中通魏。赤乌八年（245年）欲乘孙权到林苑围猎之际，领兵进入林苑攻击孙权，占据宫廷，令朱贞持节矫诏，将大臣尽收，然后通知魏，收取江东。但马茂图谋事泄，孙权密遣朱然讨伐，赤乌九年朱然凯旋。于是秋七月孙权将马茂等一千人，处以夷三族之刑。

沈家本对吴施用夷三族之刑，作了归纳："吴时三族之夷屡见，步阐及同计数十人。"《孙皓传》《吕范传》《诸葛恪传》《孙綝传》《孙奋传》等书记录的就有奚熙、吕据、张震、朱恩等、滕胤、孙綝、濮阳兴、张布、张俊等，可见东吴"夷三族"施用其多。

除夷三族之外，还施用"族诛"之刑。《三国志·孙和传》："权欲废和立亮，无难督陈正、五营督陈象上书，称引晋献公杀申生，立奚齐，晋国扰乱。又据、晃固谏不止。权大怒，族诛正、象，据、晃牵入殿，杖一百。"太子孙和被孙权长女全公主陷害，孙权想要废掉皇太子孙和，另立宠妃潘淑之子孙亮为皇太子。无难督陈正、五营督陈象上书，引用晋献公杀申生立奚齐，引起晋国政治大乱的历史教训，朱据、屈晃也努力谏言，请孙权不要轻易更易太子，以免引起政治混乱。孙权听了这些劝谏大怒，下令族诛（夷灭一家全族）了陈正和陈象，又把朱据（吴五官郎中，补任侍御史）、屈晃（吴尚书仆射）拉到殿上，每人打了一百杖。

无难督，吴国设有无难营，以无难督统率营兵，平时负责侍卫帝王，战时则出兵征战。五营督，统率五营营兵，负责侍卫皇帝。"晋献公杀申生立奚齐"，晋献么，前676年至前651年在位。世子，又称太子，一般是天子或诸侯的嫡长子，君位继承人。申生，晋献公嫡长子，夫人齐姜所生。献公宠妾骊姬生子奚齐，骊姬恃宠欲废申生而立奚齐，借献公出外打猎之时，骊姬让太子申生去曲沃祭祀其生母，太子把祭肉祭酒带回献给献公，骊姬在酒肉里下了毒药，待献公打猎回来献上去时，骊姬以酒祭地，土突起；以肉饲犬，犬死。骊姬诬陷太子弑父。献公听信谗言，逼迫申生自缢。晋献公死后，晋国后党、权贵纷争，国政大乱，几近亡国。陈正、陈象以之谏孙权，反遭屠戮。

这段文字显示孙权时期实施了酷刑"族诛"与"廷杖之刑"。孙权在朝堂廷上杖打朱据、屈晃，是开了帝王当廷责打大臣的先例，故沈家本先生按曰："此即后来之廷杖。"不仅孙权，他的后代也是嗜杀的帝王。《三国志·孙奋传》记有"豫章太守张俊车裂，夷三族"。《三国志·孙皓传》注，有"张俶父子俱见车裂"。孙奋，孙权的第五子，他并没有当皇帝，文中将张俊车裂、夷三族的是他的叔叔，东吴的末代皇帝孙皓。《孙皓传》记有更为残酷的两段史料。

其一是孙皓施用了"锯头"之刑：凤皇二年（273年），孙皓的爱妾指使人到市场"劫夺百姓财物"。管理市场的司市中郎将陈声是皇帝孙皓素来很喜欢的大臣，他虽知劫夺之人是孙皓爱妾所指使，还是把此人绳之以法。陈声自觉有皇帝给自己撑腰，这件事自己做得也没什么错，并没当回事。但那位爱妾却向孙皓告状说陈声借势威胁自己。孙皓大怒，又不能以此事处罚陈声。于是就借别的事，用烧红的锯条锯断陈声的头，把他的身体扔到了野外。

其二,《孙皓传》有"剥面凿眼刖足"之刑:孙浩下令把河水引入宫中,宫女中有不合孙皓意的,就随时杀掉扔在河里,顺流漂走。有时就"剥人之面,或凿人之眼"。《孙皓传》注:有"吴平后,晋侍中庾峻等问皓侍中李仁曰:'闻吴主披人面,刖人足,有诸乎?'仁曰:'以告者过也。'"东吴被晋征服后,晋侍中庾峻问孙皓时的东吴侍中李仁:"听说吴的皇帝,剥人的面皮、剁人的脚,真有这样的事吗?"李仁回答说:"比告诉你的情况,还要厉害。"

可见东吴所行刑制,尤为残酷。所以在东吴实施"徙""禁固""髡鞭""官奴"等刑罚也是不言而喻的事了。

沈家本先生对孙吴刑制的评价是:"吴之刑制见于诸传者如此,大约承汉之旧法,未之有改。孙权果于杀戮,虽陆逊劝以施德缓刑,张昭讽其刑罚微重。迨至峻、綝窃政,屠戮忠良,皓尤昏暴,至于剥面凿眼,闻于邻国,不亡何待?"

从各种文献看,吴的刑制,"大约承汉之旧法,未之有改"。但对孙权和他的后世杀戮、昏暴给予了极其负面的评价。批评孙权不能接受陆逊和张昭的劝谏"终未悛改"。

黄武五年(226年)冬十月,陆逊乘方便的时候,劝孙权要"施德缓刑,宽赋息调"。又说:"正直忠诚的话,我就不和你细说了,请求你让我把施德缓刑和宽赋息调的好处细细地说给你听。"孙权听后回答说:"法令的设置,是用来遏恶防邪,儆戒未然的呀。没有刑罚怎么震慑小人的呢?这是先有刑制然后惩罚,是不想有人犯罪呀。你以为太重,我也没有从中得到好处呀,只不过是不得已而为之罢了。"几句话把陆逊给顶了回去。张昭也奉劝孙权不要施用重刑,孙权也是听不进去。到了孙峻、孙綝,特别是孙皓,更是残酷到剥面凿眼。这样的政情传到了邻国,国家不亡还能有什么结果呢?

行文充分表达了沈家本先生对重刑的痛恨之情,这种情感,在他的《删除律内重刑折》一文中表达得更为清晰。

他说:"凡此酷重之刑,固所以惩戒凶恶。第刑至于斩,身首分离已为至惨,若命在顷忽,菹醢必令备尝,气久消亡,刀锯犹难幸免,揆诸仁人之心,当必惨然不乐。谓将以惩本犯,而被刑者魂魄何知?谓将以警戒众人,而习见习闻,转感召其残忍之性。"

"一案株连,动辄数十人。夫以一人之故而波及全家,以无罪之人而科以重罪……不亦哀哉!"

13. 读《历代刑法考·刑制总考二》之六——晋代刑制

晋代(266—420年),266年司马炎篡魏,建国号为晋,定都洛阳,是中国历史上第三个大统一的王朝,它上承三国,经历了15个皇帝,共155年。五胡乱华,晋室南渡,317年琅邪王司马睿在建业重建晋朝,因其在洛阳之东,故称东晋。由此史分"西晋""东晋"两个时期。晋代大体延续了秦汉法制,其刑制也未过尅,但由于常有用法之人使受罚之人遭非法之刑,为后世所诟病。

《历代刑法考·刑制总考二》选用《唐六典》"晋刑名之制:大辟之刑有三,一曰枭,二曰斩,三曰弃市。髡刑有四,一曰髡钳,五岁刑,笞二百,二曰四岁刑,三曰三岁刑,四曰二岁刑。赎死金二斤,赎五岁刑金一斤十二两,四岁、三岁、二岁各以四两为差。又有杂抵罪,罚金十二两、八两、四两、二两、一两之差。弃市以上为死罪,二岁刑以上为耐罪,罚金一两以上为赎罪。"《唐六典》,全称《大唐六典》,是唐玄宗开元二十六年(738年)官修的典章总汇,也是我国历史上最早的一部行政法典。《唐六典》叙述中十分注重历史沿革,所以记录了大量先代典籍史料,为历代研究者所重视。

所选用的这段文字,可以看出,《唐六典》将晋代刑种分成三类:弃市以上为死罪,二岁刑以上为耐罪,罚金一两以上为赎罪。

沈家本先生解释说:"枭、斩、弃市,《晋志》所谓死刑不过三也。髡

四、赎五、杂抵五,《晋志》所谓生刑不过十四等也。《六典》称一两以上为赎罪,是并赎、罚为一。然赎是赎,罚是罚,实二事也。《晋志》言'金等不过四两',谓赎死以下并以四两为一等之差。杂抵罪轻,则有不及四两者。"又说:杂抵罪"即罚金也"。

《历代刑法考·刑制总考二》有"诸重犯亡者,发过三寸辄重髡之,加作一岁"的记录,这点明晋是有"加作"的刑种。这条文献是从《晋书·志·第二十章》刘颂上疏的一段文字中截录的,原文是:"古者用刑以止刑,今反于此。诸重犯亡者,发过三寸辄重髡之,此以刑生刑;加作一岁,此以徒生徒也。亡者积多,系囚猥畜。议者曰囚不可不赦,复从而赦之,此为刑不制罪,法不胜奸。下知法之不胜,相聚而谋为不轨,月异而岁不同。故自顷年以来,奸恶陵暴,所在充斥。议者不深思此故,而曰肉刑于名忓听,忓听孰与贼盗不禁?"意思是:古代用刑是为了不再用刑,如今却反过来了。各种逃跑的重刑犯,头发超过三寸的,就要重新施以髡刑,这就是以重刑生重刑。增加一年的劳役,这就是以徒刑生徒刑。逃亡的越来越多,狱中的囚犯挤得像圈中的牲畜。议论刑法的人们说囚犯不能不赦,于是反反复复地赦免囚犯,这就是刑罚不惩治罪人,法律不管奸佞。下面的人知道法律是不管用的,就聚在一起图谋不轨,每年每月都会有不同的事件,所以今年以来奸恶凌暴到处都是。你们这些讨论法治的人,就不好好想一想其中的原因,而只是唱高调说实施肉刑名声不好听,怎么就不明白名声好听和盗贼四起哪个更重要呢?

刘颂(?—300年),西晋时司法官员,历任尚书三公郎、议郎守廷尉、三公尚书等,有秉公执法的名声,但他主张恢复肉刑,以此杜绝犯罪。《历代刑法考·刑制总考二》截录的这段文字,主要是证明晋代实施了"加作"之刑。

在《历代刑法考·刑制总考二·晋》中,沈家本先生对晋刑制的考证与前面各朝代不同,前面以史料考查在先,然后总结结论,而对晋的考证却是夹叙夹议推导结论。

关于晋的绞刑，沈家本先生写了这样一句话："《晋志》周顗等复肉刑议：截头绞颈，尚不能禁。"接着就评论说："汉之斩，要斩也；弃市，斩首也。惟《史记·索隐》以弃市为绞罪，与郑氏《周礼》不合。据周顗等语，是晋时弃市已为绞罪，其斩曰截头，亦非要斩矣。此制何时所改，史未详。""截头绞颈，尚不能禁"八个字只是《晋书·刑法志》周顗等人议复肉刑的大段议论中截取的一句话，沈家本先生就是从这一句文字中发现了晋代关于绞刑的变化。他指出：汉代的斩刑是腰斩；弃市是斩首。只有《史记·索隐》认为弃市是绞罪，这与郑玄注《周礼》的解释是不同的。根据周顗等几个人的说法，晋时弃市就是绞罪，而斩就是斩首，已经不是腰斩了。这一制度的改变，是从什么时候开始的，历史文献中没能找到证据。

由此我们也可以读出沈家本先生考据学术时的敏锐与仔细。

对晋代的族刑，寄簃公选取了《晋书·刑法志》《晋书·怀帝纪》《晋书·明帝纪》的三段文献，说明晋代不同时期施用的变化。首先是《晋书·刑法志》中裴𬱖给晋惠帝上表的内容："虽陵兆尊严，唯毁废然后族之，此古典也。若登践犯损，失尽敬之道，事止刑罪可也。去八年，奴听教加诬周龙烧草，廷尉遂奏族龙，一门八口并命。会龙狱翻，然后得免。考之情理，准之前训，所处实重。"这段文字反映的是，由于惠帝时期，"政出群下，每有疑狱，各立私情，刑法不定，狱讼繁滋"，尚书裴𬱖为改变这种现状，具表（表，古代一种报告的文体）向晋惠帝提出建议。所摘文字，是表中的一段，以周龙被"奏族"证实晋代是施用族刑的。

第二段文字是《晋书·怀帝纪》，永嘉元年（307年），"除三族刑"。这是因为晋怀帝于永嘉元年（307年）春正月举行登基、改元（改变年号）大典。按照历史传统，国家发生重大事件，都要根据事件的情况发布赦令。皇帝登基、改元，无疑是双重的国家最重大的事件，所以要实施大赦，"除三族刑"是这次大赦的主要内容。

第三段文字是《晋书·明帝纪》，太宁三年（325年），"复三族刑，惟不及妇人"。三段文字可以证明晋代先后是实施了三族之刑的。

沈家本先生在《历代刑法考·刑制总考二》的最后对晋刑制的评论说："晋之刑制，成于泰始。观张斐律注所言，是修律诸人讨论颇为详审，故当日众以为便，而马氏以宽弛讥之，此非法之过，而用法者之过也。即如淳于伯之狱，司直刘隗奏曰：'谨按行督运令史淳于伯刑，血着柱，遂逆上，终极柱末二丈三尺，旋复下流四尺五寸。百姓喧哗，士女纵观，咸曰其冤。伯息忠诉辞称枉，云伯督运讫去二月，事毕代还，无有稽乏。受赇使役，罪不及死。军是戍军，非为征军，以乏军兴论，于理为枉。四年之中，供给运漕，凡诸征发租调百役，皆有稽停，而不以军兴论，至于伯也，何独明之？'（《晋书·刘隗传》）。据此奏语，伯事毕代还，无有稽乏，而以稽乏诛，是不明也。百役稽停，不以军兴论，而独诛伯，是不平也。不明不平，讵曰不冤？当时隗奏之，王导等上疏引咎，元帝复引以为己过，非无故也。又如周龙之狱，烧草不过失火罪耳，乃遽拟族诛，且不知其被诬也。使非狱翻，则一门八口不皆冤死乎？就此二事观之，晋之法岂宽弛之弊哉，亦用法者非其人耳，苟非其人，徒法而已。"

这段精彩的评论，肯定了晋刑制的设置十分完备，实行中与当代也十分妥当。虽然出过如淳于伯的酷刑事件、周龙烧草被判族刑的事件，但那不是法本身的过错，而是执法人过度执法造成的。所以沈家本先生大声疾呼：用法者"苟非其人，徒法而已！"执法的人如果是不合格的，那么法律再完善，不过是一张写在纸上的文字而已！